广东省普通高校人文社会科学研究重点项目"术语翻译的计算语言学研究"（2018WZDXM008）成果

杜家利　魏向清　◎著

传统语言学名词机器翻译研究

科学出版社
北京

内 容 简 介

名词是表示人或事物名称的词。在一定条件下，某些专用术语可从引申的一般意义中获得全民性，成为一般词语。术语是某一学科中的专门用语，是表示专业领域特定理论体系中相关概念的专用词汇单位，是相关学科发展成果通过语言形式得以固化的外在表现。术语的发展常与综合国力具有一定的相关性。随着我国综合国力的提升，汉语传统语言学名词研究成果在中华优秀传统文化海外推广、交流、传播和弘扬方面具有重要意义。本书讨论了汉语传统语言学名词的特点，对部分名词的英译情况进行了个例调查，提出了较为可行的翻译方法，并从机器辅助翻译视角对汉语传统语言学名词英译进行了实例研究。

本书可供国际中文教育领域研究者、术语翻译和传播领域研究者阅读。

图书在版编目（CIP）数据

传统语言学名词机器翻译研究 / 杜家利，魏向清著. —北京：科学出版社，2023.4

ISBN 978-7-03-075103-4

Ⅰ. ①传… Ⅱ. ①杜… ②魏… Ⅲ. ①名词术语–机器翻译–研究 Ⅳ. ①H085

中国国家版本馆 CIP 数据核字（2023）第 042619 号

责任编辑：常春娥　赵　洁 / 责任校对：贾伟娟
责任印制：李　彤 / 封面设计：润一文化

科 学 出 版 社 出版
北京东黄城根北街 16 号
邮政编码：100717
http://www.sciencep.com

北京中科印刷有限公司 印刷
科学出版社发行　各地新华书店经销

*

2023 年 4 月第　一　版　　开本：720×1000　1/16
2023 年 4 月第一次印刷　　印张：19 3/4
字数：325 000

定价：108.00 元
（如有印装质量问题，我社负责调换）

序

　　杜家利、魏向清二位教授所著《传统语言学名词机器翻译研究》一书即将出版。该书脱胎于杜家利教授在南京大学的博士后出站报告。为了这项工作，二位作者付出了八年艰辛的努力。该书的出版为语言学研究增添了新的色彩，值得庆贺。

　　中国的传统语言学，内容博大精深。早期学术界对中国传统语言学一般持三类说，认为只包括文字学、音韵学和训诂学。1898年《马氏文通》出版后，才又将古代汉语语法学加入中国传统语言学，由此产生了四类说。后来又增加了修辞学等相关内容。

　　中国的传统语言学历史悠久，源远流长，相关著述甚多。任何一位接触中国传统语言学的学者都会明显感觉到有三难：术语众多；界说不明；无从查找。所以，如果不是在该学科中浸润多年，要想理出一个头绪，实属不易。直到20世纪90年代初，中国才出版了第一部由许嘉璐先生主编的《传统语言学辞典》（1990）。该辞典收录了人名、书名、术语三大类。该辞典的出版，对推动中国传统语言学的深入研究，无疑具有里程碑式的意义。但是，直到今天，我们还难觅《文字学辞典》或者《说文学辞典》，也鲜见《训诂学辞典》。《音韵学辞典》虽然有多部出版，但是提升的空间还比较大。以音韵学名词为例，在我国，传统的汉语音韵学素有"绝学"之称，造成这种"绝学"局面的原因是多方面的，传统音韵学术语的纷繁、复杂、不统一、解说不科学、数量众多等是重要的原因。著名音韵学家罗常培先生（1899—1958）在《释重轻（等韵释词之三）》（载《国立中央研究院历史语言研究所集刊》第二本第四分，1932）一文中曾说过这样一段话：

　　　　夫名实日淆则学理日晦，凡百皆然，而以资乎口耳之韵学为尤甚。倘能综汇众说，从事正名，于异名同实及同名异实者，逐

一勘究疏证之，使后之学者，顾名识义，无复眩惑之苦，盖亦董
理韵学者之急务也。

　　罗先生的这段话强调了研究和整理汉语音韵学名词的复杂性和重要性。
他虽然是针对音韵学术语说的，但是也适用于传统语言学的其他学科。所以，
要想使包括汉语音韵学在内的传统语言学走上科学化的道路，名词术语的整
理、解释以及英译实是当务之急，以便与世界通用的语言学名词术语建立沟
通，使中国的传统学科彻底脱离"绝学"之境。因此，汉语的传统语言学术
语必须与国际接轨，令海内外整个学术界都可以理解，才能够把中国的传统
语言学推向世界。杜家利、魏向清两位教授所著《传统语言学名词机器翻译
研究》就是为了这个目标所做的努力。

　　正如该书所说，随着我国综合国力的提升，汉语传统语言学名词研究成
果在中华优秀传统文化海外推广、交流、弘扬和传播方面具有重要意义。该
书讨论了汉语传统语言学名词的特点，对部分重要名词的英译情况进行了个
案调查，提出了较为可行的翻译方法，并从机器辅助翻译视角对汉语传统语
言学名词英译进行了实例研究。该书的价值与意义正在于此。

　　该书的特色很多，特别是"第六章 汉语传统语言学名词机器翻译实例
分析"对 44 个具体名词（及其相关项）的英译研讨，最为令人瞩目。作者占
有的资料全面，研究深入，这 44 个名词（及其相关项）分属于不同的传统语
言学学科，如文字学、音韵学、训诂学、语法学等不同领域，唯其如此，就
要求译者具有广泛的相关知识背景，故研究难度极大。我发现作者所选名词
均颇具代表性，其中最引起我注意的是音韵学名词，数量竟达到近 30 个（某
词目及其相关项作为一个计），几乎占了总数的 2/3，罗列如下："不清不
浊"；"不完全交韵"；"侈弇"；"促"相关项；"等"相关项；"读破"；
"读若"；"短去"和"短入"；"隔句对"和"隔越转"；"古字通假"；
"混切"；"尖字"和"尖团字"；"交纽转"；"凭切"和"凭韵"；"全
浊声母"；"如字"；"入声字"；"异平同入"；"匣喻互用"；"通训"
和"通押"；"细音"；"一声之转"；"异切"；"阴"相关项；"喻下
凭切"；"正音凭切"；等等。这些名词术语，都是在音韵学界广泛使用的
术语，但也是歧说颇多的一群术语。即使受过严格的音韵学训练，翻译者恐
怕也不一定都能搞清它们的内涵。平心而论，作者所选的这 44 个名词术语（及

其相关项），每个名词的英译都有很大的难度。由此可以想见，两位作者付出了艰辛的努力。

　　这里我稍微谈一下关于古音通转的四个名词："古韵通转""一声之转""交纽转""隔越转"。这些名词释义有的已经出现在已出版的音韵学工具书中，但相关释义并不完美。本书作者知难而上，不但搞清楚了名词内涵，而且在众说中择善而从（至少是一家之言），取舍得当，非常值得肯定。

　　我在编撰《音韵学辞典》过程中发现，目前出版的多本音韵学辞书或含有音韵学名词的辞书中，古韵通转类名词只有寥寥十几条，而且多是概括性的，鲜有具体的释义，这不能不说是个缺憾。而且，此类的音韵学辞书数量在整体辞书出版数量中占比较低。我对具有典型特征的音韵学辞书进行了统计，选取了以下 10 部：①《中国大百科全书》语言文字卷；②《中国语言学大辞典》音韵学卷；③《音韵学辞典》；④《语言文字辞典》音韵学卷；⑤《中国语言文字学大辞典》；⑥《语言学名词（2011）》；⑦《简明古汉语知识辞典》；⑧《王力语言学词典》；⑨《古代汉语教学辞典》；⑩《语言学辞典》（增订版）。这里选取的辞书虽只占音韵学出版辞书总数很少一部分，但具有一定的代表性。

　　目前音韵学辞书中对通、旁、对转类相关名词的解释，存在着罗常培先生所说的名称不一（同实异名）、内涵不一（同名异实）、解释不一（阐述不全面、不准确）的问题，直接导致辞书的科学性与实用性皆不足。我统计了所选取的 10 部辞书对通、旁、对转类相关名词的收录情况。

　　在这 10 部辞书中，我发现有关古音通转类的名词共有 18 条，另有 6 条同名异实或同实异名，还有"转而不出其类"与"转纽"两名词只出现在《音韵学辞典》中。这些统计数据从侧面展现了作为"绝学"的音韵学名词在辞书中的收录情况：不仅收录数量较少，而且释义深度和广度也难以统一。

　　所统计的这 10 部辞书没有收录"一声之转"，而且部分辞书对"交纽转""隔越转"等名词的释义也难以做到统一。这也难怪，章太炎的《成均图》所创立的"交纽转""隔越转"这两个术语，本是对相距较远的古韵部通转说的，但是有的工具书因为"交纽转"这一术语名称上有"纽"一字（"纽"字在音韵学术语中通常理解为声母），就把它理解为声母通转，这就大错特错了。汉语术语尚且如此，遑论英译？面对诸多困难，二位教授不畏艰难，开创之功，实不可没。

最后，我希望二位作者，再接再厉，尤其要多多参考海外汉学家的著作和海外出版的关于中国传统语言学的工具书，看其对传统语言学术语的英译情况，继续推进这项工作，为把中国的传统语言学推向世界做出贡献。

是为序。

冯　蒸

首都师范大学文学院教授、博士生导师

国家社科基金音韵学重大项目首席专家

2023.4.13

目　　录

序

第一章　引言 1

第二章　术语学相关研究 4
   2.1　术语学的诞生与发展 4
   2.2　术语学的跨语言研究 7
   2.3　术语库建设对术语学发展的影响 10
   2.4　术语名词外译背景和术语库理论构建 14
   2.5　国外跨语言术语库实践研究 20
   2.6　国内术语学研究的特点 32
   本章小结 35

第三章　汉语传统语言学名词特点及其翻译 36
   3.1　汉语传统语言学名词的特点 36
   3.2　汉语传统语言学名词特点对其外译的影响 59
   本章小结 64

第四章　汉语传统语言学术语英译情况调查 66
   4.1　CNKI 语言学论文中汉语术语英译相关案例分析 67
   4.2　汉语传统语言学术语英译中的主要问题分析 71
   本章小结 75

第五章　汉语传统语言学名词的翻译方法 77
   5.1　汉语传统语言学名词的内涵 77

5.2 汉语传统语言学名词外译的主要方法……80
本章小结……92

第六章　汉语传统语言学名词机器翻译实例分析……93
6.1 "按"和"按断"的翻译……94
6.2 "白话"相关项的翻译……95
6.3 "半"相关项的翻译……102
6.4 "本（古本）"相关项的翻译……110
6.5 "别"相关项的翻译……117
6.6 "不清不浊"的翻译……121
6.7 "不完全交韵"的翻译……123
6.8 "衬"相关项的翻译……124
6.9 "侈弇"的翻译……127
6.10 "次"相关项的翻译……128
6.11 "从转"的翻译……136
6.12 "促"相关项的翻译……138
6.13 "刀笔文字"的翻译……145
6.14 "等"相关项的翻译……147
6.15 "读破"的翻译……155
6.16 "读若"的翻译……158
6.17 "短去"和"短入"的翻译……159
6.18 "末品"相关项的翻译……162
6.19 "分别语"和"分别字"的翻译……172
6.20 "隔句对"和"隔越转"的翻译……174
6.21 "古音通假"和"古韵通转"的翻译……177
6.22 "古字通假"的翻译……179
6.23 "混切"的翻译……181
6.24 "包孕谓语"的翻译……183
6.25 "尖字"和"尖团字"的翻译……185

6.26	"交纽转"的翻译	187
6.27	"仿语化"和"仿语结构"的翻译	188
6.28	"名词"相关项的翻译	190
6.29	"凭切"和"凭韵"的翻译	195
6.30	"全浊声母"的翻译	198
6.31	"如字"的翻译	200
6.32	"入声字"的翻译	202
6.33	"散动"的翻译	202
6.34	"首品词"和"首品仿语"的翻译	203
6.35	"异平同入"的翻译	205
6.36	"双"相关项的翻译	206
6.37	"匣喻互用"的翻译	212
6.38	"通训"和"通押"的翻译	213
6.39	"细音"的翻译	218
6.40	"一声之转"的翻译	219
6.41	"异切"的翻译	220
6.42	"阴"相关项的翻译	222
6.43	"喻下凭切"的翻译	226
6.44	"正音凭切"的翻译	227
本章小结		228

第七章　结语 231

  7.1　本书的主要发现 231

  7.2　本书的意义与价值 232

  7.3　本书的局限及对后续研究的建议与展望 233

参考文献 234

附录 1　欧洲关键术语库和相关资源介绍 269

附录 2　汉语传统语言学名词英译词表 276

第一章

引　言

名词是表示人或事物名称的词。在一定条件下，某些专用术语可从引申的一般意义中获得全民性，成为一般词语。术语是某一学科中的专门用语。(《现代汉语词典》，第7版)术语是表示专业领域特定理论体系中相关概念的专用词汇单位，是相关学科发展成果通过语言形式得以固化的外在表现。术语的发展常与综合国力具有一定的相关性。目前，发达国家在术语研究中居于领先地位，随着我国综合国力的提升，中国的术语学研究已经成为世界术语学研究领域中不可或缺的重要组成部分（冯志伟，2019）。为了提升中国术语研究的国际话语权，广大专家学者分享了自己的智慧并付出了辛勤的劳动，术语的研究成果最终将通过各种形式转化为服务于经济社会发展的现实动力（裴亚军，2020）。随着我国术语学理论研究和学科建设的推进，"中国术语学"建设问题引起了学界更多关注（魏向清，2021）。

术语研究的精密性和准确性要求我们首先需要对学术术语（尤其是经过翻译而来的术语）进行甄别、矫正，否则，根本就谈不上在学术和理论建设上有什么贡献（辜正坤，1998）。在自然科学领域，准确性、单义性以及国际通用性是术语的主要特征。人文社会科学领域的研究对象与人、社会以及文化相关，因此术语的主要特征为具有一定程度的歧义性、多义性以及民族性，相关术语之间的语际对应情况极为复杂。李宇明（2007）认为，重理轻文的社会偏见在术语工作中也有表现，我国百余年来的术语工作，主要是在自然科学与技术领域进行的，人文社会科学领域的术语工作做得较少，导致目前人文社会科学术语混乱的情况比较严重。人文社会科学术语自身的混乱影响了术语的翻译，也影响了人文社会科学领域内的国际学术交流活动。

进入20世纪后，专业知识的快速发展使新学科数量也同步快速增长，术语的数量也相应呈现指数级增长的态势。术语在社会生活中的出现率越来越高，且引起了学界的广泛关注。

1933 年出版的《牛津英语词典》（*The Oxford English Dictionary*）补编收录的语词大多与各门技术相关，所涉及的学科有生物化学、无线通信、机械运输、航空动力、心理分析，以及电影等。1989 年《牛津英语词典》第 2 版在此基础上增收了大量专业性词目。在美语版的语文词典中，专业性词目的比例更高。

尽管术语的发展非常繁荣，但是，时至今日，对于术语研究中一些重要方面，比如术语的界定、术语与概念以及普通词汇的关系、术语指称的单一性与多样性、术语翻译的基本原则与方法等，学界依然存在诸多争论，甚至对术语的学科定位提出质疑。达格玛·萨格德（Dagmar Sageder）（Sageder, 2010）提出的一个问题是：当今的术语学是科学、艺术还是人类的实践活动？因此，在术语学研究与翻译方面，学界可以做的工作非常多。

语言学术语的翻译是术语翻译中的一个重要领域。自 20 世纪结构主义语言学兴起以来，语言学已经发展成为一门独立的学科，并且形成了完整的术语体系。在现代社会中，语言学研究与社会学、文化学、心理学、医学、计算机科学相结合，应用性程度日渐提高，一些语言学术语已经进入日常交际领域。就我国的情况而言，除了当代语言学理论的发展，我国语言学研究在历史上曾经取得过辉煌成就。但是，与术语翻译的整体情况相似，目前我国语言学研究中所使用的术语，相当多的一部分是转译自西方文献，尤其是英语文献。传统语言学术语的译出工作存在着数量较少、体系性较弱的情况，甚至出现了大量的讹误，这就对汉语传统语言学名词的外译研究提出了更加科学化和系统化的需求。

本书旨在研究汉语传统语言学名词的译出问题。术语识别与确认将推动汉语传统语言学名词的概念分析，确定它们在汉语传统语言学中的具体所指，以及在汉语语言学语境中这些术语如何使用。在此基础上，根据其自身特点，在尽量保证其本土化内涵不缺失的前提下，实现术语之间的语际对应。

本书研究的具体问题包括以下几个方面：汉语传统语言学名词所具有的特点；这些特点对术语的外译所产生的影响；汉语传统语言学名词在对外译介中具体存在哪些问题；如何基于汉语传统语言学名词的特点进行针对性的、适切的翻译。

具体研究中本书采用了如下几种主要的研究方法。

（1）个案分析法。通过对中国知网（China National Knowledge Infrastructure，CNKI）相关文献中作为关键词的传统语言学术语的英译情况调查，分析汉语传统语言学名词在对外译介中存在的具体问题以及具体的原因。

（2）定量与定性分析法。采用定性研究可以更有效地研究主观的体验，而通过定量研究可以获得量化的信息。本书采用定量-定性相结合的方法，在充分使用语言材料的基础上，对汉语传统语言学名词外译的主要特点、问题以及方法进行讨论和分析。

（3）历时与共时结合法。普通术语学强调在共时层面上进行术语研究。随着社会认知术语学的兴起，术语学的历时层面研究得到学界的普遍认同。本书采用了共时与历时相结合的视角，分析历时轴线上的术语发展演变情况在共时截面上的积淀和反映。

本书共分为七章。第一章为引言，提出本书研究的缘起、研究对象、具体研究问题以及研究方法。第二章对术语研究中的主要观点以及术语翻译研究中的主要问题进行梳理，并且以欧盟为例，对术语规范化研究进行个案分析。第三章分析了汉语传统语言学名词特点及翻译的主要问题。第四章分析了汉语语言学术语英译的个案调查。第五章分析了汉语传统语言学名词的翻译方法。第六章为汉语传统语言学名词英译的机器翻译实例研究。第七章为结语，总结了本书的主要发现以及未来的可拓展空间。

在科研工作量方面，杜家利教授撰写 22.5 万字，魏向清教授撰写 10 万字并参与了书稿相关的合作研究与审读。

第二章

术语学相关研究

2.1 术语学的诞生与发展

术语学研究始于奥地利的欧根·维斯特（Eugen Wüster）。维斯特的著作《技术中的国际语言标准化，尤其在电子技术领域中》（*Internationale Sprachnormung in der Technik，besonders in der Elektrotechnik*）（1931）开创了普通术语学（德语 Allgemeine Terminologielehre，AT；英语 General Theory of Terminology，GTT）的先河。以维斯特为代表的学者强调了概念优先的称名原则、概念无歧的单一性原则、概念清晰的划界原则、概念恒定的共时性原则。普通术语学的终极目标是实现术语的标准化，不允许概念一对一之外的术语存在。遴选的术语要具有标准形式：既要有语言形式的简约性（economy），又要有语义透明性（semantic transparency），而且更要有适切性（appropriateness）。这种标准化工作通常由权威的术语审定机构负责实施。

普通术语学的创立使术语的使用与研究进入了更加高效规范的深度发展阶段。术语学成为语言应用研究的重要组成部分，其研究合法性得以正式确立，其研究价值和意义得到学界更加普遍的认可。随着研究深入，学者们发现术语并不是真空存在的语言形式，人为约定术语的概念范畴以消除歧义，以及完全忽视术语交际中的变异性以及多样性给术语使用者带来了诸多困惑（Cabré & Teresa，2003）。鉴于此，普通术语学在规定性和标准化方面进行了一些改良，进一步面向术语的实际使用，形成了"扩展型的普通术语学"（extended general theory of terminology）。这些理论拓展主要包括以下内容：接受术语标准化的语言规划观；接受同义术语；接受短语型术语；接受术语动态观；接受非层级性概念体系。

描写术语学相对于普通术语学提出了不同的观点并衍生出了三个研究维度：社会、认知和交际。概括来说，描写术语学认为术语是语言系统之内受语言因素影响的抽象符号系统，并不是独立于语言系统而存在的特殊系统，所以在语言使用中可能会产生同义或多义的多样性现象，也可能会发生共时变异或历时变异；术语的概念不是单一的，其划界也不是绝对的，存在概念边界模糊的情况，也存在原型理论原型性中的典型概念范畴化问题；术语使用过程中的概念范畴是动态的而不是静止的；部分术语在交际中可能形成对语境的依赖（Gambier，1991；Gaudin，1993；Sager，1994a，1994b；Boulanger，1995；Temmerman，1998，2017；Cabré & Teresa，2003）。

术语学自1931年问世以来，形成了多元的学术观点，尤以维斯特、德米特里·洛特（Dmitrij Lotte）、博胡斯拉夫·哈夫拉奈克（Bohuslav Havránek）、盖伊·隆多（Guy Rondeau）和国内术语学研究学者的学术思想为主。

维斯特的观点是普通术语学观点。维斯特是术语研究的鼻祖，其观点在形成之初就具有规定性。维斯特尝试建立的是真空之下的术语体系，是不受语言系统变化影响的独立的术语系统。术语和概念秉承无歧义的一对一模式，进入独立体系中的术语必然是经过标准化处理的，因而表现出较强的概念优先、标准至上的理念。这种术语规定性的约定强调了概念体系存在的重要性，术语名称的划分必须建立在概念划分的基础之上。概念只有经过概念化过程才能得到表达，其产生是概念化的结果。与概念相对应的是指称名词，该名词必须经过指称化过程才能表达概念。如此，通过概念化和指称化的相互关联，形成了概念和名词的一一对应。由于指称化过程通常由名词承担，所以，术语很多时候与名词就形成了一种近似同义关系。我们国家层面的术语审定机构是"全国科学技术名词审定委员会"（简称全国名词委），该部委所侧重的也主要是基于名词和概念对应关系的规定性研究。

维斯特的研究主要集中在名词方面。由于名词是指称化的主要载体，所以普通术语学核心的研究就是名词，很少顾及名词词性以外的专业词汇。术语的形态、句法和语义也不是普通术语学研究的主流。规定主义思想强调术语的非语言属性，认为术语只是指称真实世界概念的抽象符号，因此术语排斥同义和多义。概念体系的确定是逻辑层级体系的结果，并不依赖语言体系而存在。经过规定处理的标准化术语保持了单义性和单参照性，定义具有恒定的一致性。在新的术语问世时，审定机构综合各种因素对形成竞争的术语选项进行最终审定，最后完成术语和概念的对应性关系，实现概念命名和正名。术语既然是独立于语言系统而存在的，那么就不会受到语言历时变化的影响，术语所指称的概念通常被认定是静止不变的，概念的变迁不属于普通术语学研究的范畴。维斯特的观点代表了传统术语研究的核心，奠定了术语学研究发展的重要基础，推动了术语学的专业性和系统性研究。该观点在术语研究中仍占据主流地位，其他学术观点的形成一般仍以维斯特的观点为参照。

洛特在维斯特的基础上提出术语不应该被隔绝在语言系统之外。苏联的术语审定和研究机构——专门委员会于1933年组建，该委员会第一任主席的代理人是洛特，该委员会现在的名称是科学技术术语委员会。洛特的观点非常明确，强调术语不是完全独立于语言系统的，相反，术语的形成和使用都会有语言的烙印。新的术语在形成之前，受到已经存在的语言系统的影响。这些先于新概念形成而存在的专业领域的语言单位为新概念体系的搭建奠定了基础。因此，影响语言变化的各种社会因素也会在一定程度上影响术语指称和概念定义。专业领域的术语与通用领域的普通词汇具有显著的差异性特征。

与维斯特和洛特同时代的哈夫拉奈克也参照维斯特的普通术语学提出了自己的观点；其核心的研究除了论证术语应该属于语言学范畴之外，还讨论了维斯特一直关注的标准化问题。哈夫拉奈克认为术语标准化不是绝对的，标准的制定有时候也会受到语言系统的影响。术语是一种符号系统，在表达概念与名称的关系时具有语言符号的专有属性。

20世纪70年代以来，隆多的学术观点尤以同时关注术语单义性和术语社会性而引人注目。他在承认术语单义性的同时，也不排斥术语社会性；秉承概念至上，但不强调术语仅是概念语言标签的绝对观点，而且认同术语不独立于语言系统的观点。

国外的术语研究除了以上的系统讨论之外，还包括很多学者从各自领域展开的研究，包括术语的语料库研究、术语的派生演变、术语的哲学词汇、跨语言术语要素的频数分布、术语的词典编撰、术语的自动提取和翻译等（Sager，1994a，1994b；L'Homme，2020）。

国内术语学的发展得到曾经教育部语言文字应用研究所的研究员冯志伟教授大力推动。2006年，联合国教科文组织奥地利委员会、维也纳市和国际术语信息中心为冯志伟研究员颁发了维斯特奖，表彰他在术语学研究中做出的突出贡献。冯志伟最大的成就在于创立了中国术语学研究框架，其所著《现代术语学引论》搭建了中国术语学研究的体系。冯志伟认为中国的术语学研究不逊色于西方的术语学研究，中国几千年的发展对术语学的贡献是巨大的。由于语言的障碍以及曾经的闭关锁国，我国的术语学研究在国际上还没有形成独立的理论学派。但是，中国的术语工作实践源远流长，已经形成了中国术语学研究的八大特点：语文独特、历史悠久、尊重传统、体系成熟、关注结构、功能为本、数据导向、成果丰硕。中国的术语学研究以其深厚的底蕴可以毫无愧色地屹立于世界术语学研究之林（殷健等，2018；冯志伟，2019）。翻译需要创新（黄忠廉，2013），多维度的翻译实践可以探索以汉语为载体的术语发展规律，中国术语学的名实之辨与学理之思可推动中国术语学建设中的问题域确立（魏向清，2021）。

2.2 术语学的跨语言研究

术语的跨语言研究是社会发展、科技进步、国际交流的结果。翻译研究是系统的研究，涉及多语言翻译的理论构建和方法运用等。翻译自古就受到国内外学者的关注，形成了多种翻译评价系统，如支谦的"文质说"、严复的"信达雅"说、鲁迅的"信顺说"、傅雷的"神似说"、钱锺书的"化境说"、奈达的"交际说"等。国际多语言社团在专业知识领域的交流都是通过术语翻译来进行的。术语翻译参数包括翻译文本、翻译过程和翻译语境等。在跨语言的术语交际中，源文本与目标文本通过译者进行关联。

跨语言术语翻译的文本视角关注的是源文本与目标文本的对应性和可转换性。翻译理论的多样性支撑了跨语言术语翻译的顺利实践。在对应性方面，学者多从两种文本的语言形式寻找对应的基点，如词对应、句对应、段落对应、篇章对应等。目前一些机器翻译系统就是采用这种形式对应模式搭建的，这是从语言观视角展开的翻译研究。此外，跨语言术语翻译在交际观、认知观、文化观等方面形成了术语翻译的多个研究维度，并建立了系列的翻译理论。随着翻译的深入研究，翻译实践中倾向采用多元注释或多元注解的"深度翻译"（thick translation）方法，为文本翻译提供充足的素材（Jacobsen，

1958；Catford，1965；Nida & Taber，1969；Toury，1980；王佐良，1984；Even-Zohar，1990；吴新祥和李宏安，1990；谭载喜，1991；谭载喜，1999；Appiah，1993；Gentzler，1993；Nida，1993；刘宓庆，1995；Hatim & Mason，1997；Hatim，2001；Munday，2001；胡庚申，2009；蒋童，2012）。

　　跨语言术语翻译的本质是翻译过程的信息保真问题。源文本经过翻译是否完成了向目标文本的信息传递，而且在传递过程中，概念信息损耗的比例是否过高，这些都需要译者加以关注。所以说，"信"是翻译的首要标准。最理想的翻译状态是实现源文本与目标文本的信息对等，翻译研究的学者们为此提出了"勿失""不违""忠实""等值翻译""形式对等""功能对等""最佳近似度"等与"信"相一致的观点。需要指出的是，理想状态通常是难以实现的，"超额翻译"（overtranslation）、"欠额翻译"（undertranslation）在实际翻译中占有相当比例（Newmark，2003；Lefevere，2004；Shuttleworth & Cowie，2004；祝朝伟，2010）。翻译理论的构建需要结合我国的文字文化传统、哲学思维传统与艺术表现传统，才能实现本、源、鉴三位一体的支撑（何刚强，2015）。

　　跨语言术语翻译的超文本视角关注的是译者的权利边界问题。文本视角下的术语翻译，译者的权利是被禁锢的。译者只有将源文本信息对等翻译到目标文本中的义务，而没有在翻译中发声的权利。译者是"镣铐加身"的隐者。译者的主观能动性是客观存在的（方梦之，2003）。不同译者由于语际差异、文化差异和政体差异，在处理相同文本时也可能产生不同的译者色差。

　　在翻译实践中，在处理缺陷文本时，译者应该发挥主观能动性，并根据自己的理解水平、写作水平、认知水平、学术水平等调整原缺陷文本，以便更好地适应目标文本的要求。对真理的忠诚应该先于对文本的忠诚（Newmark，2003），译者在翻译实践时无法脱离自身的意识形态（王东风，2004）。随着翻译研究的多元化，越来越多的学者开始引入一些新的量化手段对翻译研究进行图谱式的直观表达，以描绘出翻译学者们最为关注的热点问题，并采用全球化翻译的策略方法和思路重新审视翻译（李红满，2014；冯佳等，2014；张继光，2016a，2016b）。

　　跨语言术语翻译促进了我国的科技发展。跨语言术语的流动方向，通常是与需要紧密相连的，有需要才可能有供给。这也决定了常规情况下，发达国家的术语是流向发展中国家的。发展中国家在科技方面需要从发达国家获得更多的资源，必然有解决科技术语翻译的强大需求，所以，以英语术语为代表的西方国家的术语在一段时期内将主导术语翻译的流向。这种术语的不断流入，带来术语翻译的高潮，同时也推动了我国的科技发展。

术语学作为一门科学学科的基础，形成了不同的概念理论。术语外译则强调其双重语言和概念维度相连、概念和术语相连的必要性。术语外译过程需要充分考虑专业语言和专业知识的相互协调，不能出现顾此失彼的情况。术语外译还需要充分考虑将领域知识等准标准化内容进行标准化处理，同时保留语言多样性中必须保留的内容等。术语外译时必然涉及语种之间术语的认知转移、术语的变异限定、术语的跨语言标准制定和再规范等一系列学术领域问题。术语实践工作的积累将进一步提升术语外译的学术价值，推进术语学发展。

就中国术语翻译史而言，从不同朝代的跨语言翻译来看，其侧重点是不同的。汉唐时期，佛教兴盛，很多的术语都是与佛经教义相关的，这也形成了术语翻译的一次繁荣。明清时期，西方传教士来到中国传教，带来西方的与科技相关的诸多术语，掀起了对数学等基础学科的翻译热潮。清朝和民国时期，西方的科技高度发达，中国闭关锁国的政策被洋枪洋炮完全击毁，洋务运动推动了中国对西方现代科学技术以及社会思想理念的极度渴求，也推动了术语翻译的再一次繁盛。中华人民共和国成立后，百废待兴，我们先是学习苏联的科学技术，后转向学习欧美的科学技术，俄语、英语等主流外语先后在国内掀起了术语翻译的热潮。

进入 21 世纪，我国开始在有些领域赶超国外发达国家，术语的流向开始发生变化，从单一的流入转变为更大程度上的交流互通。随着国家实力的增强，我国开始注重对一些具有民族特色的术语进行输出，侧重以我为主推进国际传播能力建设，同时加强中外人文交流、兼收并蓄。这种从译入向译出的转变推进了国际传播能力建设，利于讲好中国故事，展现真实、立体、全面的中国，提升国家文化软实力。

我国与西方发达国家在科学技术方面相比，可能还存在一定差距，但这不妨碍我们拥有文化自信和语言自信。只有加强和改进国际传播工作、展示真实立体全面的中国，才可能多角度、全方位地形成同我国综合国力和国际地位相匹配的国际话语权，形成新概念、新范畴、新表述。通过对民族性特征明显的语言文化类术语的输出，可以加快构建中国话语和中国叙事体系，推动中华文化走出去，以文载道、以文传声、以文化人，实现全球化表达、区域化表达、分众化表达。本书以传统语言学名词的外译为对象展开研究，契合了国家对术语发展顶层设计的时代要求。

2.3　术语库建设对术语学发展的影响

术语库建设是术语理论研究的具体实践。发达的西方国家非常注重对术语理论和术语库的建设。我国近几年也大幅度提升在术语理论和术语库建设方面的投入。本书以 2016—2020 年立项的 1611 个国家重大项目为封闭域，分析国家在该领域的支持度，具体如下。

多语言术语库建设方面，2016—2020 年这五年有 2 个重大项目立项：2017 年杨雪冬主持的"当代中国重要政治文献多语种数据库建设"；2019 年吴丹主持的"面向三大公共数字文化工程资源融合的多语言信息组织与检索研究"。前者的多语种研究限定域是政治文献领域，后者则面向数字文化工程。

术语理论研究方面，2016—2020 年这五年有 3 个重大项目立项：2019 年杨平主持的"当代中国重要政治术语翻译与对外话语体系建设研究"、李桂奎主持的"中国古代小说理论术语考释与谱系建构"和严世芸主持的"中医药基本名词术语挖掘、整理及翻译标准化研究"。这三个项目均体现了"以我为主、立足国内"的中央部署。其中，当代中国重要政治术语的外译是典型的"中国话语叙事体系构建和新概念范畴表述"，中国古代小说术语研究体现了"展现中国故事及其背后的思想力量和精神力量"，中医药名词术语则是"具有中国特色、体现中国精神、蕴藏中国智慧的优秀文化"。

语料库建设方面，2016—2020 年有 9 个重大项目获得支持。这些获得立项的研究均围绕汉语或立足本土展开。具体如下。

方言类研究 4 项：2017 年徐朝东主持的"元明清民国时期官话语音语料库平台建设与研究"；2020 年黄晓东主持的"近 40 年来两代大规模北京口语调查的多模态语料库建设及应用研究"、陶寰主持的"吴语语料库建设和吴语比较研究"和王文胜主持的"浙江濒危汉语方言调查研究及语料库建设"。北京口语、吴语、浙江濒危汉语方言、元明清官话均是中国话语和叙事体系中重要的组成部分。

现代汉语历时研究 2 项：2016 年刘利主持的"汉语复句历史演变研究及其语料库建设"；2018 年吴义诚主持的"基于大型语料库的汉语非组构性历时演变与语言演变规律研究"。这些主要围绕汉语进行研究，为汉语发展提供历时研究的脉络。

涉及少数民族语言研究 2 项：2017 年王启涛主持的"吐鲁番文献合集、校注、语言文字研究及语料库建设"；2019 年段玉泉主持的"出土西夏字书整理研究及语料库建设"。这些研究为中华优秀传统文化的传承提供了素材。

语言障碍研究 1 项：2018 年丁红卫主持的"精神障碍人群语料库建设及面向脑科学和人工智能的语言研究"。该研究以我国本土精神障碍人群为被试，所获得的研究均服务于我国本土脑科学和人工智能发展。

在数据库建设方面，2016—2020 年有 93 个重大项目立项。国家的数据库建设立项范围涵盖文史哲的方方面面。具体如下。

语言文学类数据库研究：2016 年沙先一主持的"历代词籍选本叙录、珍稀版本汇刊与文献数据库建设"、方长安主持的"中国新诗传播接受文献集成、研究及数据库建设（1917—1949）"和周晓风主持的"抗战大后方文学史料数据库建设研究"；2017 年张金锁主持的"延安时期未刊文献资料收集、整理与数据库建设"；2020 年李雪山主持的"商代甲骨非文字资料的整理研究和数据库建设"。

辞书类数据库研究：2018 年郑振峰主持的"基于辞书信息数据库的中国汉语辞书理论史研究"；2019 年文炳主持的"《康德辞典》翻译及译名数据库建设"。

文化传播数据库研究：2016 年李建欣主持的"中国宗教研究数据库建设（1850—1949）"、邵敬敏主持的"境外汉语语法学史及数据库建设"、王霄冰主持的"海外藏珍稀中国民俗文献与文物资料整理、研究暨数据库建设"；2017 年吴应辉主持的"汉语国际传播动态数据库建设及发展监测研究"；2019 年郭熙主持的"境外华语资源数据库建设及应用研究"；2020 年徐宝锋主持的"世界汉学家口述中文与中华文化国际传播史：图文音像数据库建构"。

社会经济学数据库研究：2016 年王玉茹主持的"近代中国经济指数资料整理及数据库建设"、王亚菲主持的"中国多区域投入产出数据库建设"、倪玉平主持的"清代商税研究及其数据库建设（1644—1911）"、陈光金主持的"中国社会质量基础数据库建设"。

少数民族语言类数据库研究：2016年巴莫曲布嫫主持的"中国少数民族口头传统专题数据库建设：口头传统元数据标准建设"、张艺主持的"西南少数民族医药文献数据库建设及相关专题研究"；2018年赵阿平主持的"中国满通古斯语言语料数据库建设及研究"；2019年黑维强主持的"明代至民国西北地区契约文书整理、语言文字研究及数据库建设"、阿布都外力·克热木主持的"我国四大古典文学名著维吾尔文、哈萨克文译本的接受、影响研究及其数据库建设"。

经济走廊类数据库研究：2016年霍林主持的"中国-中南半岛经济走廊沿线综合调查数据库建设"、孔建勋主持的"缅甸国内形势与对外关系综合调查数据库建设"；2018年屈文生主持的"'一带一路'沿线国家法律文本翻译、研究及数据库建设"。

综合类数据库研究者主要有祁进玉、马翀炜、周琼、杨嘉铭、王宪昭、肖远平、张荣强、胡铁球、梁勇、吴滔、陈永生、谢必震、陈文新、纪德君、刘增人、周耀林、张玉金、陈伟武、杨亦鸣、李军、辛自强、王珏、李实、姚锐敏、林文勋、朱正业、杨瑞、闻黎明、王奇、赵树功、张仲谋、李遇春、汪文顶、汪化云、王为民、赵建国、孙建军、束锡红、刘大钧、陈军亚、董青岭、何晓芳、吴漫、钞晓鸿、王巨新、范铁权、李子君、陈林侠、张宗伟、冉启斌、陈忠敏、徐越、那顺乌日图、顾黔、孟伟、瞿群臻、刘筱红、支振锋、王沛、洪永红、张大庆、曹刚华、耿传友、李锡龙、贾媛等。

从对2016—2020年立项的1611个国家社科重大项目分析后看出，国家在重大项目方向上开始向术语理论、术语数据库等领域不断倾斜，尤其加大了对汉语相关术语名词的研究力度，这也体现了我国术语发展的主流方向：从关注术语的译入，开始向关注译出转变，传统语言学名词的研究以及术语库建设均得到了国家层面的大力支持。

在国内术语库建设方面，目前我们已经建成了具有代表性的多个领域的术语库，如下所示。

政治文献类术语库："中国关键词"术语库（多语）；"中国重要政治词汇对外翻译标准化专题库"（多语）；"中国特色话语对外翻译标准化术语库"（多语）。

特定领域术语库："中华思想文化术语库"（双语）；"天文学名词"

术语库（双语）；"术语在线大数据多语种百科术语库"（多语）。

综合类术语库：南京大学双语词典研究中心构建的 NUTerm 术语库是国内首个人文社科领域的全学科汉英双语术语库；[①]近 100 万条[②]的"术语在线"数据库（以下简称术语在线）（单语）。

我国现有的术语库建设有如下特点。

（1）外宣需要的术语库以多语为主。"中国关键词"术语库是以多语种、多媒体方式向国际社会解读、阐释当代中国发展理念、发展道路、内外政策、思想文化核心话语的窗口和平台，是构建融通中外的政治话语体系的有益举措和创新性实践。涉及汉语、英语、法语、俄语、阿拉伯语、西班牙语、日语等 7 个语种。

"中国重要政治词汇对外翻译标准化专题库"旨在规范重要政治词汇术语多语种译法，为对外传播翻译工作提供相关数据资源服务，确立国家主导的重要政治词汇外译标准。该库从扶贫、经济、法治、军事、科技、外交和文化等多个维度，提供汉语与英语、法语、俄语、德语、意大利语、日语、韩语、西班牙语、阿拉伯语等语种的术语对译查询服务。

"中国特色话语对外翻译标准化术语库"汇集了中国最新政治话语、马克思主义中国化成果、改革开放以来党政文献、敦煌文化等多语种专业术语库的专业术语，并已陆续开展少数民族文化、佛教文化、中医、非物质文化遗产等领域的术语编译工作。该术语库平台以语种的多样性、内容的权威性为突出特色，提供汉语与英语、法语、俄语、德语、意大利语、日语、韩语、西班牙语、阿拉伯语等语种的术语对译查询服务。

（2）特定领域术语库由双语向多语过渡。"中华思想文化术语库"旨在梳理反映中国传统文化特征和民族思维方式、体现中国核心价值的思想文化术语，用易于口头表达、交流的简练语言客观准确地予以诠释，以汉英对译的方式让世界更多了解中国的国情、历史和文化。

"天文学名词"术语库首次将国际天文学联合会（International Astronomical Union，IAU）截止到 2020 年 7 月 15 日已公布的全部 1950 条地形地貌名称译为中文，采取英汉对译方式，旨在为相关学科的研究和科普教育等活动提供参考。

[①] 本书中笔者所使用的传统语言学术语库即 NUTerm。
[②] 以上数据库的数据统计均截至 2023 年 3 月 9 日。

"术语在线大数据多语种百科术语库"着眼全球大数据领域发展，对大数据知识体系进行了全面梳理并提出9个方面的术语架构，形成了统一规范、符合国际通用规则的多语种学术话语体系。提供汉语与阿拉伯语、英语、法语、德语、意大利语、日语、韩语、葡萄牙语、俄语、西班牙语等语言的对照。

（3）综合类术语库正逐步向多语库转变。全国术语审定和规范的最高机构——全国名词委搭建了近100万条的超大型术语在线数据库。"术语在线"是国内最具代表性的术语库，包括所有命名审定的规范名词、科技新词、对照名词及其他中央部委等核心机构发布的规范成果。全国名词委建立的科技名词数据库术语在线向读者提供免费查询已公布科技名词的服务，并定期推出包含所有已公布科技名词的光盘软件。全国名词委在宣传和应用推广方面，形成了媒体宣传、教育培训、工具书推广等多维工作格局，使规范科技名词得以更好地普及。在积极推动海峡两岸科学技术名词交流对照统一工作中，还出版了20多个学科的海峡两岸科学技术名词交流对照本和8个学科的繁体字本；海峡两岸专家共同编纂了《中华科学技术大词典》《两岸科技常用词典》《两岸科学技术名词差异手册》《两岸中小学生科技词汇》等工具书。两岸科学技术名词对照统一工作对传承中华民族优秀文化发挥了积极作用。在多年的研究中，全国名词委形成了有效的分批次审定、分批次运行的方法，极大地提高了命名审定的效率。目前术语库以单语为主。"十三五"期间，为实施中央"推进国际传播能力建设"的部署，全国名词委已经尝试开展了在大数据领域进行多语种术语库的建设。

我们认为，我国的多语种术语库建设目前处于相对较低水平，除了个别的术语库因外宣需要开始了多语化进程之外，其他的术语库多是面向国内的单语库。从术语库的国际影响来看，由于外宣类术语库政治背景原因，在国际上受众广泛度尚无法与国外多语综合术语库相比较。跨语言的术语库研究和建设将会极大提高我国在术语领域的国际权重，全面提升我国国际传播效能。我们目前所从事的汉语传统语言学名词外译研究就是多语种术语库建设的一个分支。

2.4 术语名词外译背景和术语库理论构建

我国的术语研究理论性相对较弱，随着改革开放以来的不断发展，已经形成了我国独有的术语学发展脉络。中国术语学派在几代人的努力下也已经在国际舞台有了一席之地。中国学派学者人才济济，除了冯志伟之外，还包括如下学者（按姓氏拼音排序）：巴特尔、邓耀臣、董琨、龚益、郭龙生、黄忠廉、李秀英、李学军、李宇明、李照国、李志江、梁爱林、刘青、陆雅海、马峥、潘书祥、乔永、邱碧华、屈文生、粟武宾、孙寰、佟立、王海涛、王华树、王克非、王铭玉、王晓光、魏向清、吴丽坤、伍军红、修刚、徐一平、叶其松、易绵竹、于喜海、张春泉、张家骅、张金忠、张绍杰、郑述谱、朱建平等。近几年来，在全国名词委的带领下，国外权威术语研究机构或专家均多人次参与了我国举办的术语学会议，包括来自西班牙庞培法布拉大学（Universitat Pompeu Fabra）的特蕾莎·卡布雷（Teresa Cabré）教授、加拿大皇家院士玛丽-克劳德·洛姆（Marie-Claude L'Homme）教授、日本的影浦峡（Kageura Kyo）教授等。我国学者也在国际上发表或出版了有影响的文章或著作，如最近10年在国际顶级期刊《术语》（*Terminology*）上，魏向清等中国学者发表了多篇相关论文。这些都推动我国术语学向纵深发展。

术语的发展可以在一定程度上反映科技的发展，往往代表着一个国家在科技领域的综合实力。近现代以来的西学东渐，一直是我国科技发展的重要借鉴来源与发展影响因素。从蒸汽技术代表的第一次工业革命、电力技术代表的第二次工业革命、计算机技术代表的第三次工业革命，直到大数据代表的第四次工业革命，我们一直坚持不懈地借助包括外来术语汉译在内的科技提升手段向世界科技舞台中心靠拢。我们的国家从来没有像今天这样接近世界舞台的中央。我国目前综合实力不断发展的趋势需要我们做好汉语术语译出的更多努力，以便形成同我国综合国力和国际地位相匹配的国际话语权。

与外源性术语的汉译相比，汉语术语的外译在总体上数量较少，处于弱势地位。这主要是因为到目前为止，我国在科学技术领域尚未占据主导性地位。尽管新中国成立之后，我国各行各业飞速发展并取得了令世界瞩目的成绩，但是，从世界范围看，在科学技术领域，我国对世界科技输入量虽在持续增长，但因为主要科学研究成果的工作语言以英语为主，我国所输出的汉源术语在数量上不占优势，科技文献的交流依然以译入为主。汉语术语的外译具有非常明显的民族性特点，即外译的汉语术语主要集中在具有非常明显的中国特色的相关领域，比如中医、中华武术、中国京剧、中国传统哲学思想、中国文论、中华典籍等。

术语翻译需要与时俱进，与科技、学术和社会发展大体保持同步。从以上对术语翻译的讨论可以看出，术语翻译并不是简单的语际解读，不仅涉及源语和目标语的多重因素，还涉及译者的翻译素养问题。我国术语翻译存在不对称情况。从术语翻译对称性的整体分析可知，我国术语很多转译自西方文献。术语的译出工作存在着数量较少、体系性较弱的情况，这种情况亟须改变，需要更加科学化和系统化地开展术语的外译研究。在科技发展的大时代，将中国特色的术语名词借助多语言平台实现外译，是语言工作者不可推卸的责任。

术语研究的中国学派正在崛起，推动了汉语术语译出工作。随着综合国力的大幅度提升，我国科技发展水平也正在缩小与发达国家的差距，个别领域（例如 5G 网络建设等）甚至出现了远超西方国家的情况，体现在术语发展方面就是中国学派的冉冉升起，以及汉语术语外译意识的增强。汉语术语外译并不是取代外来术语汉译，而是对其的一种补充。国外先进的科学技术我们需要借鉴，他山之石可以攻玉。同时，我国优秀的术语成果也要向国际社会输出，提高我国在术语领域的国际传播效能。

我国需要有在全球术语传播体系中争取话语权的顶层设计。科技发达的欧美国家以及国际组织在多语种术语数据库建设方面目前掌握着绝对的国际话语权，其各自术语库涉及语种有的多达几十种，凸显了相关国家和组织强大的国际传播能力。我国目前建设的唯一的国家层面的超大型术语库是隶属于全国名词委的术语在线，涵盖了全国名词委历年来公布的规范名词、发布的科技新词、出版的海峡两岸对照名词和工具书等全部审定成果，又融入了中央编译局、中国外文局、国务院新闻办公室、外语中文译写规范部际联席会议等机构发布的规范成果。总数据量近 100 万条。术语在线为推动我国科技术语规范和科技发展起到了重要作用。但是，该库目前还是单语库，在助力形成同我国综合国力和国际地位相匹配的国际话语权方面还有欠缺，在推进全球化表达、术语国际传播话语权方面处于劣势，这种局面亟须改变。

对于综合类超大型术语库，国内代表是术语在线。入库术语的审定是在国内以院士专家为团队展开的，具有术语审定的权威性、规范性和标准性。目前，我国在特定术语的收集、传播、运行和管理方面已接近或达到国外先进水平，但在借助多语言进行精准传播，推进全球化表达、分众化表达方面还存在短板。中国亟须在科技领域的多语种术语数据库方面加强建设，形成同我国综合国力和国际地位相匹配的国际话语权。国家已经开始从重大项目层面进行顶层设计,以推动围绕汉语的术语多语种外译、新概念范畴化表述、平行语料数据库的建设。

联合国术语库(The United Nations Terminology Database,UNTERM)和欧盟互动术语数据库(Interactive Terminology for Europe,IATE)具有可借鉴性。与术语在线相似,这两个国际术语库都属于综合类术语库。联合国术语库除了提供6种联合国工作语言之外,还提供了德语和葡萄牙语服务,共涉及8种语言,主要是为了促进联合国工作人员和世界各地人员的工作而创建的,这些人员通常参加联合国活动或对这些组织的活动感兴趣。欧盟互动术语数据库则近乎完全覆盖了欧盟成员的所有语种,共涉及24种语言,其中包括与成员国语言密切相关的拉丁语。数据库已用于欧盟特定术语的收集、传播和管理,为所有欧盟术语资源提供基于Web的基础结构,增强了信息的可用性和标准化。这两个术语库的多语种特征明显,库内资源均不断更新,并提供了互动平台接口,方便专家和用户反馈信息,提供相关术语的反馈意见,提升用户参与度。

国家级术语库需要有序地推进多语化进程。术语在线的多语化进程在理论方面推动了术语学的发展,学术价值显著。术语在线多语数据库集群建设是多语化进程得以应用的技术性保障。术语研究、多语种外译、语料数据库建设的跨学科融合提升了我国国际传播效能,具有深远的社会意义。"十四五"时期是我国在全面建成小康社会、实现第一个百年奋斗目标之后,乘势而上开启全面建设社会主义现代化国家新征程、向第二个百年奋斗目标进军的第一个五年。在"两个一百年"历史交汇点上,汉语传统语言学名词的外译研究将在"十四五"规划的框架下展开,助力提高国家软实力,坚定文化自信。

我国需要面对术语库国际传播效能相对较低的问题。我国在2010年国内生产总值超过日本之后,跃升为世界第二大经济体,综合国力和国际地位得到极大提升。在术语数据库建设方面,2016年5月,国家术语审定权威机构全国名词委上线了我国权威术语库术语在线,这是全球中文术语资源最全、数据质量最高、功能系统性最强的一站式知识服务平台,入库总数据量近100万条。术语在线是我国1985年成立全国名词委以来推出的国家层面的超大型综合术语库,其影响力可以比肩国外著名的联合国术语库和欧盟互动术语数据库。由于术语在线设计之初是面向国内服务群体的,所以术语库以汉语为主(部分项提供了英语),其单语特性限制其成为国际术语库。与提供8种语言服务的联合国术语库和提供 24 种语言服务的欧盟互动术语数据库相比，术语在线国际传播效能相对较低，尚不能助力我国获得同我国综合国力和国际地位相匹配的国际话语权。

我国术语外译和跨语言术语库建设工作面临诸多客观困难。国外术语库建设通常都是内生的多语系统，如联合国术语库作为联合国的多语种术语库，成员国自身的多语化结构便于该术语库实现多语服务，这些都有利于实现 8 种语言的对应性研究。作为欧盟可提供 24 种语言服务的多语种术语库，欧盟互动术语数据库建库的宗旨就是实现欧盟多语成员国之间的术语无差别应用，所以，各成员国均可为欧盟互动术语数据库数据的多语化进程贡献力量。国外其他的多语术语库与联合国术语库和欧盟互动术语数据库的情况类似，也都具有入库语言之间的潜在内生关联。通过比较这些术语库后可以发现，它们共享的核心语言是英语，各语种都借助英语进行对齐，该特征非常显著的数据库是北约官方术语数据库（The Official NATO Terminology Database, NATOTerm）和世界知识产权组织术语库 WIPO Pearl。北约官方术语数据库包含了未分类的军事术语以及与北约有关的非军事术语，所有释义只涉及 2 种语言（英语和法语）。世界知识产权组织术语库 WIPO Pearl 的词条是多语的，但释义只提供英语语种的服务。由此可以看出，国外先进的多语术语库具有采纳词条多语（便于检索查询）和释义英译（便于其他语种对齐）的多语策略。

我国跨语言术语研究和术语库建设离不开相关理论构建。语言、知识和社会三个子框架维度都会对理论构建形成支撑。术语的跨语言翻译，首先需要厘清所需搜集整理的术语的内涵和外延，以历时变化为主线，兼顾共时影响，才可能根据不同时期术语的系统性特点进行针对性的分析，这样才能对术语有准确的释义，在全面理解的基础上为后续的多语种翻译提供坚实的源语材料，成功实现术语外译。从理论角度来说，术语的语言形态观是术语语言单位形态化的体现，术语产生和变异均具形态特征；术语的知识投射观是术语知识单位语言应用的语义投射，信息压缩体现了术语的语义变化路径；术语的社会认知观认为术语是特定社会单位的简约符号，术语的认知胶囊化不能脱离社会单位而存在。

此外，术语库入库术语还需要考虑词汇语义学视角下的结构性特征。总体来说，专业词汇的分类分为平行式和层级式两种：学科领域之间形成的是平行的范畴化特征；层级式分类是以基本层次范畴为基础，在本术语系统内向上和向下进行递进式分类。因此，在术语库术语处理中平行式分类和层级式分类是首先需要加以考虑并处理的。平行关系考虑的是周遍性问题，妥善处理可保持学科间的横向平衡度；层级关系需要考虑子范畴中专业性词汇收录的延伸度问题，即需要分析学科所下辖子范畴的颗粒度。总之，入库术语的结构性特征要求对术语系统的层次性进行梳理，建立相对平衡的、可以对照的术语理论框架体系（图 2.1）。

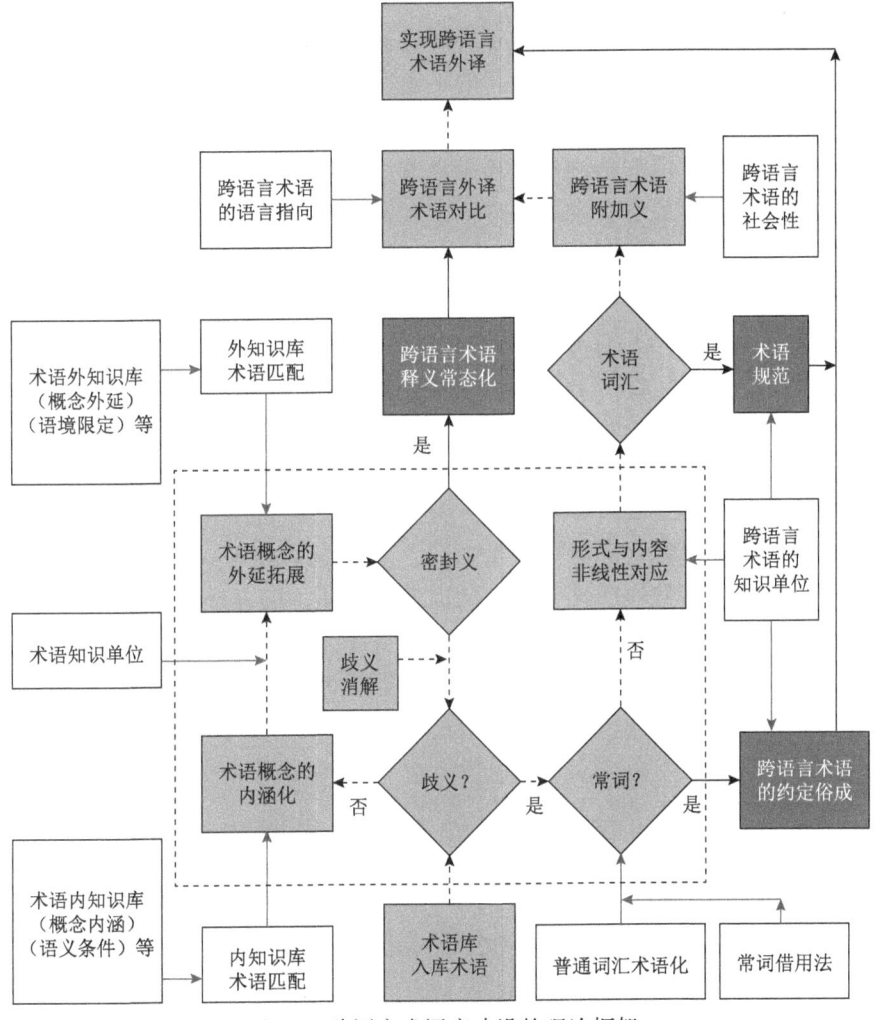

图 2.1 跨语言术语库建设的理论框架

专业化词汇是概念胶囊化的载体。术语是专业化的词汇。与通用词汇不同，专业化词汇高度压缩并胶囊化，这样是为了通过有限的语言符号来表达尽可能无限的概念。译者需要对术语语义提取和颗粒度理解层级进行研究，并对专业化词汇进行译前充分释义，还需要对目标语对应语义和形式进行斟酌，避免所译术语词不达意而导致费解、曲解，甚至是误解，进而导致影响术语在国际上的传播。因此，"做到准确性表达"是对术语最根本的尊重，即将源语的语义内涵最大限度地译入目标语，实现语义颗粒度大小的对等，不扩大也不缩小语义指称范围。处理好目标语与源语在语义和形式上的对应是基于对术语国际性与本土性之间的平衡度考量，目标语与源语在语义和形式上能否对应是判定译文是否实现"信达雅"的一个重要标准。

进行跨语言术语理论构建时还需要关注概念变异与语际概念差问题。术语在不断地变化，概念在发展的过程中会发生变异，包括称名的变化、内涵与外延的调整、术语隐喻模式的发展以及相关概念关系的变化等。术语的变化要求对平行术语语料库的建设从历时与共时两个视角同时展开。另外，一些术语客观性特征明显，具有国际通用性；还有一些术语，尤其是人文社科类的术语，民族性特征与本土化特征突出。因此在跨语言对齐的过程中，需要对术语概念进行分析，以正确地理解其内涵与外延，尽可能缩小术语的语际概念差。

术语的跨语言翻译研究是层次性比较明显的研究，其研究路径涉及翻译过程中的多元因素，既有特殊性也有普遍性。汉语术语在外译时，往往需要同时考虑源语和目标语的语言单位知识、认知单位知识、社会单位知识，并需要分析源语和目标语所涉及术语的词汇化特征。语言是一个复杂的系统，历时性和共时性糅合在一起，术语无法避免地会出现变体。这就要求外译时要关注跨语言对应选词的优先权问题，既不能无视变体存在的事实，也不能夸大变体影响，做到规范和描写有效统一。

2.5 国外跨语言术语库实践研究

术语与通用语不同，术语发展水平一定程度上可以体现一个国家科技发展的水平。科技水平越高，对术语的需求越大，术语研究越深入，构建超大型术语库的需求越大，面向多语种的扩展越有可能。国内外术语数据库的建设背景和数据库所属国家的科技水平处于不同的发展阶段，建设的术语数据库一般与国家的综合国力或科技水平相当。国外的代表性术语库所使用的技术水平较高且以多语种居多。国内的术语库具有如下特点：超大型综合术语库一般面向国内，以单语为主；外宣类术语库虽然具有多语种建设成果，但收词量有限，综合性有所欠缺，国际影响力较小。他山之石可以攻玉，对发达国家或组织的术语库进行综合研究，可提升我国的术语库建设水平，提升术语学研究的能力。

2.5.1　国外的代表性术语库

我们统计了10个国外具有代表性的术语库，覆盖了西方发达国家和国际组织的多个领域。

（1）联合国术语库涉及8种语言，是一个多语种术语数据库，由联合国系统中各主要工作地点和区域委员会共同维护。联合国术语库提供与联合国工作主题相关的术语和命名，并采用联合国6种官方语言，还提供德语和葡萄牙语条目，共计8种语言。该数据库可以视作语言工具，主要是为了辅助联合国工作人员和世界各地人员的工作而创建的。数据库所列出的立场和实操，并不代表联合国观点。

（2）欧盟互动术语数据库涉及24种语言，由欧盟互动术语数据库管理小组管理，其代表来自以下机构：欧洲议会（European Parliament）、欧盟委员会（European Commission）、欧盟理事会（Council of the European Union）、欧盟法院（Court of Justice of the European Union）、欧洲审计院（European Court of Auditors）、欧洲经济和社会委员会（European Economic and Social Committee）、欧洲地区委员会（European Committee of the Regions）、欧盟机构翻译中心（Translation Centre for the Bodies of the European Union）、欧洲中央银行（European Central Bank）和欧洲投资银行（European Investment Bank）。此数据库的任务是为欧洲的翻译人员提供术语帮助，提供培训，对一些资源进行汇编（如汇编专业词汇表），提供相关参考文档链接的网页，提供可适用于不同语言音译规则的网页等。该术语库在国际上享有盛誉，对该术语库进行详细解读可以助力我国相关术语库建设。

（3）国际标准化组织（International Organization for Standardization，ISO）在线浏览平台（Online Browsing Platform，OBP）涉及5种语言。此平台提供

ISO 标准、图形标志、规范、术语和定义等。术语和定义搜索界面提供多种搜索方式，可分别进行词汇、项目和空格敏感的搜索。内容搜索包括精确和模糊搜索、定义搜索、标准索引和全入口搜索。可使用英语、法语、俄语、西班牙语和德语共 5 种语言进行搜索。

（4）国际电信联盟电信标准化部门（The ITU Telecommunication Standardization Sector，ITU-T，以下简称国际电联电信标准化部门）数据库涉及 6 种语言。ITU-T 为国际电信联盟（以下简称国际电联）相关的专家（如研究组报告员、翻译和编辑等方面的专家）和其他用户提供参考，主要包括全球信息通信技术基础设施定义要素的国际标准，该标准可确保在语音、视频通信和数据交换方面实现全球通信。国际电联电信标准化部门设在日内瓦国际电联总部，该部门在日内瓦利用复杂的电子方法和先进设备，采用国际电联的 6 种语言（阿拉伯语、汉语、英语、法语、俄语和西班牙语）编纂了专业技术词典，以期为国际电联所有部门和总秘书处建立一个通用工具。数据库涉及术语和定义，包括 3/4 的无线电通信词汇数据库以及 3/4 的 ITU-T 术语和定义数据库内容。各部门定期更新综合数据库。

（5）世界在线电工词汇（The World's Online Electrotechnical Vocabulary，Electropedia）涉及 18 种语言。Electropedia 是世界上关于"电子技术"的非常全面的在线术语数据库，包含按主题领域组织的 22 000 多个英语和法语术语条目，以及其他各种语言的等效术语：包括阿拉伯语、汉语、捷克语、芬兰语、德语、意大利语、日语、韩语、挪威语（博克马尔语和尼诺斯克语）、波兰语、葡萄牙语、俄语、塞尔维亚语、斯洛文尼亚语、西班牙语和瑞典语（覆盖率因学科领域而异）。

（6）世界知识产权组织术语库 WIPO Pearl 涉及 10 种语言。世界知识产权组织（World Intellectual Property Organization，WIPO）开发的多语种术语库 WIPO Pearl，由世界知识产权组织旗下的语言专家和术语学家开发，包含阿拉伯语、汉语、英语、法语、德语、日语、韩语、葡萄牙语、俄语和西班牙语等 10 种语言的术语。该术语库有独特的概念图，所有内容都经过确认并配有术语可靠度评分。

（7）世界贸易组织术语库（WTOTERM）涉及 3 种语言，包含世界贸易组织的所有术语，实现了英语、法语和西班牙语的三语术语转换。操作系统可通过中文运行，进行普通、模糊匹配和全文三种形式的搜索。搜索结果包括术语名称、分类、编码等。该数据库于 2020 年 3 月更新了版本。

（8）农业多语种叙词表（AGROVOC Multilingual Thesaurus，AGROVOC）数据库涉及 41 种语言。AGROVOC 由联合国粮食及农业组织（Food and Agriculture Organization of the United Nations）于 1980 年初创立，其首次发布时采用英语、西班牙语和法语。2000 年，AGROVOC 放弃了纸质出版方式而采用了数字出版方式，采用关系数据库进行数据存储。2009 年，AGROVOC 成为简单知识组织系统来源库。截至 2020 年 7 月，AGROVOC 已推行 SKOS-XL 概念方案，并可采用链接数据集进行展示。截至 2023 年 3 月，该数据库提供多达 41 种语言的服务。

（9）北约官方术语数据库涉及 2 种语言。北约官方术语数据库由两部分组成：①未分类的军事术语；②与北约有关的非军事术语。数据库采用北约 2 种官方语言（英语和法语），由北约标准化办公室下辖的北约术语办公室负责维护。数据库会定期更新，并发布新审定术语。除此之外，数据库还保留了由于历史原因遗留下来的北约专业词库术语，包括通过北约术语计划审定的北约文件和各种通信的标准术语。

（10）电子翻译术语库（eTranslation TermBank）涉及 42 种语言。此术语库是在 2016 年工作项目中启动的，用于连接"欧洲设施自动翻译数字服务基础设施"，其使命是促进欧洲和国家公共管理机构之间，以及企业和公民之间的跨境互动与合作。该术语库通过开发一个网络来解决这一障碍。该网络使欧盟内部及之外的组织和机构可以在本地将单个节点部署到处于中央联合节点的电子翻译术语库上面去。各个节点链接到中央的术语库后可同时与其进行定期术语更新。处于中央的电子翻译术语库又链接到核心库，并定期更新库中的术语资源。截至 2023 年 3 月，此术语库收词达 1450 多万个。

国外大型术语库通常都是多语种数据库，专业特征明显，指向性强，所涵括的语言多包括联合国工作语言，具有广泛的受众。国外代表性术语库涉及了术语研究、多语种外译、语料数据库的集群建设，实现了跨学科、跨领域、跨语言研究的协同发展。这些特点提升了国外术语库所属国家或国际组织的国际传播效能，其直接效果是术语库发达的国家或组织在国际术语标准化组织中的权重也较大，具有较高的国际话语权。[①]

---

① 以上多语种术语库资料由杜家利团队编写，后收录于《国外术语通讯》。

2.5.2 欧盟跨语言术语库建设①

欧盟现有24种工作语言，具有语言的多样性（表2.1）。欧盟成员国语言属于不同的语系或语族，具体如下。

（1）印欧语系：罗曼语族（法语、意大利语、西班牙语、葡萄牙语和罗马尼亚语）；希腊语（希腊语，希腊独有的体系）；凯尔特语族（爱尔兰语）；日耳曼语族（英语、德语、荷兰语、丹麦语和瑞典语）；斯拉夫语族（波兰语、捷克语、斯洛伐克语、克罗地亚语、斯洛文尼亚语和保加利亚语）和波罗的海语族（拉脱维亚语、立陶宛语）。

（2）乌拉尔语系：芬兰语、爱沙尼亚语和匈牙利语。

（3）闪含语系：马耳他语。

表2.1 欧盟语言多样性分析表

序号	语言	印欧语系						乌拉尔语系	闪含语系
		罗曼语族	希腊语	凯尔特语族	日耳曼语族	斯拉夫语族	波罗的海语族		
1	法语	+	-	-	-	-	-	-	-
2	意大利语	+	-	-	-	-	-	-	-
3	西班牙语	+	-	-	-	-	-	-	-
4	葡萄牙语	+	-	-	-	-	-	-	-
5	罗马尼亚语	+	-	-	-	-	-	-	-
6	希腊语	-	+	-	-	-	-	-	-
7	爱尔兰语	-	-	+	-	-	-	-	-
8	英语	-	-	-	+	-	-	-	-
9	德语	-	-	-	+	-	-	-	-
10	荷兰语	-	-	-	+	-	-	-	-
11	丹麦语	-	-	-	+	-	-	-	-
12	瑞典语	-	-	-	+	-	-	-	-

---

① 感谢雅典大学教授赫里斯蒂娜·亚历山德里斯（Christina Alexandris）提供相关资料。

续表

序号	语言	印欧语系						乌拉尔语系	闪含语系
		罗曼语族	希腊语	凯尔特语族	日耳曼语族	斯拉夫语族	波罗的海语族		
13	波兰语	-	-	-	-	+	-	-	-
14	捷克语	-	-	-	-	+	-	-	-
15	斯洛伐克语	-	-	-	-	+	-	-	-
16	克罗地亚语	-	-	-	-	+	-	-	-
17	斯洛文尼亚语	-	-	-	-	+	-	-	-
18	保加利亚语	-	-	-	-	+	-	-	-
19	拉脱维亚语	-	-	-	-	-	+	-	-
20	立陶宛语	-	-	-	-	-	+	-	-
21	芬兰语	-	-	-	-	-	-	+	-
22	爱沙尼亚语	-	-	-	-	-	-	+	-
23	匈牙利语	-	-	-	-	-	-	+	-
24	马耳他语	-	-	-	-	-	-	-	+

注:"+"表示属于该语系/语族,"-"表示不属于该语系/语族。

欧盟作为一个联盟组织,需要有各个成员国都承认并参照执行的官方术语数据库,在医疗、科学、技术、法律、政治管理等方面的术语取得一致性并规范使用。欧盟使用的标准术语在欧盟范围内是具有一致性的,要求各成员国的术语数据库与其对接,这就形成了欧盟成员国之间术语体系的共性特征:具有规范性的欧盟术语体系。

术语的运行机制和术语资源与有关术语政策的实施有关,该机制通常与术语翻译等实践密切相关,如术语的交互式翻译、术语的自动抽取、特殊术语的命名和语义剖析、术语语料库或数据库的建设、术语认知效应和术语理论构建等。

欧盟因成员国较多,其术语资源也较丰富。在欧盟框架下的术语运行机制是多元的:一方面,各成员国术语机制原则上不能与欧盟总机制相冲突;

另一方面，各成员国建立的国家术语数据库具有符合本国民族文化的特色。这种既体现成员国术语研究个性特色，又体现欧盟术语总体规划的术语双轨制解决了欧盟范围内各成员国术语复杂性的问题。欧盟各成员国语言来自不同的语系或语族，语言的复杂性映射在术语研究中。历史因素、政治因素和商业因素等成为影响术语发展的重要因素。

欧盟范围内各成员国的语言在政治上具有同等重要的作用。每一份欧盟决议都需要相应地翻译成所有成员国的语言，以示公平对待。尽管如此，各成员国之间科技和经济发展的不平衡，必然体现在术语多元翻译的辐射程度上。受到历史、政治和商业因素影响，各成员国进度不一的工业发展进程也体现在与工业相关的术语翻译中。对工业较为发达的欧盟成员国来说，其各行业相关术语的审定、翻译和推广的机构就比较完善，对术语的研究也比较深入，从其他国家译入或从本国译出的术语也比较系统。对工业发展相对迟缓的欧盟成员国来说，术语的研究和实践会相对滞后一些。

以德国为例。在欧洲发展较为迅速的德国一直注重工业的发展，对术语的双向翻译有着悠久的传统。从历史上来说，与英国和法国曾经席卷全球的殖民化进程相比，德国的殖民化进程略显缓慢，其直接后果就是在世界范围内学习德语的人比学习英语和法语的人要少很多，这也迫使德国为了发展的需要积极推动术语的译入和译出，其急迫性促进了德国术语运行机制的发展。

以英国为例。作为曾经的老牌殖民帝国，英国势力范围遍布世界各个角落，英语因此得以在世界范围内得到广泛传播和认可，在如今的欧盟也是如此。以英语为载体进行的术语研究和实践无论在质上还是在量上都在世界范围内居于首位。虽然英国发生的"脱欧事件"（Brexit）让英语在欧盟体系内的地位受到一定程度的挑战，但英语仍是欧盟国家之间国际交流的主要语言之一。除英国外，作为欧盟成员国之一的爱尔兰共和国也把英语作为官方语言。

从德国和英国的示例中可以看出：社会文化背景和传统历史背景是影响某一领域语言地位的重要因素。例如，希腊语和拉丁语曾在历史上的科学技术领域和法律法规领域占据强势地位，由此产生的该领域的诸多术语都留下了希腊语和拉丁语的痕迹。在艺术学术语领域，我们可以找到很多意大利语和法语的踪迹。现在，随着科学领域和专业领域的发展和进一步专业化，术语必然更加系统化和结构化，跨领域跨国别的术语研究与应用也不断兴起。

欧盟框架下的术语运行机制就是迎合了这种发展趋势而逐渐得到建立并有效实施的。

在欧盟术语运行机制中，多语言现象决定了其术语机制发展的方向，具体方向如下：①需要立足欧盟提供一统的可供专业人员使用的专业数据库和指南。政府、大学、研究机构、各行业专业人士（如口译员和笔译员以及其他语言专业人员等）成为术语服务的目标人群；②建立与目标领域和读者群有关的语言参数。在语言参数的设定中，需要考虑目标领域和目标读者群体的互联互动，这样可以有效和正确地管理和翻译术语。研究人员和其他公民之间的互动是术语研究的主要目标之一。这种基于共性、各自发展的术语框架模式极大地推动了术语运行机制建设，由此形成了欧盟特色的术语官方数据库，该数据库可供不同的成员国分享欧盟内部的术语研究成果，并同时为各成员国建立各自相对独立的术语数据库提供了便利。

欧洲的许多术语协会为学者专家和其他专业人士搭建了讨论术语的平台，并对术语研究进行了有效指导。德国术语协会（DTT：Deutscher Terminologie-Tag e.V.）发布了《德国术语协会英文版〈最佳实践2.0〉手册》（*DTT Handbook "Best Practices 2.0" in English*），旨在借助协会这个平台促进各国在术语运行机制方面的有效合作，并通过术语增进国际科学技术交流。由于德国在工业发展中具有显赫地位，各专业和行业对术语的需求也与日俱增，相应地也涌现了很多相互关联的术语协会：德国术语协会、德国语言术语委员会（Council for German-Language Terminology）、德国技术交流协会（German Technical Communication Association）、联邦口译和笔译协会（Federal Association of Interpreters and Translators）、欧洲术语协会（European Association for Terminology）等。其他国家也出现了类似的协会，如1991年成立于罗马的意大利术语协会（Associazione Italiana per la Terminologia）等。

各成员国术语协会与欧盟术语协会通常是分总模式，即欧盟各成员的国家术语协会也可能是更大的国际术语组织的成员。例如，希腊术语学会（Hellenic Society for Terminology，ELETO）同时也是以下国际协会的成员：国际术语信息中心（International Information Centre for Terminology，INFOTERM）、欧洲术语协会、国际术语网络（International Network for Terminology，Termnet）和国际术语研究所（International Institute for Terminology Research，IIFT）。

欧盟框架下的术语数据库建设需要关注信息的可读性和一致性。信息的可读性强调的是术语的可用性。信息的一致性关注的是术语的标准化建设。在欧盟范围内，数据库的建设类型是多元的，翻译人员、学者、行政人员，各个领域的专业人士以及公众都可以获得各成员国自己建立的国家术语数据库信息。同时，作为欧盟的一部分，各成员国术语研究人员和公众又可以使用专门为欧盟一体化建立的术语数据库。这样就形成了成员国次级术语库和欧盟高级术语库的有机结合，既保证了源于成员国的特色术语的可读性，又保证了欧盟范围内术语标准化建设的一致性。由此生成的各自的术语运行机制也实现了有效对接。

在欧盟的术语运行机制中，欧盟互动术语数据库[①]在术语领域具有很高的学术价值和应用价值，它为所有欧盟术语资源提供基于网络的基础设施，欧盟互动术语数据库包括几乎所有现有的欧盟翻译服务的术语数据库，如欧洲工作观察站（European Observatory of Working Life，EurWORK）数据库和欧洲司法系统（European Judicial Network，EJN）数据库等。

欧盟互动术语数据库用于收集、传播和共同管理与欧盟事务相关的术语，尤其与以下欧盟机构的术语数据库有紧密的关系：欧洲委员会（European Commission）的 Eurodicautom 数据库，欧洲议会的 Euterpe 数据库，欧盟机构翻译中心的 Euroterms 数据库，欧洲审计院的 CDCTERM 数据库等。

欧盟互动术语数据库的建立有其明确的目标。为了确保欧盟机构间书面交流的质量，欧盟建立了多语言跨机构术语数据库，即欧盟互动术语数据库。欧盟互动术语数据库网站由位于卢森堡的欧盟机构翻译中心负责管理。该数据库从 1999 年开始使用新技术，2004 年开始推广使用，2007 年向公众开放。欧盟互动术语数据库包括了很多来自法律、农业和信息技术等多个领域的欧盟术语，而且整合了现有的为欧盟翻译服务的多个术语数据库。图 2.2 是该数据的网站截图。

欧盟互动术语数据库是一个高度互动的实时数据库，每天添加新术语，并持续更新其内容。欧盟互动术语数据库的术语信息由欧盟术语学家、翻译人员、行政人员、律师、语言学家等提供，还有其他一些可靠来源。欧盟互

---

① http://iate.europa.eu.

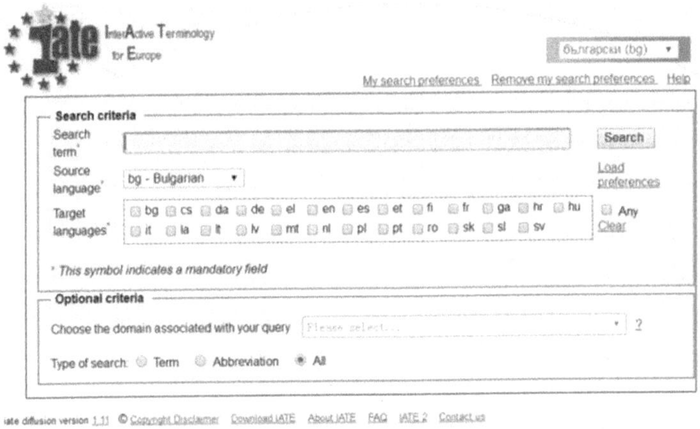

图 2.2　欧盟互动术语数据库网站截图

动术语数据库包含约 840 万条术语，其中包括约 140 万个条目，约 54 万个缩写词和约 13 万个词组等。该数据库还提供特定语言术语和与欧盟相关的词汇，并可在如下链接中得到查询：https://europa.eu/european-union/documents-publications/language-and-terminology_en。

　　欧盟互动术语数据库涵盖了拉丁语和 24 种欧盟官方语言。为了节省字符空间并为计算机处理服务，数据库采用代码方式，包括拉丁语在内的 25 种语言的代码，具体如下：保加利亚语（bg：Bulgarian）、捷克语（cs：Czech）、丹麦语（da：Danish）、德语（de：German）、希腊语（el：Greek）、英语（en：English）、西班牙语（es：Spanish）、爱沙尼亚语（et：Estonian）、芬兰语（fi：Finnish）、法语（fr：French）、爱尔兰语（ga：Irish）、克罗埃西亚语（hr：Croatian）、匈牙利语（hu：Hungarian）、意大利语（it：Italian）、拉丁语（la：Latin）、立陶宛语（lt：Lithuanian）、拉脱维亚语（lv：Latvian）、马耳他语（mt：Maltese）、荷兰语（nl：Dutch）、波兰语（pl：Polish）、葡萄牙语（pt：Portuguese）、罗马尼亚语（ro：Romanian）、斯洛伐克语（sk：Slovak）、斯洛维尼亚语（sl：Slovenian）和瑞典语（sv：Swedish）。

　　欧盟互动术语数据库中除了常规术语外，还包括欧盟各领域的专业术语，如农业术语、预算案术语、海关税收术语、环境术语、欧洲公约术语、欧洲工业关系词典术语、欧洲民商司法网络术语、司法与内政术语、网络信息安全术语、普通立法程序术语、公共采购常用词汇术语和相关翻译词汇术语等，还包括欧盟财务条款术语、国家援助词汇术语、反倾销词汇术语、动植物检疫词汇术语等。

这些分类详细的专业术语丰富了欧盟的术语体系。在欧洲工业关系词典术语中汇集了常用的欧盟职业和劳资关系术语。它采用在线工具模式，提供了用户友好型查询功能，包含超过 350 个关于简明定义和相关背景信息的条目，具体信息涉及劳资关系背景、制度框架、法律框架、集体劳资关系、个人就业关系、反歧视和就业平等、健康与安全等。请见网站截图（图 2.3）和网页信息：https://www.eurofound.europa.eu/observatories/eurwork/industrial-relations-dictionary。

图 2.3　EurWORK 数据库网站截图

此外，专业术语领域还提供了很多说明信息。在欧洲司法系统术语中就包含了很多欧洲司法词的定义，但它们只是解释性定义而不是权威性法律定义。请见该网站的截图（图 2.4）和网页信息：https://www.ejn-crimjust.europa.eu/ejn/。

除了欧盟一统的术语数据库之外，各成员国术语机构也根据各自国家的特点建立了各自的术语库，如意大利的 CeRTeM 语言文学术语库、克罗地亚的 Croatian Terminology Portal 多用途术语库、法国的 France Terme 科技工业术语库、挪威的 Hogskoleradet 高教术语库、瑞典的 Rikstermbanken 国家术语库、瑞士的 TERMDAT 联邦管理术语库等。具体的欧盟数据库和相关术语资源介绍请见附录 1 "欧洲关键术语库和相关资源介绍"。

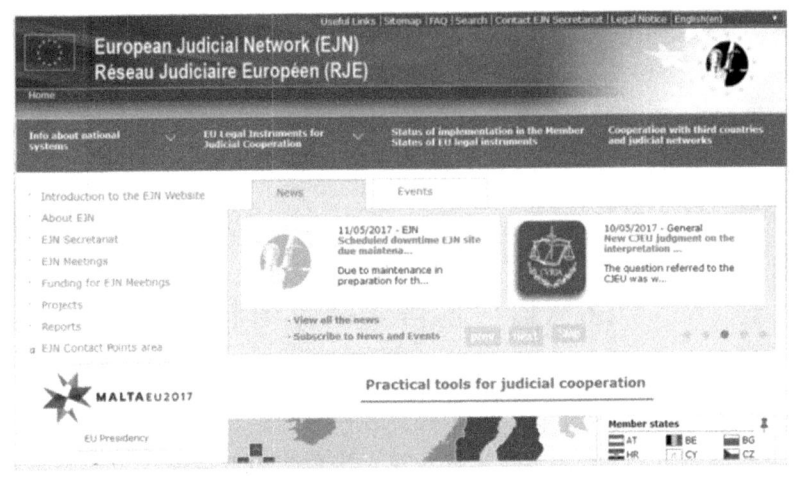

图 2.4　EJN 数据库网站截图

总之，欧盟由于其特有的历史背景，形成了成员国多样的语言特点。现有的 24 种工作语言属于不同的语系或语族，主要属于印欧语系、乌拉尔语系和闪含语系。

欧盟成员国语言的多样性让欧盟术语规范变得非常紧迫。从成立之初，欧盟就在成员国语言的基础上致力于构建一个可以被所有成员国接受的术语运行机制，专业性、即时性和有效性是此运行机制的显著特征。欧盟术语运行机制中的专业性是指要构建的术语域的目标人群是某一领域的专业人员，包括政府、大学、研究机构、各行业专业人士等。即时性是指所建术语采用与时俱进的动态互动模式，允许对所建术语实行即时更新和正确管理，平衡规范术语和描写术语的关系，鼓励术语研究者和术语使用者间的互动。有效性是指欧盟构建的术语运行机制能被所有成员国所接受，既能实现对各成员国术语运行机制的有效指引，又能从各成员国术语运行机制中得到有效补充，并最终实现欧盟术语运行机制的高效性。多语言跨机构的欧盟互动术语数据库就符合这些运行机制的特点。

与欧盟的术语研究相比，我国的术语实践要久远得多。无论是从战国时期《墨经》记载的对术语的解释来说，还是从民国前后相关史料记载的对术语的编订审查来说，术语研究都曾为当时社会的科技发展提供了有力支撑。随着新中国的成立，全国名词委在 1985 年开始对科技名词进行审定和公布，以期建立比较完整的科技名词体系，推动我国科学技术的进一步发展。虽然与国外发达国家较为完备的术语学理论和较为活跃的术语实践相比，我国术语学研究在理论研究方面还有一定的薄弱性，在实践上还有一定的滞后性，但近些年来这个新兴学科正越来越受到国家和学术界的关注并焕发出勃勃生机。

2.6　国内术语学研究的特点

术语实践在中国历史久远。中国的术语学实践是从术语规范化开始的。远至古代，战国时期的《墨经》就曾对一批科学概念进行了术语解释和基本规范。1877年，民间组织益智书会由传教士成立，负责编订审查术语。1890年，另一个民间组织博医会名词委员会成立，开始审查医学名词。1908年，清朝政府组织学部审定科开始编订术语。1909年，学部专属部门编订名词馆开始编订名词。民国时期的1915年，医学名词审查会成立，负责医学名词的审查工作；1918年，科学名词审查会成立，负责全面的科学名词审查；1932年，国立编译馆成立，负责组织专家编订审查科学名词。中华人民共和国成立后的1985年，全国名词委成立，负责科技名词审定和公布。委员会组织专家（包括两院院士）参与审定公布了科技名词，涵盖农、医、工、社会科学等各个领域，建立了比较完整的科技名词体系，推动了作为独立学科的术语学研究的发展。随着社会发展，基于实践的理论研究开始走向前台。与国外术语学研究不同，我国的术语学有着自身的研究特点和不足。

中国术语学研究向基于实践的理论过渡。我国从古到今科技发展蕴含术语学实践和理论。术语学研究从早期的纯实践为主和中期的国外理论借鉴为主向后期的源于实践的独立理论体系构建为主过渡。

中国术语学国家级科研立项保持增势，以下是2001—2021年相关国家社科规划项目。2001年，中国社会科学院语言所董琨获得国家社科规划重点项目"语言学名词审定"；2004年，内蒙古自治区社会科学院巴特尔获得国家社科规划一般项目"蒙古语术语规范化标准化问题研究"；2007年，天津外国语学院修刚获得国家社科规划一般项目"术语标准化研究与多语种术语对照词典编撰"；2008年，上海师范大学外国语学院李照国获得国家社科规划一般项目"中医名词术语英语翻译国际标准化研究";2009年,华东政法大学外语学院屈文生获得国家社科规划青年项目"法律术语译名统一与规范化研究";2011年立项的有南京大学魏向清主持的国家社科规划重点项目"人文社会科学汉英动态术语数据库的构建研究"、大连理工大学李秀英主持的国家社科规划一般项目"《史记》和《汉书》汉英平行语料库建设与术语英译检索系统的研发"、大连海事大学邓耀臣主持的国家社科规划一般项目"基于平行语料库的术语自动抽取及双语术语词典编纂研究";2012年,天津外国语大学佟立获得国家社科规划一般项目"当代西方文化核心术语研究";2013年,鲁东大学王东海获得国家社科规划一般项目"汉语法律术语理论研究";2014年,天津外国语大学王铭玉获得国家社科规划重点项目"中央文献术语外译词典(中英、中俄、中日)编纂的理论与应用研究";2015年,湖南科技大学张景华的"清末民初西学术语译介与接受研究"得到立项;2016年的项目有中国政法大学王强主持的"德国民法术语在中国的继受与发展研究"、中央民族大学包拉什主持的"中哈跨境哈萨克语名词术语研究"、哈尔滨师范大学吴哲主持的"认知术语学视角下俄汉术语语言世界图景表征对比研究"和中国科学技术信息研究所刘伟主持的"面向知识组织系统的新术语抽取研究";2017年获得立项的有西南大学张春泉主持的"中文科技术语的语域传播研究"、南开大学李晶晶主持的"中国政治话语双语术语知识库建设与应用研究"、大连海事大学丁晓梅主持的"基于平行语料库的俄汉语言学术语词典编纂研究";2021年,杜家利获得国家社科基金后期资助重点项目"大数据名词多语种翻译研究"。这些高级别的国家项目为术语学在中国学术界的开花结果打下了基础。

中国术语学专著出版呈现出高层次特征。1997年,冯志伟首推《现代术语学引论》(商务印书馆于2008年进行了增订),开创了国内术语学专著的先河,该书讨论了中文术语的独特性,提出了术语经济律并首次讨论了基于汉语的计算术语学研究。2005年,郑述谱以俄罗斯学派为着眼点,出版了国内第一本系统讨论该学派思想的理论专著《俄罗斯当代术语学》,其中,术语词典学的讨论是该书浓缩的精华。同年,郑述谱《词典·词汇·术语》结集出版,书中对术语学课程在高校扎根提出了期许。2009年,国内第一篇术语学博士学位论文《俄罗斯术语学探究》在黑龙江大学诞生,吴丽坤借助俄罗斯学派的发展脉络厘清了术语语义和构成等核心问题,并以实例讨论了术语的非单义性。同年,《社科术语工作的原则与方法》问世,龚益以翔实的语料介绍了社科术语规范的政治意义、社会意义和经济意义。2010 年,刘青主编的《中国术语学研究与探索》汇集了术语学文章,较全面地总结了从中华人民共和国成立到 2010 年,特别是改革开放到 2010 年国内术语学研究,同时展望了术语学发展的未来,凸显了术语学研究领域有待于进一步填补的必要性和紧迫性。2011 年,《术语的功能与术语在使用中的变异性》出版,孙寰开创性地讨论了术语功能性和变异性的理据和变化,推进了术语研究的新发展。同年,温昌斌的博士学位论文《民国科技译名统一工作实践与理论》将我国术语研究的着墨点由当代前移至现代,首次将民国时期的术语研究纳入关注范围,为后期的中国大陆/内地、台湾、香港、澳门术语的差异性和标准化研究奠定了基础。2014 年,郑述谱在商务印书馆出版了《术语学论集》。2015 年,刘青在商务印书馆出版了《中国术语学概论》,张榕在中国社会科学出版社出版了《术语学与术语信息处理》,刘青和易绵竹在国防工业出版社出版了《术语学研究新进展》。2017 年,刘青和刘和平在科学出版社出版了《跨学科视野下的术语学研究》。此外,德国-奥地利学派的维斯特、加拿大-魁北克学派的隆多等术语学奠基人均在国内出版了著作的中文译本,为中国术语学"西学东渐"提供了素材。

  中国术语学文章发表呈现高水平态势。在 CNKI 收录的术语学研究文章中,发表数量居前的主要学者有郑述谱、梁爱林、冯志伟、粟武宾、邱碧华等。这些学者发表的术语学文章为国内深入了解术语学的发展状况,以及推动中国术语学理论和实践的发展奠定了基础。

  中国术语学研究呈现如下特点。

  德国-奥地利学派在国内的始祖地位得到奠定。对作为开山鼻祖的维斯特的研究广泛而深入,该学派的术语单义性特征在国内得到关注。

  俄罗斯学派得到较充分的译介和研究。由于历史原因,中华人民共和国成立以来我国俄语水平普及率较高,这为俄罗斯学派作为排头兵进入我国术语学研究提供了便利,形成了国内俄罗斯学派较为系统的研究模式。俄罗斯学派在国内的开创性研究极大地推动了我国术语学的发展,为术语学成为我国独立学科立下汗马功劳。

  我国术语学研究不足在于:多数学者单一地秉承维斯特的观点,认为概念与名称的单参照性排斥同义和多义的存在,对术语非单义性研究的讨论相对较少。学者译介有余而本土化程度不高，具体举例多源于俄语。对捷克斯洛伐克学派、加拿大-魁北克学派和多元学派的研究严重不足。

汉语术语学研究蕴含巨大的发展空间。在术语文献综述过程中，我们发现在1994年创刊的国际期刊《术语》（Terminology）中目前收录的国际高水平的术语学文章中，我国学者所占比例偏低，这说明我们的学术研究还有待继续推进。术语实践与术语学理论研究是一个事物的两个方面，相互促进，缺一不可。理论为实践提供支持和方向保证，实践为理论提供验证和具体操作。两者共同为术语的发展做出贡献。鉴于我国术语学理论和英译实践研究仍比较薄弱，本书尝试以汉语传统语言学名词为切入点夯实术语学理论基础，围绕术语英译展开学术探讨，以期为术语学理论和实践提供新的研究思路，并为中国术语实践提供理论支撑。

本 章 小 结

本章讨论了术语学的诞生和发展、术语学的跨语言研究、术语库建设对术语学发展的影响、术语名词外译背景和术语库建设的理论构建、国外跨语言术语库的实践，以及我国术语学研究的特点。综合分析后可以看到，在我国术语翻译领域，外源术语的译入数量大大超过了汉源术语的译出数量。魏向清和张柏然（2008）指出：我国术语翻译实践中的主要问题之一是术语翻译流向的非均衡化，大量外来术语涌入，一定程度上造成汉语学术语言及思维的混乱，同时，汉语科技与人文社科术语的输出很少，不利于对外交流的学术自主与创新。这是术语翻译应该着力的部分。下面将从汉语传统语言学名词外译方面进行研究。

第三章

汉语传统语言学名词特点及其翻译

术语是一个集合的概念，包含多种不同的类型。不同类型的术语既具有共性，同时也有差异性。从大的学科分类看，自然科学旨在研究客观事物之间的客观联系及其发展；人文社会科学旨在研究人类的主观世界以及主观世界与客观世界之间的联系。受自身学科特点的影响，自然科学领域和人文社会科学领域有其自身的侧重，具体如下：自然科学领域重技术，术语表意更为精准，其术语的客观性、科学性、严密性和单一性特点突出；人文社会科学领域更重思辨，其术语大多植根于深厚的语言文化土壤之中，人文色彩、时代性、学科局限性以及意识形态特点较为浓厚，术语的模糊性与歧解性较为常见。语言学作为人文社会科学领域的一个分支，也必然具有上述人文社会科学领域的特点。

需要注意的是，在19世纪历史比较语言学充分发展之前，传统的语言学并没有取得独立的学科地位，其研究方法、研究范式以及研究结果都必然具有一定程度的前科学性以及非系统性。中国传统语言学的研究，始于小学。小学一直作为经学的附庸而存在，以满足解经的需要。因此，中国传统语言学研究一方面具有前科学时期人文社会科学研究的共性特点，另一方面也具有个性特征。本章首先分析人文社会科学术语的特点，在此基础上，进一步分析汉语传统语言学名词的特点，为其术语译出进行理论准备。

3.1 汉语传统语言学名词的特点

汉语传统语言学名词的特点包括很多，我们主要讨论这些名词的系统性、变异性、模糊性和民族性。在系统性方面，我们将研究术语的系统性与内部层级性，并重点研究汉语传统语言学名词内部的体系性和层次性。在变异性方面，我们将讨论术语的变异与术语变体，具体以汉语传统语言学名词的变异与变体为例展开，然后对比分析术语的规范观与术语的描写观。在模糊性方面，我们将分别讨论术语的总体模糊性以及汉语传统语言学名词的模糊性。在民族性方面，以汉语传统语言学名词为例分析术语整体的国际性以及与其相对的民族性。

3.1.1 汉语传统语言学名词的系统性

无论是语言还是术语，相关成员并不是无序地随机分布，而是形成一个结构完好的系统。系统对系统内成员具有质的规定性。术语所表征的概念系统、该概念系统的组织以及内部结构的系统性特征一直是术语学家的关注重点。

3.1.1.1 术语的系统性与内部层级性分析

普通术语学在基本观点上与结构主义语言学非常相似。普通术语学研究滥觞于20世纪30年代的维也纳。同一时期，结构主义语言学也在欧洲兴起。普通术语学与结构主义语言学之间的关系较少被论述，但二者在主要观点上高度类似。结构主义语言学的鼻祖弗迪南·德·索绪尔（Ferdinand de Saussure）反对对语言现象进行孤立的、原子主义的研究。在《普通语言学教程》（*Course in General Linguistics*）中，索绪尔明确指出语言是一个系统，只有系统才能给个体以质的规定性。因此，语言系统中的语言符号自身没有任何价值，其价值是由语言符号在系统中的相对位置以及与其他符号的关系所决定的。在普通术语学的相关研究中，语言结构的系统性原则被替换为术语结构的系统性原则。按照普通术语学的观点（Temmerman，2000），在术语研究中，概念为术语学研究的起点，概念是概念系统中的构成要素，即所谓的概念优先原则。在为概念定名之前，应将概念置于系统中考察，并确定概念在概念系统中的相对位置，这就产生了概念划界（delineation）原则。"概念系统是由一系列概念分类之后形成的结构。通过共有的特征或者真实的使用情况，概念被分成主要类别以及子类别，同一类别的概念被联系在一起。概念系统的结构经常以树形图表示。"（Cabré & Teresa, 2003）在普通术语学研究中，概念节点结构的树形图是由纵向和横向两种分类方法形成的。前者对应于"种-属"关系，形成上下位之间包含与被包含的关系；后者则对应于同层同级关系，是一种并列关系。这种语义模型具有分门别类的特点，是一种静态的知识表征模式，传统上体现为概念层级体系。

交际术语学在对术语结构性的论述中引入了"概念地图"（conceptual map）概念，概念地图是由相关知识节点形成的专业性知识结构表征形式。知识节点由相关术语组成，它们相互联系。交际术语学所提出的术语"概念地图"与心理语言学界对心理词汇组织形式的相关表述非常相似。在该模型中，语义记忆和表征的基本单元是概念，表现为一个个的节点（node），节点直接相互连接形成网络。处于网络中的语义按照逻辑层次形成上下级关系，最终组成一张分层网络。分层网络模型揭示了心理词汇网络中的语义关系，但却没有涵盖分层网络中以非层次形式储存的心理词汇，也无法解释词汇通达中的"典型性效应"。基于上述原因，在层级网络模型的基础上激活扩展模型出现了。心理词汇中的概念通过语义联系在一起。概念仍然表现为节点。节点间的关系通过连线表示，连线越短，两个节点之间相似性程度越高。一个节点被激活，就会刺激相联系的其他节点，因此激活扩散模型用于解释概念的提取和多重路径特征的选择（Collins & Loftus, 1975；桂诗春, 2000）。

术语研究中的社会认知术语学派受到认知心理学中原型范畴理论的影响。社会认知术语学认为术语所联系的观念形成一个范畴。该范畴与认知语言学中的理想认知模式相同，并且相关术语按照与原型的相似度以及对范畴的隶属度的不同呈现出层次性的分布。要决定原型范畴的核心成员的本质或者客观地测量原型性的程度是很难的，这实际上也是原型理论所面临的困难。

认知心理学对术语研究的另一个重要影响体现在框架在术语学研究中的应用。帕梅拉·费伯（Pamela Faber）及其团队开发了服务于术语分析与翻译的术语知识库 EcoLexicon，建立了框架术语学（Frame-based Terminology）。框架术语学（Faber, 2012）同样受到认知语言学中原型范畴理论的影响，原型范畴理论中的原型（prototype）和基本层次范畴（basic level category），在框架术语学中分别对应的是原型域事件（prototypical domain event）和基础层面范畴（basic level category）。二者结合之后，形成一个适用于所有层面信息架构的模板（template），把体现专业领域特色的典型状态、事件以及所有与之相关的实体都囊括在内，最终形成了一个框架，用以组织具体概念、相关概念。范畴中的具体概念被置于事件框架中，具有一定的层级性特点，同时也有非层级性特点。

可以看出：从最初的普通术语学，到后来的交际术语学、社会认知术语学以及框架术语学，尽管术语研究从内部视角发展到外部视角，然后发展到心理学视角，对术语系统性和结构性的论述也从静态的树形结构发展到内部分层网络，再发展到结构的层次性与非层次性共存，再发展为动态的、以原型域事件为核心的术语知识框架。但是，不同时期、不同理念的各术语学研究流派所共同承认的一点是：术语是一个概念系统；该概念系统是分层的；在概念系统所形成的层级性装置中，有上下位关系，也有类义关系。术语学研究的这一共识，对作为概念系统中一个节点的术语的定义与翻译都有重要的影响。

术语研究是一种主题研究（thematic research）。术语学理论认为，孤立的、脱离开系统的术语是无法履行术语的功能的。从这个角度看，术语总是在一定的主题域中被讨论、分析并赋值的。有一些术语会同时出现在多个术语系统之中，其相关定义与价值必须在特定系统中才能正确地显现。汉语中的"商"在古代音韵学、数学、社会学中的所指如下：在古代音韵学中属于五音之一，指的是"宫商角徵羽"中的"商"；在数学中指被除数除以除数之后得到的数；在社会学中则指对某种事物的测定值，如"情商""智商""逆商"等。"调"在音乐和语音学中的所指如下：在音乐中指乐曲中以什么音做do，就叫作什么调，同时也指音乐上高低长短配合的成组的音；在语音学中，则指声调。可见，术语的定义、使用以及解读总是与特定的域（domain）相关联。

3.1.1.2 汉语传统语言学名词内部的体系性与层次性分析

汉语传统语言学名词经历了漫长的发展过程，其间相关术语在能指与所指上可能出现了调整或者优化。因此在不同的时间截面上，相关术语的能指和所指之间的关系并不相同。需要注意的是，汉语传统语言学名词在长期发展过程中形成的所指的差异性并不是一个正确与错误的二分判断，只是因为术语所属的微观系统，或者说所联系的认知框架不同，因此其所指在术语系统之内的功能和价值也不同。下面举例说明。

以声调为例。在现代汉语中，声调是重要的非音质音位，起到区别意义的作用。声调也被认为是汉藏语系中最重要的区别性特征之一。现代汉语的四声包括阴平、阳平、上声和去声。如果从历时的观点对汉语声调系统进行考查，本书需要问的问题是：在上古汉语、中古汉语、近代汉语以及现代汉语这一漫长的发展过程中，汉语语言系统中是否一直都存在着四声，即学界所关心的"四声一贯制"。

对上古汉语是否存在声调，目前并没有足够的材料可以证实或证伪。这与声调作为"口耳之学"导致相关材料不足有关。学界对此进行的推论，无一例外都建立在假设的基础之上。

周祖谟（1982，1985，1989，1991）指出：四声之名，古所未有，学者皆知始于宋齐。至于四声之分，则由来久远，并非始于江左。知字有声调之别，自古有之。

周流溪（2000，2015）则认为：汉语的声调不是一开始就有，而是在语言使用过程中，从音段音位，尤其是辅音韵尾中转化而来的。

由于存在丰富的韵书、韵图以及大量的韵文，中古汉语的声调研究成绩卓著。从六朝到宋末，我国的韵书大多是按照四声分类编写的。在当时的中古语音系统中，"平上去入"是四种基本的声调类型。在古代汉语语音系统中，元音和辅音都可以充当音节的韵尾。其中辅音韵尾又分为鼻音韵尾（m[m]、n[n]和ng[ŋ]）和塞音韵尾（b[p]、d[t]、g[k]）两种。其中，平声、上声、去声的韵尾可以是元音，也可以是鼻音，而入声只能是塞音韵尾，发音短促。因此，古代汉语语音系统中的平上去入，是根据其韵尾的不同而进行的分类。现代汉语的四声则分为阴平、阳平、上声和去声。

在近代汉语语音系统中，汉语声调系统又发生了重大的变化。从中古汉语到近代汉语，在声调方面所发生的比较大的变化是：平分阴阳，浊上变去，入派三声。在现在可以查阅参考的文献中，元代周德清在《中原音韵》中，开始把平声分为阴平和阳平两大类。传统上，我国的音韵学家认为近代汉语中所谓的"平分阴阳"与声母的清浊有关。在近代汉语语音系统中，清音包括全清和次清，浊音包括全浊和次浊。音韵学家普遍认为清音平声字发展为阴平，浊音平声字发展为阳平，即所谓的"清阴浊阳"。可见，在近代语音系统中，四声的分类与字母（即现代意义上的声母）的清浊有关。自此，为现代汉语言共同体所熟知的阴平、阳平、上声和去声的四声分类方法形成。

现代汉语语音系统对中古和近代汉语语音系统有继承,更有发展。首先,现代汉语的四声并没有像中古汉语那样,根据韵尾的差异进行分类。实际上,在现代汉语普通话语音系统中,除了鼻音韵尾 ng[ŋ]之外,其他的鼻音韵尾以及塞音韵尾已经全部脱落。其次,近代汉语的四声分类,需要考虑声母的清浊,而在现代汉语语音系统中,清浊不再是对立性的语音特征。可见,现代汉语普通话的声调秉承的是近代汉语的四声分类,即是调值的不同,即阴平、阳平、上声和去声在调值上有明显的差异,分别对应的是高平调(55)、高升调(35调)、降升调(314调)和全降调(51调)。

可见,尽管从中古汉语开始,汉语语音系统中就存在着"四声说",但是中古、近代以及现代汉语语音系统中的"四声",在分类参数以及所指内容上都有显著的不同。这种不同与它们所各自联系的语音系统的时代性特点相关。如果不参考时间维度上的差异,孤立地谈论"阴平""阳平""上声""去声"等中国传统音韵学术语是没有任何意义的。

同样的还有音韵学中重要的区分"清"与"浊"。上古语音系统中是否有清浊,学界争论较大。在中古语音系统中,"清""浊"是区别性的语音特征。到了明代末期,也就是近代汉语语音系统中,汉语语音系统已经完成了"浊音清化"的过程。因此,如果不限定上古、中古、近代或者是现代汉语语音系统,孤立地来谈清浊或讨论清浊是否对立也是没有意义的。

可见,从术语系统的角度看,对个体术语而言,最重要的参照系是其所属的最小子系统,这类似于普通语言学研究中所说的底层语义场。不同的底层语义场,对所包含的术语的意义以及与其他术语的关系具有不同的规定意义。换言之,如果不参照术语所属的最小子系统,孤立地分析术语是没有意义的。因为术语一定处于特定的系统之中,对其进行的界定不可避免地要涉及它的上位或下位概念。

从语际翻译的角度出发,在汉语传统语言学名词的翻译中,不仅需要考察源语言中的术语在其概念体系中的位置,还要考虑目标语言中的对应词所产生的概念体系。

3.1.2 汉语传统语言学名词的变异性

尽管学界一直坚持术语应该具有单义性,但在术语的使用和传播过程中，术语出现了变异，概念与符号之间形成了一对多或多对一的关系。在术语的翻译过程中，术语的歧义性以及翻译的多样性更为常见。冯志伟（2011）认为：为了在语内或语际顺利地进行专业交流，通过各种方式来保持不同语言之间表示同一概念的术语的等价性，历来是术语标准化追求的目标之一。

3.1.2.1 术语的变异与术语变体

索绪尔在《普通语言学教程》中，反复阐释了结构主义语言学中对语言符号性质的阐述：语言符号的能指与所指之间是约定俗成的，也就是说，一个语言形式不一定对应于一个语言意义，反之，一个语言意义也未必一定由一个语言形式表示，这被称为语言符号的任意性特点。语言符号的任意性意味着语言符号能指与所指之间具有非单一性的意义对应关系。

毫无疑问，术语不同于日常交际系统，但是，就目前的情况而言，人类的术语系统无一例外都建立在日常交际系统之上，选择日常交际中的若干单位作为其载体形式。因此，日常交际系统固有的属性特点会在一定程度上反映到术语的形成与使用之中。

1. 术语能指与所指的非单一性对应关系

术语的单义性一直被认为是与普通语言相区别的一个重要特征，即术语与概念是一对一的关系。很长时间以来，术语所指和能指的单一性对应关系都是学界特别关注的问题，术语能指与所指的单一性要求甚至被写入术语的基本工作要求中。国际标准化组织在《ISO704：2000（E）术语的工作原则与方法》[ISO704：2000（E）Terminology Work—Principles & Methods]中明确规定：新术语应具有单义性和单名性。这一规定，明确了新术语的所指与能指应该具有唯一性。

在我国，国家标准《术语工作 原则与方法》（GB/T 10112—2019）在第5项第2款论述"术语-概念关系"中明确规定：术语和概念之间应一一对应，即一个术语只表示一个概念（单义性）；一个概念只有一个指称，即只由一个术语来表示（单名性）。在相关学科或至少在一个专业领域内应做到这一点，否则会出现异义、多义和同义现象。

第5项第3款进一步要求：术语选择和术语构成的要求必须符合以下原则：①单名单义性；②顾名思义性；③简明性；④派生性；⑤稳定性；⑥合乎本民族语言习惯。

实际上，术语的单义性和单名性要求只是就创制符号的时候而言的。国际标准化组织要求新术语应具有单义性和单名性。显然，国际标准化组织只能对术语命名时的约定行为做出要求，但却无法控制术语传播过程中可能出现的变异。实际情况是，随着新生单义术语的使用与传播，相当多的术语，其能指与所指都可能发生变异，形成多种变体形式。

2. 术语变体的分类

根据不同的分类参数，术语变体可以分为不同的类型。本书主要从词汇变体的视角，分析术语变体的分类。具体如下。

（1）从能指与所指的关系来看，术语变体分为能指与所指的多对一型变体和一对多型变体。

首先是能指与所指的多对一型变体。能指与所指的多对一型变体指的是多个术语形式表示一个概念，比如"词组"与"短语"都表示形式上大于词、功能上等于词的语言单位；"搭配"与"组合"都表示线性排列的、承载一定意义的语言符号之间的加合关系；"语素"与"词素"都表示语言系统中最小的音义结合体。非常典型的例子是英语中对非经由规则产生的习用性复杂词汇单位的命名。随着习语性原则在语言输出中的作用得到学界越来越广泛的认可，对于如何命名在语言输出过程中作为整体提取的复杂词汇单位，学界出现了百家争鸣的局面。根据统计（Wray, 2002），除了较为传统的 chunk（语块）这一概念外，指称内容大致相似的术语还有 fixed expression（固定表达）、multi-word expression（多词表达）、fossilized form（石化形式）、semi-fixed pattern（半固定构式）、prefab（预制件）、formulaic frames with analyzed slots（带有可分析空位的程式化框架）、lexical chunk（词块）、lexicalized sentence stem（词汇化句干）、lexical bundles（词串）、formulaic language（程式语）、phraseologism（短语词块）以及 cliche（套语）等。能指与所指的多对一型变体情况极为常见，是语言学界，包括术语学界极为关注的内容，也是术语规范的重要内容。

其次是能指与所指的一对多型变体。能指与所指的一对多型变体指的是同一个术语形式可以用来指称多个不同的概念。这种情况有时会出现在不同的术语系统之中，比如"变态"。在《现代汉语词典》第 7 版中，"变态"分为四个义项，其中前三个属于不同专业领域，具体如下。

变态　①动　某些动物在个体发育过程中形态发生变化，如蚕变蛹，蛹变蛾；蝌蚪变蛙等。②动　某些植物因长期受环境影响，根、茎、叶的构造、形态和生理机能发生特殊变化，如马铃薯的块茎、仙人掌的针状叶等。③动　指人的生理、心理出现不正常状态：心理～。

可见，"变态"作为专业术语，分别出现在动物学、植物学和医学领域之中。这种跨领域的能指与所指之间的一对多关系在专业交流中通常不会引起混淆。

但是，也有一些能指与所指的一对多型术语变异出现在同一个领域之中。在瑞典语言学家提出了 sememe（义位）这一术语之后，莱昂纳德·布龙菲尔德（Leonard Bloomfield）在其《语言论》（*Language*）中指出最小的语言形式是 morpheme（语素），语素的意义就是 sememe（伍铁平，1979a，1979b），高名凯（1962，1963）则持不同观点，认为义位指的是一个词的所有义项。

同样，在汉语语言学系统中，"字母"在音韵学中指声母的代表字，比如"明"代表 m 声母，"影"代表零声母等。在现代语言学中，"字母"表示的是拼音文字的最小书写单位，同时还可以表示注音符号，即在《汉语拼音方案》公布之前，用来标注汉字字音的、采用笔画简单的汉字或汉字的某些部件（有些部件会加以修改），用来标注汉字字音的符号。这种术语变体最为复杂，涉及同一专业领域内术语指称内容的调整、发展甚至是完全改变，并且与时代因素紧密相关。

（2）从术语的传播环境看，术语的变异情况可以分为单语境术语变体和双（多）语境术语变体两种类型。

单语境术语变体指的是在同一语言文化环境下，会有多个语言形式指称同一概念，并且在一段时间之内，这些术语可能会竞争性并存，这类术语举例如下："计算机"与"电脑"；"非典型性肺炎"与 SARS；"信息"与"资讯"；"搭配"与"组合"；"小句"与"分句"等。有时，一些术语变体会退出术语系统，比如曾经并存的"词素"与"语素"，以及"词组"与"短语"，前者因为所指形式的非科学性而很少使用。

双（多）语境术语变体指将源语概念翻译成目的语的过程中，受概念复杂度、术语专业性程度、源语与目的语语言差异性程度以及译者主体性因素的影响，源语中的同一个术语有不同的译出形式。这里又分为两种情况。

第一种情况，译出的多个术语与源语中的术语在信息上基本等值，二者都能表达源语术语的概念，只是在目的语中的表达形式上有所不同。译名的差异有时会导致表达效果的差异，举例如下：AIDS 在汉语中翻译成"艾滋病"与"爱滋病"；evolution 翻译成"演化"和"进化"。"爱滋病"的译名为该疾病增添了一定的联想义，有美化作用；"进化"暗含着由低级到高级、由落后到进步的意味，是对源文本信息的增译。译名的差异有时表现为规范形式与非规范形式的差异，如"阿尔茨海默病"为规范名称，而民间则俗称"老年痴呆症"；clone 的译名有"克隆"和"无性[繁殖]系"等。以下这种情况也比较常见：多个译入术语同时存在，分不清哪一个译入术语的接受度更高，在专业交流中专业人员根据个人的喜好进行选择。举例如下：转换生成语法中非常重要的术语 argument，其译出形式包括"论元""谓价""主目""变元""动元""配价角色"等，在此基础上组成的术语 argument structure，其译出形式则有"论元结构""谓价结构""主目结构"等。系统功能语法中经常使用的术语 text，汉语对应形式包括"语篇""文本""篇章"。这种多语境术语变体是术语标准化的重要工作对象。

第二种情况，译出的多个术语有正有误。举个例子：对于英语语音学术语 intonation，《剑桥语言百科全书》(*The Cambridge Encyclopedia of Language*) 对其的定义是 "the contrastive use of pitch in speech"，可见 intonation 与交际中的语段相关，因此其准确译出名称相当于汉语中的"语调"，但是在汉译过程中，有学者将其翻译为"声调"，导致"语调"与"声调"在译出文本中不加区分，影响了正确的概念表达（陈满华和贾莹，2014）。

显然，在多语境术语变体中，一些变体的产生是因为语言差异导致的译出术语的非等值结果，举例如下：英语中的词缀 meta-，其对应的汉语成分有"元-""超-""在……之后""在……之中"等，导致 metaphysics、metalanguage 等的汉译各不相同，有时甚至会有讹误出现；对 complex word 的翻译，有"复杂词""复合词""合成词"等诸多译法，张韵斐（2004）则认为可译为合成词的还有 compound word。显然，在英语语境中，complex word 与 compound word 是两个对立性的术语，差异明显；但是在作为汉语术语的对应词出现之后，二者之间的差异被完全屏蔽，对读者必然会产生误导作用。

3. 术语变体形成的原因分析

目前，学界对术语变体形成的原因分析，大致可以分为主观与客观两个方面。术语变体的主观维度主要关注使用者因素导致的术语变体，这其实关注的是术语变体如何具体使用的问题。术语变体的客观维度则关注的是在脱离具体使用的条件下，术语变体如何聚合成群。

1）术语变体的主观维度分析

胡迪特·弗雷克萨-艾梅里奇（Judit Freixa-Aymerich）（Freixa-Aymerich，2006）从术语使用者的角度，分析了术语的能指变异原因，可将变异原因分为五类：一是区域性的（dialectal）成因，指由使用者区域性语言的使用引起的术语变体；二是功能性的成因，指使用者为了应对不同的交际语域（communicative register）引起的术语变体；三是文本递归的（discursive）成因，这与表达者的表达需求以及不同的文体需求相关；四是语际性的（interlinguistic）成因，指因为语言接触引起的术语变体；五是认知性的（cognitive）成因，这与使用者的概念化（conceptualisation）和动机（motivation）差异有关。

富埃尔特斯–奥利韦拉和塔普（Fuertes-Olivera & Tarp，2014）[①]也对术语能指变异的原因进行了分析，其中主要针对的也是使用者因素导致的术语变异情况，与弗雷克萨-艾梅里奇（Freixa-Aymerich，2006）的分类相互补充。富埃尔特斯-奥利韦拉和塔普（Fuertes-Olivera & Tarp，2014）认为导致术语变异的因素包括以下几点：第一，交际者的专业程度。受知识传播方式和受众专业知识水平的影响，交际者会选用难度等级或精细度不同的术语，如词（word）、词汇单位（lexical unit）和词位（lexeme）。第二，地域差别。使用同一种语言的社团成员，会使用不同的能指形式表示同一概念，如我国大陆地区使用"人工智能""电视大学""显像管""磁盘""博士后"，我国台湾地区则使用"人工智慧""空中大学""映像馆""磁碟""超博士"。第三，区分的需要。不同专业领域往往会创造性地使用相关术语，并在相关术语中植入区别性内容。举例如下：历史比较语言学使用 comparison（比较）

[①] 富埃尔特斯-奥利韦拉和塔普（Fuertes-Olivera & Tarp，2014）也分析了术语变体产生的历史因素。即随着研究的深入发展，相应的术语也会优化，比如"语素"最终替代"词素"。为了论题的集中，此处暂不讨论。

及其相关派生形式，强调其研究的历时性，对比语言学则使用 contrast（对比）及其相关派生形式，强调其研究的共时性特征。第四，避免重复。同一个专业文本有时会出现不同的能指，用来表现同一概念。举例如下：在语言学著作中，"搭配—组合""语篇—文本""分句—小句"等三对词语每对中的两者经常换用。

认知语言学相关理论对术语变体的产生也极具阐释力，这被称为术语变体产生的认知维度。按照认知语言学的观点，术语能指变异可能源于认知主体对术语的识解方式不同。

认知语言学家（Langacker，1990）曾指出：概念内容是一个表达式意义的基础，但概念并不是意义。意义涉及人们识解（construe）这一概念内容的方式。罗纳德·兰艾克（Ronald Langacker）还认为，所谓的识解，是认知主体以不同方式构建和描述同一场景的能力，并指出识解可以从五个方面进行，即详略度、辖域、背景、视角和突显。因此，对同一个事物的理解，因为识解维度不同，必然出现见仁见智的情况。

兰艾克的论述并未聚焦术语学，但对术语学同样适用——术语需要命名，命名活动本身就包含着识解的过程。对术语系统而言，认知主体识解维度不同，概念化的结果就不同，相应的语言表达形式也不同。以"成词语素—自由语素"为例：对于成语语素，在语言系统中，一些语素如"人""天""好"等实词和"也""吗""了"等虚词，不仅仅是语素，同时也是一个词，因此将其命名为"成词语素"，该分类注重的是语言系统中一些语言要素同时跨越了语素和词两个层级。自由语素则将能否独立使用作为对语素进行分类的一个标准。在成词语素中，一些能够独立使用，如前面提到的"人""天""好"等；还有一些是词，但是却不能独立使用，如"也""吗""了"等。因此"人""天""好"等是自由语素，而"也""吗""了"等却不是自由语素。在命名的过程中，因为识解维度不同，对同一概念的命名形式可能会出现变异。

有学者（Bowker & Hawkins，2006）将术语变体归结为术语形成的多维性（multidimensionality），即从不同的维度看待同一个概念。术语交际理论（Communicative Theory of Terminology，CTT）认为术语变体产生有赖于使用者希望通过其术语表达式凸显出相关概念的某一特征（Cabré & Teresa，2003），如 salt water 和 marine water 所指相同，但其命名维度是不一样的：

前者关注的是其构成（made-of），后者关注的是其所处的位置（located-in）。

2）术语变体的客观维度分析

下面分析在去语境条件下，术语变体是如何聚合成群的。

从术语的状态来看，术语变体可以分为历时层面的术语变体与共时层面的术语变体两大类。

历时层面的术语，指在较长的历史时期之中，指称同一概念的旧术语与新术语相互交织、杂糅。需要指出的是，并不是每一个术语在历时发展过程中都会有术语变体出现，如汉代许慎提出的文字学重要术语"六书"以及"六书"下辖的"象形""指事""会意""形声"等术语已被学界普遍接受。有一些术语，随着学界认识程度的加深，或者是研究者视角的变化，在不同的时期有不同的名称，如现代汉语的声母在中古汉语系统中称为"字母"或"声钮"，后称"声类"。现代汉语声调分类中的"阴平""阳平""上声""去声"分别对应于"高平调""高升调""降升调""全降调"，更常见的说法是"一声""二声""三声""四声"。上述术语，是不同历史层面上相关术语形成的异质术语系统，它们之间并不是简单的替代关系，而是表示特定历史时期对相关领域中基本概念的认知水平。因此，历时层面的术语变体不能简单地用术语规范化进行处理。

共时层面的术语，一种情况指的是在同一时间截面上，指称同一概念的术语有不同的能指。常见的是同物异名的情况，相关术语变体经常被视为同义词。举例如下：哲学中谈论世界本源问题的"本体论""存在论""是论"；语言学中的"工具语言"与"元语言"；在索绪尔结构主义语言学中的重要术语"能指"与"所指"，在语言学研究中可能更常见的对应术语是"语音形式"与"意义"，还可以是"外部形式"与"意义"。另一种情况是，术语变体的所指相同，但是其能指形式却大异其趣，甚至难以归入一类当中，如英语指称"外来物种"的表述包括 invader、invasive alien species、invasive species、IS 以及 new arrivals。玛格丽特·罗杰斯（Margaret Rogers）（Rogers, 2007）认为，这些术语变体形成一个词汇链（lexical chain）。词汇链的术语在语义上具有同样的所指，这是它们的衔接纽带，但是在语法形式上却可能完全不同。术语词汇链的提出，扩大了术语变体的范围，使得术语变体从同义、近义关系拓展到上下义关系，这是符合术语使用的实际情况的。但同时，一些语境依赖性极强的即时性表达也被归入术语变体的范畴，如 new arrivals。

3.1.2.2 汉语传统语言学名词的变异与术语变体

汉语传统语言学名词能指与所指之间同样存在着一对多和多对一的非单一性对应关系。汉语传统语言学经历了很长的发展时期，对同一个语言现象，不同时代的研究者往往从不同的角度出发得出不同的看法，也形成了不同的术语。在历时维度上，旧的术语会沉积下来，进入并影响后续研究。其中，随着研究的深入，一些术语的所指会发生变化，但其能指却依然沿用，也有一些概念随着研究的深入，对其相关认识不断加深，旧的能指不能准确涵盖相关概念因而被新的形式替代。这样，当不同时代的术语在现代社会中沉淀下来之后，必然会形成一种术语杂糅的局面，这是汉语传统语言学名词异质性特征的重要表现。另外，在同一时间截面上，有时某一种语言现象引起了汉语学界的普遍关注，相关研究增多，其中必然涉及相关术语的使用。由于研究者在术语使用过程中受到不同因素的影响，因此术语的使用并不统一，形成了共时层面的术语变体。下面从历时与共时这两个维度分析汉语传统语言学名词的变异情况。

1. 历时层面汉语传统语言学的术语变体杂糅

汉语传统语言学名词多形成于前语言学时期，由于认知水平以及研究方法的限制，其认识发展过程必然具有螺旋形发展的特点，甚至会出现循环往复的情况。因此在使用过程中出现的多个能指对应一个所指的术语变异情况更为常见。通常分为以下三种情况。

第一，历时维度上指称同一概念的术语变体在共时平面呈现出以新代旧的替代性关系，如现代汉语的音节结构包括声母、韵母和调位，声母因此自然成为小学家的研究对象。从历时的角度看，小学家对中古汉语的声母系统研究最为完善，这归功于肇始于唐代守温和尚的"三十六字母"，即三十六个声母的代表字。因此，中古汉语时期的"字母"，就是现代汉语中的声母。除此之外，"字母"也被称为"声纽"，二者形成变体关系。从历时维度看，"字母""声纽""声母"三个术语各自使用的历史阶段是清楚的。但在现代汉语层面上，"声母"成为基础术语形式，替代了之前的"字母"和"声纽"。同样的还有"半高元音"与"半闭元音"，二者都指发音时舌位半高口腔半闭的舌面元音，所指相同。但是，在现代语音学研究中，对舌面元音的描述，需要参照的是舌位的高低、前后和嘴唇的圆展，因此"半高元音"代替了"半闭元音"。

第二,历时维度上指称同一概念的术语变体在共时层面同时并存。以"清浊"为例,目前学界对上古声母是否存在清浊对立尚有分歧,但学界普遍认为,中古声母系统中存在着清浊对立,即清浊辨义。潘悟云(1983)认为,在宋代之前,"清浊"与"轻重"可以互换使用,指称同一概念,因此"轻重"与"清浊"为同义词,即本书中所说的术语变体。但是,到现代汉语时期,关于"清浊"与"轻重"的关系,学界也未达成一致意见。罗常培(1963)认为清浊指的是声母的带音与不带音,轻重指韵母的开口和合口。罗常培的观点对后世影响较大。在现代汉语中,"清音"即"不带音","浊音"即"带音"。"清音"与"不带音","浊音"与"带音"可同时使用。

第三,历时维度上指称同一概念的术语变体在共时层面上作为历史术语单位被使用。以"不清不浊"为例,在中古语音系统中,声母的清音有全清、次清之分,浊音有全浊、次浊之分。"不清"指的是既不是全清也不是次清;"不浊"指的不是"全浊",所以"不浊"也称为"次浊"。不是清音也不是全浊的声母,即次浊声母。在现代汉语中,由于清浊不具有区别意义的功能,不再作为区别性语音特征出现,"次浊音"和"不清不浊"只作为历史术语变体出现。

2. 共时层面的汉语传统语言学名词变体

共时层面的汉语传统语言学名词变体只指称同一概念的多个能指在同一时间截面上竞争性并存。

从使用频率的差异看,大致可以分为两类:一是指称同一概念的术语变体,使用频率相差不大,如"正面"和"积极面","负面"和"消极面";二是使用频率差异加大,在变体集合中,有一个变体的使用频率明显高于其他变体,如"白话系"和"粤语系"。"白话系"又称"粤音系",具有明显的无浊音、有韵尾和7类声调等地域方言特征。再比如"谦称",与"尊称"相对,是表示谦恭的自称用语,也叫作"卑称"。在上述两例中,"白话系"与"谦称"都是更常用的术语形式。从约定俗成性角度看,二者都有可能成为基础的术语形式。

从术语变体的使用环境看,一些共时层面的术语变体是在单一语境条件下形成的,如前文提到的"谦称"与"卑称","白话系"和"粤语系"。还有一些共时层面的术语变体是在跨语境翻译中形成的,比如上文提到的"正面"与"积极面","负面"与"消极面",它们的源术语形式分别为 positive face 和 negative face。能指与所指具有单一性关系,译出术语出现的变体是对源术语进行"二次创造"的结果。还有一些跨语境术语变体的形成与源术语自身的复杂性相关。举例:在英语语言学中,text 与 discourse 是两个重要的术语。学界对 text 与 discourse 具体所指的解读也存在不同看法,有学者认为 text 与 discourse 在所指上没有差别,可以互换使用,还有学者则认为 text 是 discourse 的实际表现形式。源术语的这种歧解性对其汉语翻译形式产生了影响,汉语术语系统中出现了"文本""语篇""篇章""话语"等术语变体形式。

3.1.2.3 术语的规范观与术语的描写观

在术语的使用过程中,术语变体的存在是术语学界必须要面对的一个问题。术语学界对术语变体的看法主要分为两类:普通术语学的术语变体规范观和描写术语学的术语变体描写观。本小节在对术语规范观与描写观进行讨论的基础上,分析汉语传统语言学名词变体在译出过程中翻译策略的选择。

1. 普通术语学的术语变体规范观

传统语言学术语的重要工作之一是术语的标准化与规范化,这在某种程度上也是术语单一化要求的延伸和拓展。所谓的标准化,即通过规约性的行为,消除术语在其使用中产生的多义现象,使一个术语只有一个所指;同时,也要消除术语使用中形成的同义现象,使一个所指只有一个能指。但问题是:语言产生之后一经使用就可能产生变异,从而形成各种变体形式,术语系统也不例外,如"语块""词块""预制件"等都指语言系统中不经由规则产生的习用性单位。这些构成同义关系的术语形成一个集合,被称为变体。在变体的集合中,具有学术权威地位的研究者或相关机构会根据某种(些)参数,将其中的一个变体确定为标准术语,以在专业交际领域内作为推荐形式进行流通,这就是标准体,也称为常体。术语标准体是术语规范之后的结果,是术语学界应该统一使用的术语,在这一维度下,术语的标准化等同于术语使用的单一化。

2. 描写术语学的术语变体描写观

描写术语学对术语变体的存在采取一种"存在即合理"的客观态度。描写术语学认为，术语变体是术语使用过程中不可避免的，而且是一种常态。描写术语学界通常基于语料库与文本挖掘进行术语研究。基于语料库的术语研究证明：在专业交际领域，术语变异广泛存在（Freixa-Aymerich，2006）。术语的变异分为两种：能指的变异（denominative variation）和所指的变异（conceptual variation）。

贝亚特里斯·戴尔（Béatrice Daille）等（Daille et al.，1996）从形式层面着眼，指出在同义术语集合中，存在着基础术语（base term）和术语变体（term variant），后者是在前者的基础上形成的形态的（morphological）和句法的（syntactical）变异。按照分类，形式层面的术语变体分为如下几类：拼写变体；屈折变化变体（inflectional variations）；句法变体（syntactic variations）；语素-句法变体（morpho-syntactic variations）；词汇变体（lexical variations）。术语学界还对变体的上述类型进行了更为细致的区分，如菲迪莉亚·伊贝克韦-桑胡安（Fidelia Ibekwe-Sanjuan）将术语的句法变体又分为三类：置换（permutation）、扩充（expansion）和替换（substitution）（Ibekwe-Sanjuan，1998a）。描写术语学家对变体的分类与描写极为具体和细致，涵盖了术语变体的各个方面，采取的是一种只描写、不评判的中性立场。

可以看出，普通术语学与描写术语学对术语变体的态度是截然相反的。在普通术语学研究中，必须有一个确定的术语来指称相关概念，这个术语是标准术语，它是由相关权威机构确立的通用性形式，具有公开声望（overt prestige）。与标准术语具有近义关系的其他术语被视作是对这一标准形式的偏离（derivation），习惯上被称为术语变体（term variation）。"偏离"这一语言单位具有一定程度的消极意义，这意味着在普通术语学研究中变体被认为是非标准的，因此是被规范的对象。在普通术语学看来，术语的能指与所指之间必须是双向的单一性指称关系，因此，对术语的规范问题是其工作的重心。普通术语学对术语变体的认识和判断是一种传统的、规定主义的观点，强调术语的一致性（term consistency）。

描写术语学则认为，术语变体是一种客观存在。出于认知动机和表达需要，新的变体还在不断地产生。术语变体有时会影响学术交流的进行，但有时术语变体的出现反而推进了学术交流，如当交流者使用"演进"而不是"进化"的时候，其实际上是想传达一种态度上的中立。因此，描写术语学在术语变体问题上，秉承的是描写主义的观点，尊重术语的多元性特点。在这一基本立场的影响下，描写术语学认为术语应该进行规范，但是，术语的规范并不等于术语的统一。

总体而言，术语规范观注重的是术语命名和定名的规约性和规范化工作，术语描写观注重的则是术语使用的多元化可能。

3.1.3 汉语传统语言学名词的模糊性

术语不能完全脱离语言系统而存在。这种特性就决定了术语遵循的是一种原型模式，核心部分是清晰的、无歧义的、认知凸显的。但是，在边缘部分，会出现一定程度的交叉，模糊性就会应运而生。

3.1.3.1 术语的模糊性

语言学界公认的看法是：通用的交际语言的特点之一就是其模糊性。通行于专业领域的各学科术语，其重要特点是其精确性。但是，对术语精确性的要求是随着现代科技文化的发展而逐渐明确的一个原则。在这之前，人类社会从未停止过发展，并且以与所处时代相适应的知识水平和认知视野来认识世界。没有任何一个术语系统是一朝一夕、一时一地形成的。一个相对完善的术语系统，必然要随着相关学科研究的深入而逐渐发展并进行相应的动态调整。术语系统形成、发展的过程必然表现为一个历时的发展过程，这一过程中不可避免会包含着不同观点之间的相互竞争和淘汰，同时也包含着专家学者对相关术语认识的不断深化，这往往同时意味着对前期研究结构的调整乃至完全否定之后进行的结构性重建。

术语学的发展具有历时性特点，其中必然要经历粗出转精的过程。从历时的角度看，在相关术语所指的模糊性与精确性方面，术语可能会经历如下三个阶段。

第一个阶段，早期的术语描写的是当时那个时代的研究成果，受社会发展水平以及认知能力的制约，早期的术语不可避免会具有一定程度的前科学性特点，并导致术语意义的模糊性。

第二个阶段，科学的发展总是螺旋式上升的。某种理论和方法发展到了一定时期之后，会暴露其自身的不足，并可能被新的理论与方法所代替。同样，随着学科的进步以及研究的深入，对相关术语的认识日趋完善，术语的定义也日趋精确和科学，但学界的观点尚未统一。

第三个阶段，学界对相关学科领域有了深入了解，对相关成果兼收并蓄，弥补了其中的不足或缺陷，有了更高层次的发展，对相关术语的界定在业界基本达成共识。

术语历时性发展的过程中需要分清的另一种情况是：在不同的时间区域内，不同的专家学者对同一个术语会存在多元的解读和差异化的定义。有时候同一位专家学者对同一术语的认识也会随着时间的推移发生相应的调整。同一术语的这种历时性差异可能是因为研究维度的不同，也可能伴随着对相关术语认识程度的进一步加深和精确。这两种情况在自然科学领域和人文社会科学领域都存在。下面的例子来自《现代汉语词典》各版本。

【原子】构成化学元素的最小粒子，也是物质进行化学反应的最基本的粒子，由带正电的原子核和围绕原子核运动的电子组成。(《现代汉语词典》第1版)

【原子】构成化学元素的基本单位，是物质化学变化中的最小微粒，由带正电的原子核和围绕原子核运动的电子组成。(《现代汉语词典》第3版)

【原子】组成单质和化合物分子的基本单位，是物质在化学变化中的最小微粒，由带正电的原子核和围绕原子核运动的电子组成。(《现代汉语词典》第7版)

【四声】①古汉语字调有平声、上声、去声、入声四类，叫做四声。②普通话的字调有阴平（读高平调，符号是"ˉ"）、阳平（读高升调，符号是"ˊ"）、上声（读先降后升的曲折调，符号是"ˇ"）、去声（读降调，符号是"ˋ"）四类，也叫四声（轻声在外）。③泛指声调。(《现代汉语词典》第1版)

【四声】①古汉语声调有平声、上声、去声、入声四类，叫作四声。②普通话的声调有阴平（读高平调，符号是"ˉ"）、阳平（读高升调，符号是"ˊ"）、上声（读先降后升的曲折调，符号是"ˇ"）、去声（读降调，符号是"ˋ"）四类，叫作四声（轻声在外）。③泛指声调。(《现代汉语词典》第7版)

可以看出，"原子"的定义和"四声"的定义在《现代汉语词典》后期版本中都有相应的调整，这是相关学科研究的不断深入、认识水平提高的一个重要表现。在理论上，术语的科学性是第一位的，但是，必须承认，所谓的科学性也是一个相对的概念，总是要受制于所处时代的认知方法、水平和能力。

3.1.3.2 语言学名词的模糊性

汉语传统语言学名词的模糊性与其渐进性发展状况相关。

首先，从术语研究的角度看，部分小学家本身对传统语言学术语的认识上具有模糊性。对于传统语言学中的"四声""五音"，小学家有不同的解释。在中古语音系统中，"四声"通常指的是平上去入四种调类。但是，在中古语音系统中只有调类的划分，对相关调类的调值无法进行测量。在《切韵》之前，沈约将"四声"与中国古代音律"宫商角徵羽"五音联系起来。现在看来，沈约希望通过音律上的音高不同对四声进行区分有一定的道理。根据《七音略》和《韵镜·凡例》，音韵学上所谓的五音"宫商角徵羽"被附会到声母的发音部位上，即"三十六字母"声母发音部位的旧名"喉齿牙舌唇"。可见，小学家关于"四声""五音"的讨论结果并不一致，导致相关术语的具体所指并不清楚。

其次，从术语使用的角度看，汉语传统语言学研究中，对一个术语的解读往往需要在某一子系统内进行，会涉及多方面复杂的背景知识。普通语言以及术语使用者很难在短期内掌握如此久远且复杂的知识体系，导致对相关术语的认识不足。以"混切"为例：混切是古代反切法的一种。"反、切"都是拼合的意思，即利用两个现有的汉字发音拼合成一个新字的发音。反切上字取声母和清浊，反切下字取韵母和声调，由此拼合成被切字的读音。例如"冬，都宗切"中，被切字是"冬"，反切上字是"都（dōu）"，反切下字是"宗（zōng）"。取"都"声母 d 和清浊，取"宗"韵母 ong 和声调，便构成"冬"音（dōng）。如果由于音变的原因，古音不区分的音后来具有了区别性特征，那么这种古音反切就是混切。举个例子："权，巨员切"中，反切上字"巨"取声母 j 和清浊，反切下字"员"取韵母 uan 和声调，被切字"权"理应形成 juán。但在古音中送气清声母 q 和全浊声母 j 不区分，直到今音中才进行了区分，即古音中 juán 和 quán 不具有区别性特征。音变规则中，中古全浊声母今天普通话里已变成送气和不送气两类清声母：平声送气，仄（上去入）声不送气。上字"巨"声母是中古全浊声母 j，下字"员"

是古平声，按照规则，古音被切字"权"全浊声母 j 随上字变为今音送气清声母 q；所以，juán 变为 quán。再如，"度，徒故切"中，上字"徒"声母是中古浊声母，在今音中发生了变化，今读送气声母 t，被切字"度"今读不送气声母 d，这是因为下字"故"是仄声字，所以，中古浊声母变成了不送气的清声母 d，tù 变成了 dù。也就是说，对术语"混切"的理解牵扯到下列方面：中国的语音标注系统反切、反切上字与下字的配合关系、古音清浊不分而今音中清浊辨义、古音与今音清浊之间的对应关系等，任一相关知识的缺失都会引起术语解读的模糊，更不用说进行语际翻译活动。

随着 20 世纪结构主义语言学的兴起，语言学确立了自身的类型学地位，发展成一门独立的学科。在现代社会中，语言学研究的方法日趋客观，尤其是在现代科技的帮助下，语言研究的量化特点突出，语言学已经成为一门可以证实或证伪的、具有部分实证性特点的学科。与中国传统的语文学研究相比，我国现代的语言学研究在系统性、专业性以及科学程度上都有了很大的提高，对汉语的认识更为深入。语言学术语的使用与语文学时期的普通术语学研究有着千丝万缕的联系。

3.1.4　汉语传统语言学名词的民族性

术语具有交际功能，在跨语言传播中应注重其国际性。不同语种的专业领域的专家在交流中借助术语完成专业知识的讨论。尽管术语的国际性是主流属性，但是需要注意术语的产生、翻译、传播也会有民族性的烙印。民族性或多或少会对国际性产生一定影响。

3.1.4.1　术语的国际性与民族性

在科学研究中，一个被广泛认同的观点是：科学是无国界的。术语是科学研究中极为重要的关键词，因此，学界一直强调术语应该是国际性的学术通用语言，应该具有跨语言的同一性；但这只是一种理论上的理想状态，因为不同语言系统所使用的文字形式不同，术语的完全跨语言通用性难度非常大，大部分的所谓通用性术语，只是通过音译的方法来达到一种语音上的近似。举个例子：由于汉语"基因"在使用中语音与英语的 gene 发音比较接近，所以，在口头的专业交流中基本可以沟通。再比如表示"严重急性呼吸综合征"的 SARS，进入汉语语言系统之后，一度被称为"非典型性肺炎"，后双音词化为"非典"。我们采用了直接使用外来词形与读音的原形形式，以在当时紧迫形势下最大限度地实现国际通用性的目的。

在当代社会中，随着国际交流的增多，普通民众外语能力普遍提高，不同语言之间的疆界不断被打破。在信息即时发布的网络时代，一些外源性成分并没有经过以往常见的本土化过程，直接以字母形式出现在目的语语篇当中，形成语言使用中的语码混合现象。在自然科学领域，这种情况较为常见。以我国对于外源性专业术语的吸纳为例，术语包含了一些完全的字母词，比如 CT、DNA、LED、AI、BBS、HIV；有的还包括数字，比如 PM$_{2.5}$、MP3、M1、M2 等；还有一些则是西文字母、汉字、数字之间的组合，比如"AA 制""K 歌""X 染色体""3D 技术"等。

但是，术语的国际通用性只是相对的。以自然语言作为载体形式的术语系统必然要受制于语言系统自身的特点，从而呈现出一定程度的民族性。

术语的民族性主要体现在以下两个方面。

第一，由于认识世界的维度以及思维方式的不同，不同的语言文化社团发展出独特的概念体系。以医学为例，中医的基本概念与天人合一思想、阴阳五行学说以及藏象理论等紧密相关。因此，中医的一些基本术语中包含着丰富的隐喻信息，有其独特的内涵与外延。西医则是建立在解剖学和病理学基础上，其基本术语所指明确。中医中的"肾""肝""心"，并不仅仅指的是西医中的 kidney、liver、heart。中医认为"肾属水，肝属木，心属火"，因此用"水火不济"来表示肾水不足，不能上济心火；心火妄动，下伤肾阴。心、肾失调，出现心烦、失眠等病症；用"水不涵木"表示因肾阴虚不能滋养肝木导致肝阴不足、虚风内动。这是西医所不能理解的。有学者指出，中医中的"伤寒"有三种不同的意义：一是对外感热病的概括性称呼；二指人体因为寒气入侵而引发的病症；三指人体在冬季受寒。西医也有"伤寒"（typhoid）的诊断，但指的却是因伤寒杆菌引起的病症。

第二，相关概念系统所描写的对象与社会政治、经济以及文化因素紧密相关，因此相关术语具有民族性。在我国的儒家经典中，"君子""小人""仁""义""礼""孝"等关键术语是极为典型的文化负载词，如美国汉学家兼翻译学家安乐哲谈到《论语》中的关键术语"孝"。安乐哲等学者（安乐哲等，2003；安乐哲和罗思文，2003）指出："孝"是中国独特的字眼，……

这是一个民族的范畴，像中国文化中的理、仁、义、孝这些概念，我们没有办法把这些字翻译成英文或德文……孝是一个很特别的范畴，《圣经》有孝的概念，但不是中国的孝的含义。同样，西方宗教中的 God、individualism 也不是汉语中的"天帝"与"个人主义"所能解释的。

可见，国际性与民族性是术语系统的两个相互矛盾而又同时并存的特点。术语的语际通用性是一个程度性问题，形成一个连续统，国际性与民族性分居于该连续统的两端。

3.1.4.2 语言学名词的民族性

与其他领域的汉语术语类似，汉语传统语言学名词在其形成与使用的过程中，不可避免地要受到汉语言文化传统的影响，甚至在相关术语中承载了这种文化特异性。由于汉语传统语言学名词大多形成于前语言学时期，受当时研究水平的限制，一些汉语传统语言学名词中包含大量的文化信息，但所指却较为模糊，时代性和地域性特点表现突出，体现出较强的民族性。下面以汉语传统语音学研究中的重要术语名词为例进行说明。

现代汉语语音包括三个重要的组成部分：声母、韵母和声调。在汉语传统语音学的研究中，声母的研究较为薄弱。在宋代郑樵的《七音略》问世之前，关于汉语声母系统的研究一般只能通过系连法进行构拟。自唐代开始，僧人运用佛教的梵文字母原理，分析汉语的声母系统，为每一声类规定了一个代表字，叫作字母，也叫声纽，即现在我们所说的声母。

宋代郑樵在《七音略》中使用汉字指代当时的声母系统，分别是：帮滂并明，非敷奉微；端透定泥，知彻澄娘；见溪群疑；精清从心邪，照穿床审禅；影晓匣喻；来；日。

这些字母是反映唐宋时期中古声母系统的代表字，也是古代音韵学研究中佐证材料最多，研究最为充分的声母系统，学界多据此上推上古汉语声母系统的构拟，下推近代声母系统的发展演变。

代表中古声母系统的字母按照发音方法分为清、浊，有时还再细分为全清、次清、全浊、次浊等。《古今韵会举要》也有清、浊的分类。可见，在中古声母系统的研究中，"清"和"浊"是一对关键词。

小学家所分析的"清""浊"又与中国传统文化中具有复杂文化内涵的"阴""阳"相互联系。

在中国传统文化中，"阴""阳"经常对举，用来指称相互对立的二元分类。举例如下：男为阳，女为阴；山南水北为阳，山北水南为阴；白天为阳，夜晚为阴等。"阴""阳"作为中国传统文化中非常重要的术语，在使用过程中出现了多种变体，在五行、中医、民俗、相书等相关领域中的所指与内涵皆有不同。

在音韵学中，"阴""阳"不仅仅用来指称由清浊对立形成的两类平声，甚至还用"阴声韵"和"阳声韵"来区分韵尾鼻音的有无。按照江永的描述，"清""浊"与"阴""阳"的对应关系出现了两种解读。这样，本于阴阳的清浊，在清浊基础上构建出来的三十六字母，使中古声母系统的民族性特征表现得非常明显。

3.2 汉语传统语言学名词特点对其外译的影响

前面已经分析了汉语传统语言学名词的特点，分别是系统性、变异性、模糊性和民族性。本小节来分析汉语传统语言学名词的这四个特点对其外译的影响。

3.2.1 汉语传统语言学名词的系统性特点及术语外译的体系性

术语意义涉及事物、概念及符号关系，是对特定专业领域内专业概念的讨论。术语具有专业概念的称名意义，并且依托概念本质特征而明确其在概念系统中的位置。对术语的理解，需要在特定的系统内进行，否则，术语的科学性无法得到保证，如对语音学中重要的术语"清"与"浊"的理解，必须参照相应的语言系统。在不同的语言系统中，"清""浊"的对立关系并不相同，如"清""浊"在英语语音系统中具有对立性且成对出现，而在现代汉语语音系统中则不具有对立性。即使在同一个语言系统中，因为术语形成的年代不同，其所处的概念系统有时也会有差异。还是以"清""浊"为例，如前所述，在现代汉语语音系统中二者并没有区别意义的作用。但是在中古语音系统中，"清""浊"是对立的，直接影响到所在音节中的声母与声调。可见，对术语的翻译，需要在系统的制约下进行，否则影响术语翻译所指的准确性。

　　系统对术语理解与翻译的制约体现在两个方面：一是系统对相关术语进行的质的规定，二是系统规定了相关术语与其他术语之间的相互关系。下面以音韵学术语"读如""读若""读为""读曰"为例进行说明。

　　"读如""读若""读为""读曰"与汉语标音系统的发展有关。汉字作为表意文字，字形与读音之间没有必然的联系。汉代训诂学家创造术语"读如""读若""读为""读曰"，用以表示"以字注字"的注解方式。"读如"与"读若"为同义术语，一般指利用读音相同或相近的字对汉字进行标注（注音，有时兼明字义）；"读为"与"读曰"为同义术语，一般指用本字来说明经文中的假借字。基于上述分析，"读如""读若""读为""读曰"是源于中国古代汉语的一种汉字注解方式。同时，术语翻译的体系性还表现在对近义术语内涵的区分上，即相关术语通过某些共性特征相联系，并通过某些差异性特征相区别。从段玉裁的论述可知，"读如""读若"强调的是利用同/近音现象进行汉字标注；"读为""读曰"则特指用本字说明经文中的通假字，这是两组术语的区别性特征。

　　上面的例子是在单一语境下对术语的理解，还存在比单一语境更为复杂的情况：在术语翻译中，有时会涉及源术语系统与目标术语系统的匹配度问题，如常见的语言学术语"名词复数"在英语与汉语语言系统中所涉及的微观系统是不一样的。在现代英语语言系统中，"数"是一个基本的语法范畴，名词复数与单数相对。首先，可数名词与不可数名词界限较为清晰；其次，可数名词出现在句子之中，必须在单数与复数中做出选择，并且采用相应的语法形式。因此，"数"在英语中具有强制性。在汉语中可以采用将"们"加在有生、可数名词后面的方式表示"数"的概念，但是汉语中"数"只是一种词汇手段，并不是语法范畴，因此汉语语言系统中的单数与复数并不具有二元对立性。以"同学"这一语言形式为例，它既可能表示单数，也可能表示复数。通常情况下，对术语"名词复数"的翻译是提供语际对应词 plural noun。

3.2.2　汉语传统语言学名词的变异性特点及其外译形式的选择性

　　汉语传统语言学名词在使用过程中会出现多种变体形式，而且其变体形式可能会对其外译形式产生影响。当同一概念出现了多种外译形式，是全部采用还是选择性保留，需要译者充分考虑术语自身的特点、翻译的受众、翻译目的等相关因素做出相应的选择。

从翻译的视角看，汉语传统语言学名词的变异，可以分为语内变异与语际变异两类，下面分类叙述。

3.2.2.1 汉语传统语言学名词的语内变异

汉语传统语言学名词的语内变异，主要指的是源术语的能指形式有两个以上的变体，并且源术语中能指的多个变体可能会对应于同一个外译形式。以"白话系"与"粤音系"为例，尽管其能指有差异，但是所指相同。同样的还有"半闭元音"与"半高元音"，"虚词"与"功能词"，"单体字"与"独体字"，以及"促拍""簇拍""促曲""促遍"等。在这种情况下，术语翻译中准确性原则是第一位的，并不涉及译出形式的选择问题。但是当多个表述均具有大致相同的所指时，如"发语助词""发语（词）辞""句首语词""发语助字""发端字""语端辞""发语之端""发言之端"等，译者则需要对多个可能的译出形式进行取舍。

3.2.2.2 汉语传统语言学名词的语际变异

汉语传统语言学名词的语际变异，指的是同一个术语，在语际翻译中，其输出形式有两个或两个以上。因此，汉语传统语言学名词的语际变异，关注的是翻译结果的多元性。对于术语变体的多个译出形式，译者首先需要做出立场性的选择，即是秉承术语规范主义的立场，只提供一个译出形式，还是秉承术语描写主义的立场，允许多个译出形式的存在？以"北京话"为例，如果采取描写主义的立场，"北京话"的两个英译形式 Pekingese 和 Beijing dialect 都经常使用。如果采取规范主义的立场，则需要从中择一。在两种翻译形式都符合术语翻译准确性的前提下，一般考虑术语的简约性原则。采取术语规范主义翻译立场的难点在于：对术语译出变体的选择标准具有多样性，在多个标准共存的情况下，译者需要考虑相关标准的排列顺序。我们认为，在术语变体的选择中，居于首位的标准是科学性。在都能满足科学性的前提下，术语形式的简约性、用词的规范得体性、国际通用性应该依次分别考虑。

综合来看，因为语言学术语本身类型多样，语内变体与语际变体的情况也比较复杂，刚性地、单一采用规范观或描写观很难对术语译出形式变体进行处理。我们认为，对于国际化程度较高的语言学术语，可以考虑对其译出形式的选择以规范性为主；对民族性特征明显的语言学术语而言，其译出形式的选择以描写性为主。

3.2.3 汉语传统语言学名词的模糊性特点及其外译的相对准确性

任何学科相关术语的形成，都不是一蹴而就的，而是不同时代的研究成果不断发展和继承的结果。任何一个术语的产生都是有其特定的历史、文化和社会语境的，脱离了当时的语境只能是隔空取物（王一多，2010）。受时代因素以及认知水平的影响，汉语传统语言学名词具有较为明显的时代烙印，其具体所指在每一个时代，都表现出当时研究者对相关术语的理解。从发展的角度看，这些术语体现出历时性的发展特点。无论是在自然科学界还是人文社会科学界，对部分术语的认识都是逐步的、渐进的，是"止于至善"的不断优化的过程。

汉语语言学术语是对语言学专业领域内相关概念进行词汇化的结果，必然具有科学性。但同时，术语也是学界研究成果不停添加/聚集乃至优化的结果。受时代整体认知水平的影响，相关术语的准确程度与所处的时代基本是相适配的，因此，在科学性无法完全覆盖的领域，语言学术语必然具有一定程度的模糊性。在翻译过程中，汉语语言学术语的这种模糊性会在一定程度上被保留，如"为动"。"为动"指古汉语中动词的为动用法，我们认为其指的是某动作所表示的行为的意义。在古汉语动词研究中，使动和意动是被学界广泛认同的两种动词的活用。至于能否分出来为动，在学界尚有争论。术语"为动"自身的非精准性必然会影响到术语的翻译。尽管在当代翻译活动，尤其是文学翻译之中，译者的主体性引起了学界的广泛关注，但就术语翻译而言，对源术语自身内涵的准确表达仍然是关键性要求。本着忠实性的原则，"为动"可翻译为"verb denoting the recipient or goal of an action"。

术语"为动"的翻译所代表的类型是：有些语言学术语指称概念的合理性存疑，但它确实作为一个术语存在过，这可看作一种历史术语。这种术语的翻译，以忠实性和描写性为基本原则。

有时，汉语语言学术语的模糊性与相关研究结果之间的分歧有关。在这种情况下，译者需要做出自己的学术判断。相当一部分的汉语语言学术语，如"反切""短入""古本纽""古本韵""古韵通转"等，都与汉语史的分期有密切关联。但是，学界对汉语史的划分标准、划分结果都存在较大差异。高本汉（1940）以语音为标准，将汉语史分为五个时期：太古汉语（《诗经》之前）、上古汉语（《诗经》到东汉）、中古汉语（六朝到唐代）、近古汉语（宋代）以及老官话时期（元明时期）。王力（1957）以语法为标准，同时兼顾语音标准，把汉语史分为四个时期，分别是：上古汉语（五胡乱华之前）、中古汉语（南宋前半期之前）、近代汉语（鸦片战争之前），以及现代汉语（五四运动之后）。周祖谟（1982，1985，1989，1991）将汉语史分为上古汉语（春秋战国到秦汉）、中古汉语（魏晋南北朝）、近古汉语（隋唐五代到北宋）和近代汉语（南宋到五四运动之前）四个时期。黄典诚（1980，1982，1985，1986a，1986b，1987）按照音系的差异，区分了以《诗经》音系为代表的上古期（公元前11—6世纪）、以《切韵》音系为代表的中古期（7—12世纪）、以《中原音韵》音系为代表的近代期（13—19世纪）。

吕叔湘在《近代汉语指代词》"序"中指出：以晚唐五代为界，汉语历史可分为古代汉语和近代汉语两个大阶段。现代汉语只是近代汉语内部的一个分期。以语法和词汇而论，秦汉以前的是古代汉语，宋元以后的是近代汉语（转引自杨永龙和吴福祥，2018）。

此外，太田辰夫、周祖谟、潘允中、蒋冀骋、王云路、方一新、向熹、蒋绍愚、魏培泉等都提出了自己对汉语史的分期。因此，在对与汉语史分期紧密联系的术语的翻译中，译者需要做出自己的学术判断。一些术语由某一学者提出，如"短入"，指的是王力提出的上古汉语声调体系中收塞音尾的入声，其主要元音为短元音，其英译形式可以是"short entering tone"，其英译形式没有必要指出这是王力先生提出的分类。与之类似，"古本纽"指的是黄侃提出的在《广韵》中保留了上古音的声母；"古本韵"指黄侃提出的在《广韵》中保留了上古音的韵母；"古韵通转"，意指古韵的通与转。"通"有人认为指古音相同、后音相同或相近；"转"有人认为指古音相同、后音不同，泛指上古韵与中古韵不一致的现象。也有人认为"通"指本音的韵部之间彼此相通；"转"意为因非本音需转声而后通的，一般用来解释上古韵文与中古押韵系统不一致的现象。本书采用前者。从译者的角度看，上述术语的分析基本忠实地解释了源术语的内涵，从读者的角度看，这种模糊性的限定已经提供了足够的信息量。

3.2.4 汉语传统语言学名词的民族性特点及其外译的描写性

传统语言学名词的民族性与部分语言学术语所指的本土化相关。一些语言现象是汉语特有的，指称这种语言现象的相关术语名词相应地也具有民族性特点。举个例子："骈语法""同义/近义连字词""双叠字法"这三个术语都与汉语词汇层面上的羡余（redundancy）现象紧密相关。"骈语法"是指在汉语中用意义相同的并列成分或同指一事/物的并列成分来描述状态，如"七手八脚"可描绘一种忙态，"欢天喜地"可描绘一种喜态，"傻头傻脑"可描绘一种憨态，"不干不净"可描绘一种乱态等。"同义/近义连字词"是指由同义或近义字连用构成的词，如"美好""兄弟""国家""寒冷""温暖""善良"等。术语"双叠字法"指在汉语中，两单字重叠所形成的双叠形式，如李清照著名的《声声慢》中的"寻寻觅觅，冷冷清清，凄凄惨惨戚戚"。对这样的民族性特征突出的汉语语言学术语，其外译形式应该对主要的区别性特征进行说明或描写。

本 章 小 结

本章分析了汉语传统语言学名词的几个基本特点，包括系统性、变异性、模糊性和民族性。

传统语言学术语的系统性特征要求在系统内对个体术语加以分析。个体术语所依赖的系统，包括宏观的、整体性的术语系统和微观的、局部性的术语子系统。前者对术语进行基本的学科领域定位，后者确定目标术语在系统中的位置、与其他相关术语的关系以及自身在系统内的价值和功能。

术语变异性关注的是术语在使用过程中因为各种因素引起的能指或所指上的多元性。术语的变异一方面影响了术语能指与所指之间单一性关系的要求，在专业交流中可能会引起障碍；但另一方面，变异性也丰富了语言的使用，使用者可以根据语境的需要，选择最为适切的表达形式。

术语的模糊性与术语的科学性相对立。我们认为，科学性本身覆盖各个学科领域，各个学科领域的特点不尽相同。因此，"科学性"是一个相对的概念。在科学性无法涉及的时间或地域，模糊性必然会出现。或者说，科学性是术语学界追求的目标,但模糊性却不可避免地出现在术语研究过程之中,并且成为术语的一个阶段性属性。

术语的民族性强调的是术语与其所植根的社会语言文化之间的关联性。术语的国际通用性与术语的民族区域性是同时存在的。

汉语传统语言学名词的系统性、变异性、模糊性和民族性是一个事物的不同方面,在外译时需要综合考虑分别对待,以取得较为妥切的翻译效果。

第四章

汉语传统语言学术语英译情况调查

维斯特指出,在术语研究领域,有几位学者是术语学界当之无愧的学界先驱:德国的阿尔弗雷德·施洛曼(Alfred Schlomann)提出了术语的系统性;瑞士的语言学家索绪尔提出了语言的系统性;俄国的埃内斯特·德列津(Ernest Drezen)提出了术语标准化和国际化。从研究范围来看,上述学者论述了术语研究的三个重要方面:系统性、标准化以及国际化。其中,系统性致力于对术语体系的构建,标准化是对术语使用中变异现象的规范,而国际化则关注术语的使用和传播。尤其是在国际交流活动日益频繁的今天,术语的标准化和国际化问题已经成为世界性的问题。

术语是专家学者开展学术研究活动的基础。其中,术语使用的准确性是专业交流顺畅进行的保证。在跨语言、跨文化的国际性学术交流中,术语的标准化和国际化有赖于译者对术语的准确理解,以及在此基础上提供的、能够反映目标术语内涵与外延的语际对应表达。

辜正坤(1998)通过对中国学术界的十大英语术语汉译情况的分析,指出英语译入术语对中国学术的影响常常具有举足轻重的意义。翻译界在一定程度上确实可以左右学术界,非一世,便一时。最后得出结论是一名之立,可谓影响深远,绝不容小视。

随着我国科学技术的发展,汉源性术语的输出数量在不断增加。但是,由于英语术语在国际学界的绝对强势地位,外来术语的输入数量依然大大超过了汉源性术语的输出数量。因此,外来术语的汉译工作对我国科学技术的发展起着至关重要的作用。在国际专业交流日益频繁的今天,关键词,尤其是英译关键词,成为查检文献的重要索引。学术论文的关键词是表达和揭示科技论文主题内容的提示性词语,通常由重要概念性术语组成。因此,学术论文关键词的翻译,很大程度上是相关领域内术语的翻译。学术论文写作所面向的读者群是专业性群体。这样,作为论文关键词的术语,其英语翻译的准确性、统一性对国际学术成果的交流起着非常重要的作用。

为分析汉语语言学术语的英译情况,我们限定在学术领域最为权威的 CNKI 进行取样分析,对象是汉语语言学相关术语,并观察它们在 CNKI 语言学期刊中作为关键词出现时其英语对应词的翻译情况。

在术语标准的设定方面,我们采用全国名词委公布的《语言学名词》为标准。如果 CNKI 相关论文中作为关键词的术语英译的情况与《语言学名词》相符,我们就认为该术语是规范的,至少是被学界所推介的。如果术语英译的情况与标准不相符,则需要对这种偏差进行分类、描写和分析,找出术语描写过程中出现偏差的主要原因,以期推动汉语语言学术语英译的科学性和规范性。

4.1 CNKI 语言学论文中汉语术语英译相关案例分析

汉语语言学研究历史悠久,成果众多。因此在语料的选择上需要注重典型性和代表性。我们以全国名词委所公布的《语言学名词》"10.训诂学"中"10.01 总论"的术语为分析对象。该部分共包括 13 个术语,大致分为四类:一是训诂学科类术语,包括"训诂学""传统训诂学""现代训诂学""训诂"。二是训诂对象类术语,包括"小学""经学""朴学""雅学""《说文》学"。三是训诂方法类术语,包括"纂集"和"考证"。四是难以归类的"雅言"和"训诂材料"。

从术语本土化的角度考虑,前两类极具典型性,因此我们以其为研究对象。具体操作程序是:以"关键词"为检索参数,以上述 13 个术语为检索项,观察它们在 CNKI 语言学论文中作为论文关键词的英译情况。其中一些术语由于在学科中具有基础地位或重要作用,有较高的出现频率,比如"训诂"与"训诂学"在 CNKI 中的出现频率分别为 511 次和 237 次,我们随机选取了前 100 次分析其英译情况。[①]

[①] 此处提供的数据截止日期是 2020 年 12 月 31 日,下同。

先看"训诂"。在我们的分析中，有 33 例"训诂"的关键词没有提供英译。在其余 51 例中，"训诂"的英译分为音译和非音译型两类。音译数量较少，只有 6 例，其中有 5 例为 Xungu，1 例为 Xun Gu。"训诂"的非音译形式可以归纳为 5 种类型，其中一些类型出现了数目不等的变体形式。具体分布如表 4.1 所示。

表 4.1 "训诂"非音译的译法

代表类型	英语翻译形式及其变体	数量/例
exegesis 类	exegesis	22
	exegesis method	1
	exegetics	6
	exegetical studies	3
	textual exegesis	2
	exegetic	1
	exegetical	1
	exegesis terms	2
	the Chinese exegetics	1
explanation 类	explanation	1
	explaining ancient books	1
	the explanations of words	2
	explanation study	1
	interpretation of ancient language in text	1
	interpretation	1
hermeneutics 类	hermeneutics	1
	hermeneutist	1
	hermeneutic	1
	annotate	1
gloss 类	gloss	8
	glossary	1
其他	Chinese philology	1

表 4.2 是术语"训诂学"的英译形式。"训诂学"在 CNKI 中作为关键词出现了 237 次。在前 100 例中,没有提供英译的有 27 例。"训诂学"的英译形式有 Xunguxue（2 例）与 Xungu Subject（1 例）两类,其余的 70 例为意译,具体分布如表 4.2 所示。

表 4.2 术语"训诂学"意译形式的主要译法

代表类型	英语翻译形式及其变体	数量/例
exegesis 类	exegesis	13
	exegesis of ancient texts	1
	Chinese exegesis	2
	Chinese science of exegesis	1
	studies of exegesis	3
	exegesis study of ancient Chinese	1
	the exegesis of ancient texts	1
	exegesis contents	1
	the study of exegetical	1
	exegetical studies	3
	exegetical annotation	1
exegetics 类	exegetics	13
	(the) Chinese exegetics	4
semantics 类	classical Chinese semantics	1
	Chinese semantic theory	1
explanation 类	critical interpretation of ancient texts	7
	explanation of words in ancient books	3
其他类	scholium	6
	commentariology	1
	historical Chinese lexicology	1
	hemeneutics	2
	philology	2
	etymological study	1

在 CNKI 相关文献中，"传统训诂学"和"现代训诂学"的英译基本上是在"训诂学"的音译形式上进行的拓展。此不赘述。

在 CNKI 中，与中国传统语言文字学的"小学"相关的研究共 22 篇，其中 CNKI 没有提供关键词英译的有 10 篇，其余 12 篇对"小学"的翻译主要分为以下两类。

一是音译形式，分别拼成 Xiao Xue 和 the word "Xiao Xue"，两种译法各有 1 例。

二是译成相应的英语形式。由于日常生活领域的普通语词与科学研究中的学科术语中出现的同形异指情况，有 2 例 primary school 和 elementary school 的译法明显错误，它们所表达的意义与语言学意义上的"小学"完全不同。还有 1 例"Chinese traditional minor study"为硬译，也是错误的。

术语"小学"的其余译法中，除"exegesis study of ancient Chinese"之外，其余的翻译都以 philology 为核心词，包括 philological study/studies（语文学研究）3 例；"the traditional Chinese philology""ancient language philology"以及 philology 各 1 例。可以看出，汉语语言学界普遍倾向于将汉语的"小学"与英语中的 philology（语文学）对应起来，以期达到一种近似的等值。

"雅学"作为关键词在 CNKI 中出现较少，仅有 11 例，提供英文译文的有 5 条，分别是 Erya learn 2 例，余下的 yaxue、study of Erya 以及 the academic of Ya 各 1 例。可见在"雅学"的翻译中，翻译者都认为其核心要素是《尔雅》。这种情况在对"《说文》学"的翻译中同样存在。CNKI 中"《说文》学"的英译共 12 条，其中有 8 例在英译中出现了专名《说文》。

与"雅学"和"《说文》学"的专指性不同，"经学"与"朴学"的指称范围较大。"经学"作为关键词，在 CNKI 中出现 1158 条。我们随机抽取了前 100 条，有 54 例提供了关键词的英译，其中音译有 5 例，余下的 49 例分为以下三种情况。

一是译文的核心成分为"经典"（classic）类，其中 Confucian classics（儒家经典）14 例，classics（经典）4 例。

二是译文核心要素为"研究"（study）类，其中以 study of Confucian classics（对儒家经典的研究）最多，共有 17 例，余者分别为 Confucian classic studies（3 例）、study of/about the classics（4 例）、classic(al) study（3 例）以及 study of Confucian canons（1 例）。

其他类共有 3 例，分别为 confucianism、Confucian 和 neoconfucianism。

"朴学"作为关键词，在 CNKI 中出现了 71 次，提供英文翻译的有 37 例。这一术语的翻译结果非常分散，具体如下：Pu Xue 7 例；Textology 4 例；Pu school 3 例；Pu learning 3 例；the natural philology（Pu Xue）2 例；factualistic scholarship 2 例；sinology 2 例；其余的 Pu Xue research、Pu theory、the doctrine of textual criticism、trend of thought of PuXue、simplicity、plain learning、classics、philology、real learning、textual criticism、Chinese philology、textual studies、down-to-earth learning、down to earth 各 1 例。

显然，汉语学界对小学中训诂学术语的翻译，出现了莫衷一是的混杂局面。这首先有违普通术语学研究中所提倡的"一个能指对应一个所指"的术语单一性要求。如果从描写术语学的角度分析，我们会发现上述训诂学术语的译出形式有很多属于讹误，也无法全部归入术语变体的范畴。

"小学"相关术语译出的混乱状况与下列因素有关。

第一，语言间的差异性。汉源术语是对汉语语言系统相关情况的概括，具有较强的地域性和民族性特征，其中的一部分甚至会成为文化负载词，在异族语言中形成词汇空缺，不存在相应的语际对应性术语，从而增加了翻译的难度。

第二，术语使用者学术素养的差异。即使在存在语际对应词的情况下，由于使用者对术语的理解、使用的不同，再加上翻译水平的差异，术语的外语也会出现不同的翻译形式。甚至同一个研究者对同一概念的术语使用，同一个译者对同一术语的翻译，有时也会出现前后不一致的情况。

第三，术语使用规范的缺位。目前，汉源语言学术语的规范化工作刚刚起步，相应的标准也远未完善。

4.2　汉语传统语言学术语英译中的主要问题分析

4.2.1　汉语传统语言学术语英译的准确性欠缺

术语翻译的科学性要求准确、严格地反映术语的本质属性。因此，术语翻译的准确性要求对译入术语和译出术语都适用（姜望琪，2005，2010）。

在我们所考察的汉语语言学术语中，几乎每个术语的英译形式中都存在着翻译错误的情况，如相当多的研究者把术语"训诂"译为 exegetical（评释的）和 exegetic（解经的）。但是，exegetical 和 exegetic 的词类都为形容词。在通常情况下，各学科的术语以名词居多，"训诂"也同样是一个名词，因此源术语"训诂"与译出形式 exegetical 和 exegetic 在语法功能上不匹配。

同样，"小学"的英译也出现了非常明显的错误，有 2 例把指称"文字、音韵、训诂"的"小学"直接错译为指称"对少年儿童实施初等教育的学校"的英语对应形式 primary school 和 elementary school。

根据调查对象英译情况进行的分析，术语"训诂""训诂学""小学""雅学""《说文》学""经学""朴学"的英译形式中，翻译明显错误的比例分别为 7.0%、1.4%、25.0%、60.0%、8.0%、2.1%和 19.4%，其中尤以"雅学"的翻译，错误比例最高。

4.2.2 汉语传统语言学术语英译的信息量缺损

作为文献关键词的术语是科技交流过程中信息承载量巨大的胶囊化语言单位，术语所内含的信息量巨大。在英译过程中，译出单位与译入单位的信息量在原则上应该是均等的。在我们的个案分析中，对汉语术语采取音译法进行翻译，实际上往往产生了信息缺损或有效信息完全消失。在"训诂""训诂学""小学""雅学""《说文》学""经学""朴学"的翻译中，我们对统计数据库中的音译现象进行了统计,音译占总翻译项的比例显著不同，比例分别为"训诂"（11.0%）、"训诂学"（4.0%）、"小学"（17.0%）、"雅学"（100.0%）、"《说文》学"（67.0%）、"经学"（9.0%）和"朴学"（22.6%）。在大部分汉语语言学术语没有被国际学界普遍认同或理解的情况下，涉及汉语本土化概念的音译充其量只是一种语音形式的表述，基本上都没有承载足够的语义信息。

4.2.3 英汉术语翻译"对等词"的跨语言非对应性

通常来说，术语的英译总是伴随着术语国际化要求。总体来看，汉语学界倾向于将一部分汉语术语同西方的某些符号建立对应关系，"小学"与

philology（语文学）的对应即属于此类。

郑述谱（2012b）指出：philology 在英国大致相当于比较语文学，这种意义在德语中被称为比较语言学。在德国，语文学一般是指关于文学作品的学术研究，更为一般化的用法是指利用文学文献研究文化和文明。

可见，philology 即使在欧美国家内部其所指也有明确的地域性特点。在我国，"小学"指包括文字、音韵和训诂在内的传统的中国语言文字学，与 philology 的所指并不等同。同样，术语"训诂"的翻译以 exegesis 居多，共 39 例。在《简明牛津英语词典》中，exegesis 的解释为 "critical explanation or interpretation of a text, especially of scripture"（注释；诠释，尤指对《圣经》的诠释）。按照全国名词委《语言学名词》中的解释：训诂指的是用语言解释中国古代文献语言的工作及这种工作所产生的成果。可见 exegesis 与"训诂学"的共性成分在于 "explanation or interpretation of a text"，这是二者重合的部分，但差异之处也很明显：前者通常用于对《圣经》的诠释，而后者的诠释对象是古汉语文献。可见二者在搭配范围上并不完全一致。

同样的还有 gloss 和 hermeneutics。gloss 表示的是"页边或行间的注释词；注解"；hermeneutics 的意思为"解释学，阐释学，尤指对《圣经》的诠释，也指对文学作品的现代阐释学"。可见，"训诂"作为汉语本土术语，与英语中的相关语词之间形成错合式对应，基本上没有完全对应的情况。在"训诂""训诂学""小学""雅学""《说文》学""经学""朴学"的翻译中，语言间的非对应性情况比较普遍，其非对应性比例分别为 93.0%、98.7%、75.0%、40.0%、91.7%、97.8%和 80.6%。

4.2.4 汉语术语英译系统内部的区分度

胡叶和魏向清（2014）认为，作为单个术语汇集的术语系统包括三个层级，即术语的概念系统、术语的符号系统以及术语的文化系统。

术语学的命名具有很强的系统性。也就是说，在一个术语集合内部，相关术语个体相互联系，又彼此区别，借此确立它们在系统中的位置以及所担负的功能。侯国金（2009，2011）提出了术语翻译中的系统可辨性原则，认为在翻译过程中需要考虑同级术语、上下位术语以及相关、相通、相反和类似术语之间的可辨性。从我们的个案分析可以看出，一些相关或相近术语的英译在区分度方面存在问题，比如"训诂"与"训诂学"。按照《语言学名词》的解释，"训诂学"指的是以历代的训诂材料和训诂工作为研究对象的学科。明显可以看出，"训诂"与"训诂学"之间有很强的相关性，二者的英译应该具有相关性和可比性。"训诂学"中的"学"，表明了其学科地位，这也是"训诂学"与"训诂"的一个重要区分。在对术语"训诂学"的翻译中，有 28 例英文对译形式仍然为 exegesis，这与"训诂"的主导性译法完全相同；还有 10 例英译的核心成分为 explanation，也与"训诂"的英译基本相同。

在"训诂学"的英译中，以 exegetics 为核心的术语翻译共有 17 例。exegetics 在英语中指"解经学"，指对犹太教、基督教《圣经》原义进行的解析和注释，除此之外，国内部分学者将"训诂学"视为语义学的一种，将其英译为 semantics，但数量较少。综合考虑术语的内涵与外延，与中国的训诂学类似的英语术语应该为 scholium，意指对希腊语、拉丁语等古典著作进行的批注、附注以及诠释。

通过以上分析可见，汉语语言学术语翻译中最大的问题是错误率高。术语作为相关研究领域中的基础性单位，科学性是第一位的。在术语翻译中，翻译的准确性也是第一要义。术语翻译的准确性，与翻译者的专业素养和语言素养密切相关，二者能力的提高是一个长期的而且非共性的个体进化过程。

从上述语言学术语外译过程中对音译法与意译法的使用来看，相当一部分学者倾向于为具有明显本土化特点的汉语语言学术语提供音译形式。实际上，一些汉源术语因为自身浓厚的文化内涵，在对外交流中一直采用的是音译形式，比如 yin、yang 和 fengshui 等。但是，术语必然要担负一定的交际功能，交际的根本目的是说话者与受话者之间能够成功地进行交流。因此，我们认为，除非汉语术语表达的内涵已经被学术界普遍理解，否则对相关术语的翻译应该以意译、释译为主，至少也应该是音译和意译结合。意译和释译意味着需要对术语概念进行较为系统的阐释，与单语语文词典中的释义相类似。意译和释译的缺陷在于：译出形式通常较长。在术语翻译之中，意译和释译原则之一是所翻译出的术语在形式上应该尽量简约。综合考虑上述两方面因素，目前较为可行的方法是：给出相关术语的音译或者英语中的近似对等词，这可以满足术语翻译的简洁性。除此之外，在括注中添加相应的修饰、限定成分，力图将汉语术语的内涵与外延精准地展示出来。这既可以对相关术语在术语系统内的关系进行准确定位，显示相关、相近术语间的意义区分度，同时也可以避免术语翻译中的"假朋友"现象。

对于个体而言，在术语的使用与翻译中，只能尽量保证术语的准确性。术语的标准化与规范化需要在国家层面上推进。实际上，在世界范围内，术语的标准化与规范化工作是很多国家语言政策规划的一个重要组成部分，我国也不例外。因此，国家的语言文字机构以及相关研究机构应该承担起汉语术语英译的标准化工作。到目前为止，全国名词委发布了《语言学名词》，提供了基础的语言学术语的英译形式。国内还有一些语言学词典，也提供这方面的信息。但上述规范在对语言学术语的覆盖面上仍有待扩大。但是在已有标准型术语或规范型术语可以使用的情况下，有些相关研究人员并未在其研究成果中使用这些规范型术语。究其原因，可能包括如下几个方面。

第一，或许是《语言学名词》的普及度不高，而且很多的汉语术语没有收录，因此在术语覆盖的全面程度上存在一些问题。

第二，翻译行为总体而言是一种个体行为，翻译者的背景知识和语言能力难以达到较为均衡的一致性水平。

第三，术语描写性与规约性存在一定的非对称性，语言研究中"描写主义"若盛行，"规定主义"的术语规范就可能存在一定困难。

第四，术语的标准化是国家层面的语言规划工作，需要政府的大力推广和引导。

本 章 小 结

术语是对某一专业学科领域内相关科学概念进行高度压缩后形成的用来承载和表达学科概念的符号或符号串。辜正坤（1998）特别强调文本译出的准确性，并提出译文不当容易导致不解、费解、曲解，甚至误导中国学术研究。陈楚祥（1994）认为术语标准化的一个重要特点是其国际性。汉语语言学术语中既包括自源性术语，也包括他源性术语，术语自身的特点决定了其国际化程度必然会呈现出差异。

在翻译实践中，术语翻译问题迭出。"同一物也，同一名也，此书既与彼书异，一书之中，前后又互异，则读者目迷五色，莫知所从。"（梁启超，1984）作为表达专业概念的胶囊化载体，术语的准确性是第一位的。相应地，在翻译过程中，译入术语也应能准确地反映出译出术语的内涵。

由于不同语言之间所具有的共性特征，一些汉语语言学术语与国际学界所指称的概念完全或基本吻合，国际化程度很高，如"词""语素""音节"等。中国语言文字学中还有相当一部分术语是较为典型的汉语术语，很少有完全对应的跨语言的等值术语。因此，这些术语的国际性与本土性冲突较为典型。当它们作为关键词出现在科学文献之中并要翻译为相应的英语对应术语时，国际性与本土性就成为一个连续统的两极。完全的国际性，要求在英语术语中寻找一个相应的语际对应词；而纯粹的本土化，则要求凸显汉语术语在自身系统内的规约性意义。在对这些汉语术语进行英语译出时，国际性与本土性之间的平衡度需要考虑。在学界进行国际学术交流的过程中，必须尽力统一汉语术语的英译，并注意语际间术语翻译的信息等量问题。同时，需要解决术语英译的准确性问题、术语英译的自明性问题、英汉术语翻译"对等词"的非对应性问题和汉语术语英译系统内部的区分度问题等。同时，相关语言规划部门需要进一步发挥自身在术语规范方面的作用。术语的规范并不等同于术语使用的整齐划一，术语变体的存在，在一定程度上是不可避免的，也是合理的。但是，缺乏相应的术语规范，术语的标准化必然会受到影响。

总之，术语的规范化、本土化和国际化问题，其实是学科梳理自身知识体系、与其他学科知识体系建立联系的一个过程（李宇明，2007）。汉语术语英译的标准化、本土化和国际化，需要在尊重翻译学科自身特点的基础上，考虑约定俗成性、文化共通性与特异性以及术语来源多样性，进行综合性规范工作。

第五章

汉语传统语言学名词的翻译方法

术语的规范、统一及翻译问题是各国面临的一个共同问题。从汉语传统语言学名词英译情况的调查可知，在汉语传统语言学名词的翻译方面，存在大量的译出术语不统一的同物异名情况，甚至出现了为数众多的术语翻译讹误。作为中华民族的文化瑰宝，我国汉语语言学术语，尤其是音韵学术语，如何通过适当的翻译方法进行规范统一，以助力于国际学术交流和传播，这个问题值得我国的语言工作者（尤其是具有外语交流能力又对汉语语言学术语不陌生的双语学者）进行研究。

5.1 汉语传统语言学名词的内涵

在术语学研究中，有三个关键词："概念"（concept）、"定义"（definition）和"术语"（terms）。其中，概念是思想的单位，用于组织人们对世界的感知和知识，术语是概念的语言能指（linguistic designation），释义是概念以及用于指称概念的术语之间的桥梁。因此，概念、术语及其释义被认为是术语学理论的基础（Bowker，1996，1997，2002；Bowker & Marshman，2009）。

术语翻译需要关注术语的语义问题。翻译强调以最简形式进行最精确的表达，对源文本的概念分析是为了斟酌、筛选出目标文本中与此相对应的语言表现形式。译者如果能准确地把握源文本术语的概念和定义，就可以对相关术语进行准确概念定位，在此基础上，在将源术语译出时，可以匹配到目标文本中的对等表达，完成等值交换。等值交换意味着翻译者准确了解了源文本术语的内涵，并在保证信息无损传递的同时争取实现形式上的匹配。在这个过程中，所指称的概念需要保持稳定，而且对这个概念的定义也需要保持稳定，这样，源文本和目标文本的翻译才可能近乎等量。

5.1.1　定义还是描写

认识观的存在和逻辑观的存在决定了术语定义的准确性。从表意的精确性来看，术语的定义一般可以分为精准定义和非精准定义。单纯从定义角度来说，精准定义类似逻辑定义，可以提供较为完整的属和种差类别，能够基本揭示事物的本质。非精准定义有时候可以被称为描写定义，具体指称时通过提供被释单位的偶然性特征来区分其他事物。从理论上来说，术语的定义应该是精准定义，这与术语的科学属性是相适应的。但是，由于术语系统是逐步形成的，一些术语必然具有前科学性特点，这在自然科学与人文社会科学术语中都存在，如自然学科对"原子"的认识和人文社会科学中对语音发音特点的描写，如汉语传统语言学中的"喉音"和"齿音"等都是如此。对这一类型的术语，进行精准的逻辑定义有一定的困难。

5.1.2　术语的定义方法

关于术语的定义，学界多有讨论。普通术语学认为，概念的定义包括三种：内涵式定义（intensional definition）、外延式定义（extensional definition）和整体-部分式定义（whole-part definition）。内涵式定义包括一个上位概念（superordinate concept）和若干区别性特征（delimiting characteristics），即亚里士多德在经典范畴论中提出的"属+种差"式逻辑定义。传统上内涵式定义被认为是典型的科学定义（scientific definition）；而外延式定义指的是在属概念（generic concept）或综合概念（comprehensive concept）的释义中，要列举出所有的下位概念（subordinate concept）。整体-部分式定义则注重的是在整体概念的基础上指出其包含的部分。

很显然普通术语学对术语定义的分析，采取的是结构的视角，将术语视为一个独立而封闭的系统，强调在系统内部对概念系统、概念之间的相互关系进行分析和定义。在学科建立伊始，这种研究方法有助于对概念系统进行理想化的、去语境的分析。

但是，术语作为人类认知活动的一个重要组成部分，不可能脱离人类社会和语言系统独立存在。因此，术语学研究的外部视角应运而生，其中比较著名的是社会认知术语学（socio-cognitive terminology），该学派深受认知语言学理论的影响。与亚里士多德的经典范畴论不同，认知语言学的原型范畴论认为：原型范畴表现为一种中心清楚、边缘模糊的梯度性结构。因此，范畴内部成员对范畴的隶属度并不相同。建立在认知语言学理论基础之上的社会认知术语学认为：概念表征呈现为认知模式，表现为一个原型范畴，因而具有典型的原型结构，强调"要么是，要么否"的内涵式逻辑定义不是对术语进行界定的最佳方法。但是，原型释义在理论上是可行的，并且应用到日常交际系统中对普通词汇的界定之中。就术语的定义而言，其适用度较低。

我们认为，从术语的学科属性上看，术语的定义显然属于科学定义的范畴，要求实现对内具有普遍性，对外具有排他性。因此，普通语言学提出的内涵式定义法在术语定义中依然具有主导性。术语作为相应学科系统的基础，具有明显的结构性特点，层级性是系统存在的基本形式。术语的层级性要求在对其进行定义的过程中，同样体现层次性的原则，即下位概念要包含上位概念的基本特征，同时又能与其他的同位概念加以区分。术语的层级性不但包含了上下位的概念，同时也包括了同层的概念，即通常所说的同层分类关系。

在术语定义中，对于范畴内的全体成员，应该贯彻"同场同模式"的原则，这也是术语定义系统性和模板化的保证。

5.1.3 术语的描写

从原型理论的角度分析，术语范畴内部的成员具有不同的范畴隶属度，在范畴中的地位和作用也是不一样的。在早期的普通术语学体系内，术语是对共时层面的科学概念进行规定的产物，其内涵与外延非常清楚，对其进行内涵式定义是可行的。随着术语使用的变异情况的增加，纯粹的规定很难适用于每一个术语。尤其是由于术语系统的历时性特点，一些术语只作为历史概念而存在，而且受时代限制，当时的研究者对这部分概念本来就不是非常清楚，或语焉不详。后来学界又在此基础上进行拓展式研究，并且各家观点也不一致。因此，对这部分术语，学界所做的工作，只能是根据当时的研究成果，进行相对客观的描写。

5.1.4 汉语传统语言学名词的定义与描写

学界对汉语传统语言学名词既有定义，也有描写。但是采用内涵式定义的术语较为少见。内涵式定义举例如下："商量语气"的定义是"用于征求对方意见的语气词"；"然否副词"的定义是"表示应对或否定的副词"；"拼音文字"的定义为"以字母为基本单位的书写系统"等。这些定义大致符合"属+种差"的逻辑定义方法，属于内涵式的界定。

总体来看，描写的成分居多。这与历史性的汉语传统语言学名词的诠释以描写居多有关。以上古汉语为例，通常将3世纪以前的汉语划分为上古汉语，这源于王力对汉语发展史的划分；上古声调，指上古汉语的声调，通常指先秦声调。王力认为上古音分舒音和促音，并分成平上去入四个声调；上古韵部，即古韵，指通过归纳总结先秦时期押韵字而形成的韵部，通常以分析《诗经》的押韵情况来划分上古音的韵部。

在汉语传统语言学名词的翻译中，需要分清定义型的术语与描写型的术语，根据其不同的特点，选择相应的翻译方法。

5.2 汉语传统语言学名词外译的主要方法

如上节所述，在语言学术语相关特点的制约下，整体上说，汉语传统语言学名词的翻译需要注意语言学术语体系对个体的制约性、汉语传统语言学名词译出变体的选择性、汉语传统语言学自身的模糊性、译出形式的相对准确性和汉语传统语言学名词的民族性。上述分析，侧重的是汉语传统语言学名词外译的宏观要求。在术语翻译中，对于每一个词条而言，更为直接的是微观的翻译方法。可以这样说：翻译的宏观要求未必会在每一个术语的翻译中体现出来，有时只是作为背景信息存在；但是，翻译的具体方法却实实在在地必须运用到每一个术语的翻译之中。

翻译理论研究新论迭出，且众说纷纭，莫衷一是。但是，翻译毕竟是一种语言现象，术语的翻译，只是针对特定域的定向式专业翻译，属于翻译活动中的一种类型，因此术语的翻译方法与其他类型的文本翻译大致相同。从语言学维度看，尽管翻译理论五花八门，但翻译方法一直以来都比较稳定，主要包括音译法、意译法、音意兼译法、形译法、创造新词法以及零翻译法等。除去"信达雅"的影响之外,更主要的原因如下:文本翻译中使用的各种方法几乎都脱离不了直译和意译的范围,至少也是直译与意译的变体。译者关注的无非是两个大的方面:形式上,是词的对应、小句的对应还是篇章上的对应;意义上,是语义的对等还是功能的对等。汉语传统语言学名词的外译也同样关注上述两点。

5.2.1 汉语传统语言学名词外译的直译法

直译与意译是翻译中的两种常用方法。直译指既保留原文内容,又保留原文形式的翻译方法。跨语言翻译时,形式与内容的潜在理据性可帮助读者从目标语形式过渡到源语言的概念内容,最终实现对源语言术语的等量信息的交换理解。直译法使用的前提是:在源语言中某语言符号或文本中存在的形式与意义间的匹配关系,在目标语言中也同样存在。

5.2.1.1 汉语传统语言学名词在词层面上的直译

在汉语传统语言学名词的英译中,直译的一个较为常见类型是汉语术语与英语术语之间基本形成意义对应的关系(表 5.1),二者词类一致,所指相同或大致类似。

表 5.1 汉语传统语言学名词与英语对应术语的词词对应

汉语传统语言学名词	英语对应形式
补位	complement
半闭元音	half closed vowel
仂语化	phrasalization
复音化	disyllablization
感喟	exclamation
规范化(语言规范化)	language normalization
量词	classifier

这种源语术语与目的语术语之间的词词对应关系,与相关概念在汉语、

英语术语体系内的高度词汇化相关。同时，也是因为相关术语在一定程度上具有跨语言的普遍性。在人文社会科学范畴的术语翻译中，这种情况并不常见。

需要注意的是，一些提供了词词对应的汉语术语翻译，其实是一种假性的对应，如在"别字"的翻译中，我们发现一种可能的外译形式为 typo。实际上，汉语中的别字，指的是"误写或误读的字，又称'白字'"；而英语中的 typo，意指 a typographical error（印刷上的错误）。二者在所指上是不对等的。这种翻译中的"假朋友"现象，需要特别注意甄别。所以，我们在该名词的翻译中采用的是释义法，将其翻译为"wrongly written or mispronounced character"。

5.2.1.2 汉语传统语言学名词在短语层面上的直译

总体而言，汉语传统语言学名词以名词及名词短语居多，这一点具有跨语言的普遍性。

按照词组内部的结构关系，汉语短语主要分为如下五种基本类型：偏正式短语、动宾式短语、主谓式短语、联合式短语和补充式短语。除此之外，还有连谓式短语、兼语式短语、比况短语、的字短语等。由于术语本身所具有的称名功能以及术语表意的精准性要求，在汉语语言系统中，无论是自然科学还是人文社会科学术语，短语类术语以偏正式结构居多，这应该是因为偏正类结构在形式上已经非常符合经典范畴论中"属+种差"的定义方式。在下面的叙述中，我们将汉语传统语言学中短语类术语分为两类：偏正式与非偏正式，分别分析它们的翻译情况。

1. 偏正式汉语传统语言学名词的直译

偏正结构是一种典型的向心结构，其修饰成分前置，中心语居于短语的末端。按照修饰成分与中心语的关系来看，分为定中类与状中类两种。在汉语语言学术语中，定中式的偏正类短语占绝对优势，这也是本部分重点关注的内容。按照内部词类以及相应成分句法位置的不同，偏正结构的汉语传统语言学名词可以细分为如下子类型。

1）N/V/Adj（P）+N 结构的汉语术语对应于 N+N 结构的英语术语

此类传统语言学术语中包含两个名词成分，前者是修饰成分，后者为中心语。在英译过程中，一部分术语可以采取一一对译的形式进行翻译，即汉语语言学术语的 N/V/Adj（P）+N中结构，其英语对应形式依然是 N/V/Adj（P）+N中结构。具体如表 5.2 所示。

表 5.2　N/V/Adj（P）+N 型汉语术语对应于 N/V/Adj（P）+N 型英语术语

汉语传统语言学名词	英语对应形式
方式副词	manner adverbial
方式修饰	manner modifier
单字词	single character word
单体字	single graph character
纲目句	topic clause
连系式	subject-predicate pattern
名词仂语	noun phrase
容量单位词	capacity unit word
入声字	entering tone character
前附号	pre-root marker
判断句	equational sentence

2）N+N中结构的汉语术语对应于 Adj+N中结构的英语术语

汉语属于典型的意合型语言，词类与句子成分之间并不具有一一对应的关系，这一点与作为形合语言的英语具有明显差异。20 世纪汉语语言学界关于汉语词类的大讨论说明了汉语词类问题的复杂性。由于汉语词类与句法成分之间具有的一对多关系，因此，一些 N/V/Adj（P）+N 型结构的汉语术语转化成英语目的语之后，就变成 M（modifier）+N中结构形式。具体如表 5.3 所示。

表 5.3　N/V/Adj（P）+N 型 N+N中汉语术语对应于 M+N 结构的英语术语

汉语传统语言学名词	英语对应形式
概念范畴	conceptual category
汉语标准语	standard Chinese language
名词复数	plural noun
被动式	passive form
意译	non-literal translation; free translation

续表

汉语传统语言学名词	英语对应形式
处所介词	locative preposition
仂语结构	phrasal structure
过程音	gliding vowel
别义	other (lexical) meaning
传统语言学	traditional philology
传统音韵学	traditional Chinese phonology
惯用音	customary pronunciation
绘景词	picturesque word
假设连词	hypothetical conjunction
交互代词	reciprocal pronoun
诘问副词	interrogative adverbial
解释句	causal sentence
辅音韵	consonant-based rhyme
双拼法	double spelling orthography
一声之转	one initial transfer
紧缩音	compressive complex consonant
描写性仂语	descriptive phrase

3）N/V/Adj（P）+N中结构的汉语术语对应于 N中+M 结构的英语术语

汉语短语的偏正结构总是中心语置后，这与汉语的修饰语前置特点紧密相关。在英语语言系统中，简单的修饰语可以位于中心语的前面，但是复杂的定语通常是置于中心语的后面。因此，一部分 N/V/Adj（P）+N中结构的汉语术语在翻译成英语之后在句法位置上出现了微调，变成了 N中+M 结构。但是后置部分与中心语之间的语法关系并没有改变，如表 5.4 所示。

表 5.4　N/V/Adj（P）+N中结构的汉语术语对应于 N中+M 结构的英语术语

汉语传统语言学名词	英语对应形式
清音字	character with a voiceless initial

续表

汉语传统语言学名词	英语对应形式
包孕谓语	inclusion of predicates/sentence with a clause
界音法	demarcation of adjacent pronunciation
匣喻互用	cross-usage of sinigraphic spelling between groups of Xia and Yu
为动	verb denoting the recipient or goal of an action
散动	serial verbs after first predicate
刀笔文字	engraved writing with a knife as a pen
双声假借	phonological borrowing of alliterated character

从上述分析可见，偏正式的汉语传统语言学名词，其直译形式依然对应的是偏正式，只不过因为英语语法结构的特点，其修饰或限定性成分出现了前置与后置两类。

2. 非偏正式汉语传统语言学名词的直译

在汉语传统语言学名词的翻译中，非偏正式的模式具有较为独特的翻译特点。偏正式模式翻译时有主次之分，而非偏正式模式翻译时则突显的是汉语之间的联合关系（如侈弇、尖团字、清浊、骈俪等）、主谓关系（如代词复指、单音成义、异平同入）或动宾关系（审音），如表 5.5 所示。

表 5.5 非偏正式汉语传统语言学名词的英译形式

汉语传统语言学名词（非偏正结构）	语法结构类型	对应的英语翻译
侈弇	联合式	(of mouth) open or closed
尖团字	联合式	sharp and round initials
清浊	联合式	voiceless and voiced consonant
骈俪	联合式	antithetical parallelism
代词复指	主谓式	apposition pronoun
单音成义	主谓式	monosyllabic morpheme; single syllable with a definite meaning
异平同入	主谓式	same entering tone shared by different level or even tones
审音	动宾	phonetic identification for heteronym pronunciation

从表 5.5 可见，非偏正类汉语传统语言学名词的直译形式，仍然是以英语偏正类结构形式居多，这是由英语术语自身的特点决定的。研究者（Lieber, 1983；Daille, et al., 1996）对英语双词术语（English two-word terms）的结构进行分析，指出其最常见的形式包括三种：形+名（A+N）、名+名（N_1+N_2）和名+介词+名（N_1+P+N_2）三种，这三种形式都属于偏正式结构。

5.2.1.3　汉语传统语言学名词的音译

术语的音译，指按照源语术语的实际发音情况，将其用目的语语言符号进行转写。音译是直译翻译法中比较极端的情况。汉语中的"阴""阳""道"，因为具有极为丰富的内涵，在英译中直接转写为 yin、yang 和 tao。玄奘在佛经翻译中，提出了著名的"五不翻原则"，强调在五种情况下应该使用音译的方法，以保证佛经中相关术语的准确内涵不被曲解。也就是说，音译法在某种意义上是通过形式的转写保证了语义内容的稳固性，这也被视为音译法的一个长处。

从国际交流的角度看，音译法有时比意译法更便于国际交流中术语的直接对接与歧义的消解。杨枕旦（2001c）谈到了地质学术语 karst 的译名几经反复的过程。在 1966 年前，我国地质学界一直使用的音译形式的译名"喀斯特"，1966 年以后译名改为意译形式的"岩溶"。之后全国自然科学名词审定委员会（即现在的全国名词委）为之正名，重新启用音译译名"喀斯特"。杨枕旦认为，英语术语的音译形式便于与国际接轨。karst 作为国际通用术语，其法语形式与英语形式相同，德语与俄语形式分别是 Karst 和 Kapct。也就是说，在世界上主要的表音文字系统中，karst 的书写形式、发音高度相同。因此，国际通用的专业术语，翻译成汉语时如果采用音译法，至少在发音上可以与源术语保持较高程度的一致性。

我们认为，对音译法的优劣判断，与判断的参数有关。从翻译的目的看，如果目的是在世界范围内推介本族中特有的社会语言文化现象，则其输出形式应偏向于异化，以彰显自身的特点。从用户友善的视角看，译文的可读性和读者的接受视野是语际翻译是否成功的关键因素。为了清晰地为读者解释相关概念，则应采取归化型翻译。音译法属于典型的异化翻译，运用适宜，有助于传播源术语的民族文化特性；运用失当，可能会导致术语翻译在信息量上的严重缺损。

汉语传统语言学术语的英译中也有完全音译的例子，如"拼音"（Pinyin）、"广东话"（Cantonese）。实际上，Pinyin、Cantonese 在国际用户中的接受度非常高，并且进入了英语词汇系统之中。在《朗文当代英语词典》（*Longman Dictionary of Contemporary English*，*LDOCE*）[1]中，Pinyin 和 Cantonese 被收录且释义分别如下"a system of writing the Chinese language in the Roman alphabet officially recognized in China since 1958 and used in Western newspapers and other public documents"[2]；"a Chinese language spoken in Southern China and Hong Kong"[3]。"拼音"和"广东话"属于汉语语言学术语中的基本词汇，使用频率较高，是构成其他相关术语的基础词汇，也是理解其他相关术语的概念基础。这样的基础性术语所指称的概念是相关学科领域的基础概念，被中外学界所理解和掌握的可能性较大，其音译形式简约且语义丰富，因此有可能作为词汇化单位被学界接受，甚至进入译入语言的术语体系之中。

从术语系统内部成员之间的地位来看，一些术语属于核心词汇，大部分术语属于一般词汇甚至是边缘词汇。对后者而言，音译法会导致术语翻译的无效，如"读破"[4]常用于指称对一个字采用非常规读音这种现象。在"恶恶臭（wù è xiù），好好色（hào hǎo sè）"中，"恶（wù）、好（hào）"发生了读破。恶（wù）发生了音的变化，从形容词变成了动词；好（hào）发生了音调的变化，也从形容词变成了动词。从 CNKI 的搜索结果表明："读破"的外译形式是 dupo。对这种译出形式，恐怕只有熟谙音韵学术语的学者才有可能（但未必一定）看得懂；如果能看得懂，依靠的也是以母语形式储存的专业背景知识，与译文无关。我们在翻译"读破"时则采用释义方法，让外译过程中承载的信息量尽可能增大，其翻译项为"change meaning by change pronunciation"。

伯特兰·罗素（Bertrand Russell）（Russell，1950）对此认为："没人明

---

[1] https://www.ldoceonline.com/.
[2] https://www.ldoceonline.com/dictionary/pinyin.
[3] https://www.ldoceonline.com/dictionary/cantonese.
[4] 在术语在线中，"读破"的规范用语为"破读"，此处采用"读破"是为了与后面的"读如""读若"进行系统性翻译对比。

白 cheese 这个词是什么意思，除非他跟 cheese 有过非语言的接触。"[①]

由此可见，一些通用性程度较高的汉语语言学术语可以采用音译方法；而对于通用度不高甚至是极低的语言学术语，音译仅提供了形式上的对应关系，所承载的内部信息基本缺失。

5.2.1.4 汉语传统语言学名词的零翻译

在现代社会中，由于科技的高速发展，信息量增加的速度加快，新兴术语日益增多。但是，"一名之立，旬月踟蹰"，短时间内术语持续性地大量出现，使得国内学界甚至来不及提供合适的汉语译名。另外，普通社会成员文化程度普遍提高，外语能力明显增强，因此出现了科技术语翻译的"零翻译"，即大量的以首字母缩略语形式出现的外源科技术语，以原语码形式出现在科技文献甚至是日常交际领域之中，比如 DNA、PVC、CBD、PM$_{2.5}$、PS、SOHO 等。从严格意义上来说，在汉语语篇中嵌入英语词汇是一种语码混合，不能算是严格意义上的翻译。但不可置疑的是，这种零翻译形式确实是当代社会中术语传播的新形式，其优点在于：这种零翻译形式避免了翻译过程中可能产生的错译，避免了因为翻译不当问题而导致的术语信息量的非等值性，保证了术语的原创性和国际通用性，也保证了术语概念的精确性，降低了国际交流中较为常见的意义不等值现象。但是，零翻译形式要求相关概念具有极高的国际流通度，否则其信息量会出现趋零的信息空位现象。

目前字母词多出现在科技、商业领域的交流之中，在语言学术语的翻译中数量较少。目前被语言学界较广泛使用的、接受度较高的字母词形式包括 N、V、Vt、Vi、NP、VP 等，这些词汇本来源自英语，在英语作为第二语言的教学中为基本单位，随着英语在世界范围内的强势传播，其国际接受度也非常高。字母词首先是作为异质性语言成分进入汉语语言系统之中，然后因为极高的使用频率和接受度被汉语学界所接受，因此，汉源性的传统语言学术语到目前为止不可能大面积以字母词或拼音的形式出现。

[①] "No one can understand the word 'cheese' unless he has a nonlinguistic acquaintance with cheese." (Bertrand Russell's words, quoted by Jakobsón), http://courses.logos.it/EN/1_13.html.

5.2.2 汉语传统语言学名词外译的释译法

在《中国文学小史序论》中,钱锺书通过示例的方法,诠释了"译释并举"的古典文论翻译方法。钱锺书指出,中国古代文类中的"体"大致相当于英语中的 style,强调的是内容;而汉语中的"品",大致对应英语中的 genre,关注的是体裁。钱锺书认为司空图《诗品》之"品"的英语表达式应该是 style 而不是 genre。钱锺书的"诠释并举",类似于中西近义义位辨析,虽然失之过繁,但其外译结果无疑较为准确地涵盖了汉源性文学术语的准确内涵。

王东风(1997a,1997b)针对文化缺省现象,提出五种翻译方法,分别是文外作注、文内明示、归化、删除、硬译。王东风主张使用前两种方法进行翻译。虽然王东风的上述观点针对的是文学翻译,但对术语翻译同样具有启发性。

术语翻译是力求实现从源文本到目标文本的等量信息交换过程。从传播的角度看,术语翻译的目的是让读者了解源文本术语的内涵,在保证内容无损传递的同时争取实现形式上的匹配。因此,术语的翻译需要关注术语所表征的概念,并通过适当的目的语形式予以表示。这个过程中,所指称的概念及对此概念的定义需要保持不变,源文本和目标文本的内容才可能近乎等量。术语翻译的信息等值需要满足两个条件:第一,对术语的内涵与外延进行充分的了解和准确的把握;第二,在充分掌握术语所指称概念的基础上以及有效的翻译策略指导下,采用合适的方法对相关术语进行形式上的匹配。

如前所述,在汉语传统语言学名词中,相当一部分术语因为自身的前科学性特点,只能用描写的方法进行定义,如前面提到的"上古声母""上古韵部""上古声调"等。从交际的角度看,成功的交际需要双方享有共同的背景知识或语用前提,但是,由于汉语传统语言学名词指称内容所具有的历史特征,国内普通读者通常也不会拥有这方面的背景知识,外国人更是如此。因此,对这类语言学术语的翻译,只能以释译为主,用目的语中相对中性的术语表达出来,从而解决两种语言的语言学术语系统缺少确切对等词的问题,也能让目的语读者更好地理解源术语的准确含义。这种做法的缺陷是:释文较为冗长,可读性较差,但读者的可理解程度则相应提高。

直译与释译属于翻译中的两个极点：其中，音译保持了术语的形式而丧失了内涵，释译最大限度传达了内涵而降低了形式。以"空语类的潜主语"（hidden subject in empty category）为例，其内涵为在形式上不出现的主语，类似英语空语类中隐去的主语，如"刮风了"中存在潜主语"天"。在英语中，这种情况下总是需要出现形式主语，这是英语作为"形合型"语言与汉语作为"意合型"语言的一个不同。因为术语之间的语际非对应关系，作为非汉语本族语的读者不可能具有相应的背景知识，因此其英译形式需要进行释译。类似的情况在汉语传统语言学名词的对外译介中较为常见。

5.2.3 汉语传统语言学名词外译的创译法

翻译创造（transcreation）由翻译（translation）和创造（creation）组合而成，是翻译的一种，强调的是译者在翻译过程中的自主创造性。印度的梵语学家在1957年使用transcreation一词，用以描述他在将古典印度戏剧翻译成英语的过程中对原著进行的充实丰富的翻译行为。1969年，巴西诗人哈罗德·德·坎波斯（Haroldo de Campos）使用术语"翻译创造"描写在语音、语素、句法层面提供对应形式，以达到"最佳当代诗歌与现有的本土传统"相结合的目的。可见，翻译创造开始只用于文学创作之中。21世纪初期关于翻译创造的研究主要集中在游戏的本土化（the localization of games）方面（参见Mangiron & O'Hagan，2006），进而蔓延到商业领域，如市场营销和广告之中，很少有学者尝试关注并研究翻译创造在非文学领域内的应用。

其实，在我国明末清初的自然科学术语汉译中，翻译创造已经出现并取得了良好的效果。英国传教士傅兰雅在1871年《化学鉴原》的翻译中，与清末科学家兼翻译家徐寿合作，将化学元素的拉丁语读音与汉字巧妙地进行结合，首创了以元素英文名的第一音节或次音节译为汉字再加偏旁以区分化学元素所属类别的方法，巧妙地将元素英文名组合成为兼表意音的新的形声字，如氢、氧、硒、碘、钠、锂等，还包括金、银、铜、铁、铅、锡、汞、硫、磷、碳等。这些元素译名原则不仅能对已知的元素拟定合理的译名，而且为后来拟译新发现的元素译名提供了如法炮制的规范。

在汉语传统语言学名词的对外译介中，翻译创造的情况时有所见。与傅兰雅通过创造新的汉字表征自然科学术语相类似，在汉语传统语言学名词的外译中，有时会通过构成新词的方法形成新的术语。下面举例说明。

在中国传统的语文学研究中，"文字学""音韵学""训诂学"是三个非常重要的分支。周流溪（2000，2015）对三者的英译分别为 graphetics、phonemics 和 exegetics。-ics 是英语词汇系统中的一个极为能产的后缀，多见于专业术语中。在《朗文当代英语词典》中[①]，-ics 的释义如下。

> the scientific study or use of something;
> the actions typically done by someone with particular skills;
> used to make nouns out of words ending in -ical or -ic.

graphetics、phonemics 和 exegetics 这三个术语作为后起的派生词，其根词分别为 grapheme、phoneme 和 exegesis。可以看出，graphetics、phonemics 和 exegetics 三个英译形式，都是根据英语派生词的构词规则形成的新的术语。不过，派生词与根词之间具有语义上的继承性，因此这种创新翻译法也会受到根词意义的影响，并在一定程度上脱离术语的本义。exegetics 的根词 exegesis 表示 "a detailed explanation of a piece of writing, especially a religious piece of writing"[②]，即"解释，注释，尤指对宗教经文的解释"。中国的传统语言学术语"训诂"，也表示对词义进行的注释，这是二者的相同之处。但是，汉语传统语言学名词中的"训诂"，包括两方面的含义，一是用现代语言解释古代语言单位，二是指用通用语解释方言，适用范围要大于英语中的 exegesis。

同样的情况也出现在"文字学"的英译中。周流溪（2000，2015）指出，graphetics 指西方文字中的正字法研究，属于文字标准化的范畴。传统的"文字学"，指的是以许慎的《说文解字》为代表的、探求汉字造字理据的文字形体与意义研究。因此，用 graphetics 作为"文字学"的译名不可避免要损失该汉语传统语言学名词的一部分固有的含义。

在汉语传统语言学名词的翻译中，翻译创造的难度最大，对译者的双语能力和语言学素养都提出了极高的要求。因此，使用这种翻译方法进行外译的汉语语言学术语的数量也非常少。

---

① https://www.ldoceonline.com/dictionary/ics.

② https://www.ldoceonline.com/dictionary/exegesis.

本 章 小 结

　　本章主要讨论汉语传统语言学名词的翻译问题。我们认为，对汉语传统语言学名词的翻译，应该充分考虑汉语传统语言学名词自身的特点，在此基础上进行差异化的翻译。对汉语传统语言学而言，需要考虑目标译出单位是国际化程度突出还是本土化程度突出。对于前者，直译是一种较为理想的方法，可以把汉语语言学术语直接翻译为英语中相对应的语言学术语，表达形式具有透明性特点，容易被读者接受和理解，达到信息大致对应的目的。对于后者，由于其自身所具有的历时性与民族文化性特征，在翻译过程中，需要将相关语言学术语背后所蕴含的背景知识显性化，边释边译是一种较为理想的方法。这种翻译结果内容丰富，可以保证术语基本内容的充分性，弥补翻译过程中出现的信息缺损。但是，此类翻译形式上较为复杂，篇幅冗长，读者的接受和理解难度相应地增加。

　　从丰俭度来看，汉语传统语言学名词的翻译无非有两种可能的趋势：趋繁和尚简。趋繁的典型代表是深度翻译法。夸梅·阿皮亚（Kwame Appiah）（Appiah, 1993）认为通过注释和伴随的注解可将文本置于一个丰富的文化和语言的语境中。通过提供大量阐释性的背景信息，可以提供待解信息的清晰度。尚简的代表是直译，最典型的例子是音译。这两种情况在汉语传统语言学名词的翻译中都有所体现。

　　我们认为，为了更好地表达汉源语言术语的概念，在翻译中可以取"繁"与"简"的中间地带，即在保持其核心内容的情况下对汉源语言学术语进行适应性调整，使其更适应目标语言的习惯，增强译语术语的理据性和可接受性。

　　除此之外，汉语传统语言学名词翻译的丰俭度也与目标读者群相关。如果目标读者群为语言社团的一般成员，应该尽量提供术语的对等词，帮助他们在两种概念系统之中快速建立大致的联系即可，术语的翻译形式应该趋简；如果目标读者群为专家学者，对相关术语的翻译应以释译为主，以提供所需要的概念框架或概念系统，以此为基础，力求准确地表达源术语真实、准确的内容。

第六章

汉语传统语言学名词机器翻译实例分析

汉语传统语言学名词在翻译中具有先行释义然后才能据此翻译的特性。翻译中的关键词可以由语素、词、词组组成。这些关键词在汉语传统语言学名词翻译中有时可以进行语言构件的排列组合。我们在具体的名词释义中用到了多个数据库内容，具体包括 CNKI 的学术百科、CNKI 工具书总库，以及 CNKI 工具书总库下的语文馆、专业馆、百科馆[1]。

此外，机器翻译实例中，我们参考了四个机器翻译软件[2]，两个来自国外的 GOOGLE 翻译[3]和 DEEPL 翻译[4]，两个来自国内的百度翻译[5]和有道翻译[6]。这种机器翻译系统的选择兼顾了国内外翻译软件的平衡性，可以更好地处理从汉语到英语的翻译项。

英语选词方面，我们参考了《朗文当代英语词典》，以及"英国国家语料库"（British National Corpus，BNC）[7]。

对以上网站和数据库在本书中的贡献，我们在此表示感谢。下面将以机器辅助翻译实例讨论汉语传统语言学名词的英译情况。

---

[1] CNKI 工具书总库原来分为语文馆、专业馆、百科馆，现已更改。

[2] 为体现国外翻译软件和国内翻译软件的不同，我们将国外翻译软件采用英语名称 GOOGLE/DEEPL，而将国内翻译软件采用汉语名称百度/有道。

[3] https://translate.google.cn/.

[4] https://www.deepl.com/zh/translator.

[5] https://fanyi.baidu.com/.

[6] https://fanyi.youdao.com/.

[7] http://www.natcorp.ox.ac.uk/.

6.1 "按"和"按断"的翻译

例如,"按"在翻译时需要先对词源进行相关了解,然后才有可能进行翻译。在《汉典》[①]中,该字的基本字义包括五个:①用手或手指压:～铃。～键。～钮。～脉。～摩。②止住:～捺。～耐。～压。③依照:～照。～理。～例。～说。～质论价。④考查,研求:～验(审查验证)。～察(稽查审察)。⑤(编者、作者等)在正文之外所加的说明或论断:～语。编者～。

在我们所使用的传统语言学术语库中,该字的翻译是源自"按断"的理解,即论据在前,结论在后。如果出现在诗句中的话,可以有两种形式,一种是当句即按断的形式,另外一种是双句按断的形式。

唐代杜甫作《暮秋将归秦,留别湖南幕府亲友》:"水阔苍梧野,天高白帝秋。途穷那免哭,身老不禁愁。"在"途穷那免哭"中,"途穷"是论据,"那免哭"是结果。这样,就形成了当句先按后断的形式。

唐代杜荀鹤作《春宫怨》:"早被婵娟误,欲妆临镜慵。承恩不在貌,教妾若为容。"在"承恩不在貌,教妾若为容"中,上句是论据,下句是结果。意思是既然能不能得到恩宠与容貌没有关系,那我打扮又有什么用处呢?上句陈述理由形成"按",下句得出结论形成"断"。这就是双句按断。

通过分析可以知道,采用的"按"字义应该近似于英语的 inference,在《朗文当代英语词典》[②]中,"按"意思为: something that you think is true, based on information that you have; draw/make inferences (about/from something)。"断"的意思为: an opinion that you form, especially after thinking carefully about something。"按断"的翻译可为"inference and judgment","按"的翻译是 inference。

为保证翻译的准确性和对应性,我们将翻译结果进行机器翻译回溯。翻译软件采用目前使用频率较高的四个:国外的采用 GOOGLE 翻译和 DEEPL

---

① https://www.zdic.net/hans/%E6%8C%89.

② https://www.ldoceonline.com/dictionary/inference.

翻译，国内的采用百度翻译和有道翻译。"inference and judgment"的回溯翻译结果为：①GOOGLE 翻译：推理和判断；②DEEPL 翻译：推理和判断、推断和判断、推论和判断；③百度翻译：推理和判断；④有道翻译：推理和判断。

从回溯结果来看，翻译软件获得了较为一致的结果。"按断"中的"按"是依据、参考、推理的意思，"断"为判断、决定的意思，形成了论据在前、结论在后的模式。所以，将汉语"按断"翻译为"inference and judgment"是合适的。

由于古汉语的特殊性，很多机器翻译软件无法直接得到翻译结果，所以，翻译者需要具有基本的译前知识，机器翻译也只能作为辅助工具使用。例如，如果采用机器翻译直接翻译"按断"，则得到如下结果。①GOOGLE 翻译：press off；②DEEPL 翻译：press break、press the break、press to break；③百度翻译：press break；④有道翻译：according to the fault。

机器翻译提供的结果与我们对"按断"（inference and judgment）的理解差异较大。这也说明，机器翻译只能对知识库中的内容进行对应性翻译。对于古汉语知识，很多机器翻译软件没有知识储备，所以，翻译结果与实际含义相去甚远。只有在知识支撑下的机器翻译，才可能对翻译起到辅助作用。

6.2 "白话"相关项的翻译

我们所使用的传统语言学术语库中收录了三个与白话相关的名词，分别是白话文、白话系、白话音。白话是最核心的名词。对这四个名词的解释如下。

白话是相对于传统文言文而言的，通常采用接近北方话口语的形式。在书面语文言文与口语严重脱节的唐代,这种记录口语的书面语得到极大发展。这种形式简单易懂、朗朗上口、流传极广。

白话文成为主流是在五四时期之后，并逐渐成为人们普遍使用的现代汉语的书面语。白话文就是用这种形式写成的文章，言文一致，所以也叫语体文。从这个解释可以看出，白话文由于被主流社会所接受，由口语形式过渡到了书面语形式。

白话系又称"粤音系"（Cantonese phonology），即粤语音系，使用地域范围主要出现在广东大部和广西南部，具有明显的无浊音、有韵尾和声调等地域方言特征。

白话音是相对于"文言音"而言的，白话音是没有受到官话影响或文言音影响的口语语音。

从以上对白话、白话文、白话系、白话音的释义可以看出，在我们所使用的传统语言学术语库术语系统中这四个名词具有区别性特征。在具体翻译时，也要有区别性的表现形式进行对应。在进行翻译之前，需要对具体的释义有所了解。

《汉典》对白话有较为明确的解释：①指唐宋以来非常接近口语的一种书面语，如白话小说、白话诗等。②谎话、空话，如空口说白话。③〈方〉：闲谈，如扯白话。④〈方〉：粤语。①

百度百科对白话的解释为：白话，粤语词汇。以粤语为母语的广东人和广西人多把粤语称为白话。②

从以上的分析可以看出，白话的核心意义是口语形式。所以，我们在翻译时需要将这种意义体现出来。请见机器翻译中对白话的翻译处理和回译（表 6.1）。

表 6.1　四个翻译软件对"白话"的机器翻译和回译结果

翻译软件	名词	英译	回译
GOOGLE	白话	vernacular	白话
DEEPL	白话	vernacular	白话，白话文，白话语，土话
		vernacular language	口语，白话文，白话语，白话语言
		spoken language	口语，白话，语音语言，白话文
百度	白话	vernacular	白话
		the written form of modern Chinese	现代汉语的书面形式
		empty promise	空洞的承诺
		groundless talk	空谈，白话

---

① https://www.zdic.net/hans/%E7%99%BD%E8%AF%9D.

② https://baike.baidu.com/item/%E7%99%BD%E8%AF%9D/7371975.

第六章　汉语传统语言学名词机器翻译实例分析　　97

续表

翻译软件	名词	英译	回译
有道	白话	vernacular	方言，本地话
		the written form of modern Chinese	现代汉语的书面形式，汉语白话
		empty promise	空的承诺，假意的允诺，无诚意的许诺
		groundless talk	毫无根据的言论，流言蜚语，风风雨雨

从表 6.1 的翻译可以看出，国外的两个翻译软件没有涉及"白话"的第二个义项（谎话、空话）、第三个义项（闲谈）和第四个义项（粤语）。国内的两个翻译软件涉及的义项比较全面。根据我们所使用的传统语言学术语库的适应性分析可知，此处的"白话"不涉及这三个义项，主要讨论的是相对于传统文言文而言的、接近北方话口语的形式。所以，百度和有道的后三个翻译项不作为我们的翻译备选项。这样，我们就可以得到 GOOGLE、DEEPL、百度和有道比较聚焦的 vernacular 译项。所以，通过机器翻译的交叉检索可以初步确定"白话"的翻译为 vernacular。

我国的术语审定权威机构是全国名词委，其推出的术语在线具有审定的权威性。我们在初步确定了"白话—vernacular"的翻译对之后，还要检索一下是否符合国家标准化规定。

在术语在线[①]中，没有出现"白话"词条，但是提供了"土话—aboriginal vernacular""粤北土话—Northern Yue Vernacular Cluster""地方话—local dialect""本地话—vernacular"等词条。

从术语在线的词条翻译可以看出，vernacular 的核心意义是相对于传统文言文而言的，并接近北方话口语的形式。这说明我们初步确定的"白话—vernacular"翻译对是符合术语在线相关词条核心意义的。确定了翻译对的释义标准模式之后，还需要进入英语国家母语词典，验证一下 vernacular 的陪义和色彩意义是否适合作为"白话"的翻译项。

在《朗文当代英语词典》中，vernacular 的核心释义为 a form of a language that ordinary people use, especially one that is not the official language[②]。这种释

---

① https://www.termonline.cn/search?k=%E7%99%BD%E8%AF%9D&r=1656757632631.

② https://www.ldoceonline.com/dictionary/vernacular.

义与我们的"白话"释义具有对应性。

所以,将"白话"翻译为 vernacular 是符合汉语释义、英语释义以及基于统计的机器翻译结果的较好选项。

"白话"的翻译确定之后,再来看"白话文"的翻译。

《汉典》对"白话文"的解释为:用白话写成的文章——用于指五四运动以后至 1949 年[①]。

《汉典》还提供了"白话文"的英语翻译项为 writing in vernacular Chinese。

总之,白话文出现在书面语文言文与口语严重脱节的唐代,这种记录口语的书面语得到极大发展。这种形式简单易懂、朗朗上口、流传极广,随着五四时期的到来,白话文形式成为主流。"白话文"的机器翻译及回译结果如表 6.2 所示。

表 6.2 四个翻译软件对"白话文"的机器翻译及回译结果

翻译软件	名词	英译	回译
GOOGLE	白话文	vernacular	白话
DEEPL	白话文	vernacular language	口语,白话文,白话语,白话语言
百度	白话文	writings in vernacular	白话文
		vernacular prose	白话文
		writings in the vernacular	白话文
有道	白话文	vernacular Chinese	中国方言
		writings in the vernacular	白话文

从表 6.2 可以看出,GOOGLE 对"白话"和"白话文"均采用了翻译项 vernacular,这与我们要求"白话"和"白话文"应具有不同翻译形式的条件不符合。GOOGLE 中的自验证效果比较差,"白话文"翻译成 vernacular 再回译后,无法回到原位,给出的是"白话",形成的是"白话文—vernacular—白话"非闭合系统。这说明该机器翻译系统在"白话文"翻译方面是欠缺的,这个翻译项不予采纳。

在 DEEPL 中,"白话文"翻译为 vernacular language,回译后出现了四

---

① https://www.zdic.net/hans/%E7%99%BD%E8%AF%9D%E6%96%87.

个释义项"口语,白话文,白话语,白话语言"。DEEPL 的翻译没有体现汉语中"文"的核心意义,language 与"文"无法对应。所以,DEEPL 翻译软件的选项是不妥当的。

在百度和有道中,同时具有"白话文"翻译的是 writings in the vernacular,而且同时形成的是"白话文—writings in the vernacular—白话文"闭合系统。对比在《汉典》中提供的英语翻译项 writing in vernacular Chinese,可以发现《汉典》翻译项比百度和有道翻译项增添了 Chinese,这与"白话文"的汉语形式不匹配。去除这个多余项之后,《汉典》提供的翻译项与百度和有道翻译项近乎一致。我们查阅了术语在线,没有找到"白话文"词条信息,这说明系统没有收录,不存在需要遵守的国家标准,翻译项可采用我们的自定标准。下面再验证一下《朗文当代英语词典》对 writing 的解释[①],具体如下。

> Words that have been written or printed; books, poems, articles etc, especially those by a particular writer or about a particular subject; the particular way that someone writes with a pen or pencil.

从英语的解释可以看出,writing 是与汉语"文"较为一致的对应项。所以,采用"白话文—writings in the vernacular"这一翻译对是可行的。

下面再来看"白话系"的翻译。

从表 6.3 的翻译可以看出,最大的差异项是"系"的翻译。有道的翻译形成的是"白话系—department of vernacular—美国方言"非闭合系统,所以应该淘汰出局。DEEPL 中的 vernacular 已经用于"白话"的翻译项,所以也不予采纳。这样就得到 vernacular department 和 vernacular series 两个翻译项,其中,对应汉语"系"的英语单词是 department 和 series。

表 6.3 四个翻译软件对"白话系"的机器翻译及回译结果

翻译软件	名词	英译	回译
GOOGLE	白话系	vernacular department	白话系
DEEPL	白话系	vernacular department	乡土部,乡土部门,乡土系,乡土司
		vernacular series	乡土系列,方言系列,白话文系列,白话系列
		vernacular	白话,白话文,白话语,土话

---

① https://www.ldoceonline.com/dictionary/writing.

续表

翻译软件	名词	英译	回译
百度	白话系	vernacular department	白话文系
有道	白话系	department of vernacular	白话文部

请见《朗文当代英语词典》①中对这两个单词的释义。

department: one of the groups of people who work together in a particular part of a large organization such as a hospital, university, company, or government; an area in a large shop where a particular type of product is sold.

series: a group of events or actions that are planned to happen one after the other; several things of the same kind.

从以上两个单词的语义侧重可以看出，department 的核心语义是 one of the groups of people 或者 an area in a large shop。series 的核心语义是 a group of events or actions。根据"白话系"的汉语释义来看，此处的"系"指的是白话的"系列"，涉及的是 events or actions 而不是 people，所以，采用 series 是可行的。

在国家标准方面，术语在线没有提供"白话系"的翻译。所以，"白话系"翻译以我们的翻译为主，即 vernacular series。

前面讨论了"白话、白话文和白话系"的翻译，下面请见"白话音"的翻译。

"白话音"的翻译与"白话系"有些类似。请见机器翻译及回译结果，如表 6.4 所示。

表 6.4　四个翻译软件对"白话音"的机器翻译及回译结果

翻译软件	名词	英译	回译
GOOGLE	白话音	vernacular voice	白话
DEEPL	白话音	vernacular sounds vernacular sound	方言的声音，方言音，白话音，方言音译 白话音，乡音，乡土音，乡土气息

---

① https://www.ldoceonline.com/dictionary/department; https://www.ldoceonline.com/dictionary/series.

续表

翻译软件	名词	英译	回译
百度	白话音	vernacular pronunciation	白话发音
		colloquial/vernacular pronunciation	口语/白话发音
有道	白话音	white voice	白色的声音

从表 6.4 的翻译可以看出，自验证效果较好的是 DEEPL 和百度的翻译，形成了"白话音—vernacular sounds—白话音""白话音—vernacular sound—白话音""白话音—vernacular pronunciation—白话发音"的闭合系统。究其根本，翻译的核心词汇是 sound 和 pronunciation。我们需要在英语词典中区分两个词的内涵和外延，请见《朗文当代英语词典》的解释①。

  sound: something that you hear, or what can be heard; the sound produced by a television or radio programme, a film etc; the particular quality that a singer's or group's music has.
  pronunciation: the way in which a language or a particular word is pronounced; a particular person's way of pronouncing a word or words.

从英语中对这两个词的区分可以看出，sound 强调的是自然界的声音、电视节目或收音机、电影的声音，或者是歌手或合唱的音乐声音；pronunciation 则侧重发音器官发出的词汇声音，尤其指人的构音形式等。从对比分析可以看出，"白话音"应该属于白话系列的词汇构音范畴，属于 pronunciation 的内涵范围。

在术语在线的检索中，我们没有找到"白话音"的释义。所以，在没有国家标准的前提下，我们采用机器辅助翻译后的综合分析结果，将"白话音"翻译为 vernacular pronunciation。

从上面的分析可以看出，机器辅助翻译提供了较为集中的参考项，我们需要根据相关的知识库信息对参考项进行选择和分析。当翻译项中有符合如术语在线的国家标准时，以国家标准为准。当术语在线等符合国家标准的平

---

① https://www.ldoceonline.com/dictionary/sound; https://www.ldoceonline.com/dictionary/pronunciation.

台没有收录相关词条及释义的情况下，以我们自己综合翻译的结果为准。这样，就形成了符合知识认知以及国家标准的传统语言学名词翻译项，并形成机器辅助翻译的名词回译闭合系统。

综上所述，白话、白话文、白话系、白话音可分别翻译为 vernacular、writings in the vernacular、vernacular series、vernacular pronunciation。

6.3 "半"相关项的翻译

作为语素，"半"的翻译是相对多元的。在开口度指称、功能词和音距指称时，大都可以采用前缀 semi-，或者独立词 half 形式。

《汉典》对"半"的解释①如下。

二分之一：～圆。～百（五十，多指岁数）。
不完全的：多～。～岛。～透明。～脱产。
在中间：～空。～路上。～夜。
喻很少：一星～点。

在"半闭元音"的翻译中，其释义是指发音时舌位半高口腔半闭的舌面元音，与"半高元音"所指相同。请见机器翻译及回译结果，如表 6.5 所示。

表 6.5　四个翻译软件对"半闭元音"的机器翻译及回译结果

翻译软件	名词	英译	回译
GOOGLE	半闭元音	half closed vowel	半闭元音
DEEPL	半闭元音	semi-closed vowel	半闭合元音，半闭口元音 半闭元音，半封闭元音
百度	半闭元音	semiclosed vowel	半闭元音
		half-close vowel	半闭元音
有道	半闭元音	half-close(d) vowel	半封闭（d）元音

从表 6.5 的机器翻译可以看出，"半闭元音"的翻译比较集中，主要的

---

① https://www.zdic.net/hans/%E5%8D%8A.

第六章 汉语传统语言学名词机器翻译实例分析　103

区别在于 half 和 semi- 的区别。请见《朗文当代英语词典》对这两个词的解释①。

　　half: exactly or about 50% (½) of an amount, time, distance, number etc; for example, half the price/size/length etc.
　　semi-: prefix, exactly half; for example, semi-literate people.

从上面的分析可以看出，当表示半幅的时候，half 和 semi- 都是可以接受的，前者一般采用 half+名词方式，后者采用 semi-名词的前缀形式。GOOGLE 和 DEEPL 的翻译是比较符合要求的。"半闭元音"形成的是两个翻译项 half closed vowel 和 semi-closed vowel。请看术语在线的国家标准要求。

术语在线解释：半闭元音，又称半高元音，口腔开口度为"半闭"状态下发出的元音。英译为 half closed vowel②。

从国家标准来看，采纳的是 half closed vowel 模式。我们采纳国家标准建议的翻译模式，即半闭元音翻译为 half closed vowel。

对"半开元音"的释义是发音时舌位半低口腔半开的舌面元音，与"半低元音"所指相同。

从表 6.6 的分析可以看出，"半开元音"的核心翻译是 half open vowel 和 semi-open vowel，这种模式与前面翻译的"半闭元音"half closed vowel 或 semi-closed vowel 形成对称。所以，将"半开元音"翻译为 half open vowel 或者 semi-open vowel 都是可行的。

表 6.6　四个翻译软件对"半开元音"的机器翻译及回译结果

翻译软件	名词	英译	回译
GOOGLE	半开元音	half open vowel	半开元音
DEEPL	半开元音	semi-open vowel	半开元音，半开声母，半开口元音，半开放元音
百度	半开元音	semi-open vowels	半开元音
		half open vowel	半开元音

---

①　https://www.ldoceonline.com/dictionary/half; https://www.ldoceonline.com/dictionary/semi#semi_4.
②　翻译系统出现了拼写等错误，如此处当时查询时显示的是"alf closed vowel"，我们用在书中时进行了更正。此类问题全书同此说明。

翻译软件	名词	英译	回译
有道	半开元音	half a vowel	半开元音
		open-mid vowel	半开元音，半元音
		half-open vowel	半开元音，半开母音
		semi-wide vowel	半开元音

下面来看国家标准的术语在线对此的解释。

半开元音：又称半低元音，口腔开口度为"半开"状态下发出的元音。英译为 half open vowel。

在术语在线中，半开元音翻译为 half open vowel。所以，半开元音的翻译我们也采用国家标准，翻译为 half open vowel。

前面讨论了半闭元音和半开元音，下面来看"半实词"的翻译。

半实词是指介于虚词和实词之间的词。通常不单独表示实物，包括表示程度、范围、时间、否定等的副词，如"很、颇、都、只、才、又、更、不"等。在"又来、更好、不怕"中的"又、更、不"就是半实词。请看"半实词"的机器翻译及回译结果，如表 6.7 所示。

表 6.7　四个翻译软件对"半实词"的机器翻译及回译结果

翻译软件	名词	英译	回译
GOOGLE	半实词	semi-substantial word	半实体词
DEEPL	半实词	semi-real word	半实词，半真实的词，半真实的字，半实心词
		semi-real words	半实词，半真实的词语，半真实的文字，半真实的词
		semi-substantial word	半实心词，半实心字，半实体字
百度	半实词	seminotional words	半音位词
有道	半实词	half full word	半满的词

通过表 6.7 可以看出"半"的机器翻译是一致的，或者采用前缀 semi-，或者采用独立单词 half，这与前面"半开元音"和"半闭元音"的翻译是一致的。至于哪个选项更合适，须先确定国家标准中对"半实词"的收录情况。经查阅术语在线，系统中没有收录"半实词"。在这种情况下，需要综合考

虑后再决定选项。其中，最核心的词是"实词"，确定好"实词"的翻译之后再决定"半实词"的选项。

先来看实词的机器翻译结果，如表 6.8 所示。

表 6.8　四个翻译软件对"实词"的机器翻译及回译结果

翻译软件	名词	英译	回译
GOOGLE	实词	real word	真话
DEEPL	实词	real word	实词，实字，真话，真话实说
		real word (linguistics)	实词，真词，真字，真话
		content word	内涵词，容词，内涵字，内涵语
		actual word	实词，实字，实际的字，实在话
百度	实词	notional words	实意词，实义词
		notional word	实词
有道	实词	content words	实词，内容字，义词
		notional word	实义词，概念词

从表 6.8 的结果可以看出，"实词"的翻译具有多选项，多个机器翻译软件都提供了闭合可自验证的翻译项。哪个翻译项更合适还需要看国家标准的确定。

术语在线收录了"实词"，具体解释为：与"虚词"相对。能够独立充当句子成分，既有词汇意义又有语法意义的词。名词、动词、形容词、数词、量词、代词等属于实词。英译为 content word/lexical word。术语在线提供了"实词"的国家标准翻译项 content word，这与机器翻译中的多选项之一是一致的。所以，"实词"可以遵照国家标准翻译为 content word。

确定了"实词"的翻译之后，"半实词"中的"半"可以采用前缀 semi-形式，或者采用独立单词 half 形式，形成 semi-content word 或者 half content word。

在前面讨论开口度时，国家标准中的"半开元音"half open vowel 和"半闭元音"half closed vowel 采用了 half 独立单词模式。现在所讨论的"实词"和"半实词"是功能词范围，后续还有"虚词"和"半虚词"等功能词的讨论。所以，为区分开口度和功能词两个不同的语义场，我们设定开口度的讨论遵照国家标准，"半"采用独立词 half，而对于功能词的"半"则采用前缀 semi-模式。所以，"半实词"可翻译为 semi-content word。

半虚词是指介于虚词和实词之间且虚多于实的词，通常具有实词的某些语法功能，虽本身是虚词但所替代的却是实词；虽不表示实际的动作，但有代替名词、动词、形容词的用途（如代词"我、你、他"），或者具有判断功能（如判断词"是"）。请见"半虚词"的机器翻译结果，如表 6.9 所示。

表 6.9　四个翻译软件对"半虚词"的机器翻译及回译结果

翻译软件	名词	英译	回译
GOOGLE	半虚词	semi-function word	半虚词
DEEPL	半虚词	semi-imaginary word	半虚构的词，半虚构的词语，半虚词，半虚构词
		semi-vague word	半模糊的词，半模糊的词语，半模糊词，半模糊的字
		semi-imaginary term	半虚构的术语，半虚词，半虚构术语，半虚构的词语
		semi-virtual word	半虚拟词，半虚拟的词，半虚拟的字，半虚词
百度	半虚词	semifunctional words	半虚词
有道	半虚词	half empty words	半空的单词

从表 6.9 的结果可以看出，"半虚词"的翻译比较多元化，而且多种翻译形成了闭合的自验证选项。我们查阅了术语在线，系统中没有收录"半虚词"。也就是说"半虚词"的翻译尚未形成国家标准。为翻译的准确性考虑，我们需要先确定"虚词"的翻译，如表 6.10 所示。

表 6.10　四个翻译软件对"虚词"的机器翻译及回译结果

翻译软件	名词	英译	回译
GOOGLE	虚词	function word	功能词
		empty word	虚词
		empty words	虚词
		form word	虚词
		structural word	虚词
		syncategorematic word	虚词
		grammatically-partial word	语法偏词，虚词

第六章　汉语传统语言学名词机器翻译实例分析　107

续表

翻译软件	名词	英译	回译
DEEPL	虚词	word having no meaning	词不达意
		imaginary word	虚词
		false word	虚词
百度	虚词	function words	功能词，虚词，形式词，功能字，虚字
		function word	虚词；功能词，虚词（如 we do not live here 中的 do 一词）
		form word	表单字，虚词，形式词，英语语法手册，英语虚词
		empty word	空单词，虚词，空字，虚字，内容空洞的词，空词
		grammatically-partial word	语法偏门，虚词
有道	虚词	function words	虚词
		function word	功能词，功能词（指前置词，连词等）
		empty word	空的词，虚词
		particle	微粒；极少量；粒子（原子的极微小成分，如电子、质子或中子）；（数）质点；（语法中的）小品词，虚词

　　从表6.10的结果可以看出，"虚词"的翻译选项也是多元的。与"半虚词"不同，国家标准的术语在线收录了"虚词"，具体解释如下。

　　虚词：与"实词"相对。不能够独立充当句子成分，只起语法作用的词。介词、连词、助词、语气词等属于虚词。英译为 function word。

　　从术语在线提供的英语翻译选项来看，经过审定的结果最终确定为 function word，这与"虚词"的机器翻译中多元选项中的一个闭合选项是一致的。这样，确定了"虚词"翻译为 function word 之后，可作为功能词语义场的"半虚词"中的"半"就与"半实词"中的"半"一样，翻译为前缀 semi-，"半虚词"就可以翻译为 semi-function word。

　　从前面几个名词的翻译可以看出，作为国家标准的术语在线经过审定，提供了较为准确的翻译选项，而且通常从多种翻译项中选择一种使用概率最高的项作为最后的审定项。这为我们借助机器辅助翻译提供了确定性标准。

在我们所使用的传统语言学术语库中,与"半"翻译相关的项还有两个:半音和半元音。具体释义和翻译如下。

半音是指十二平均律音列中最小的音高单位,即八度音程的 1/12,如 F—#F、F—bG 等,请见机器翻译及回译结果,如表 6.11 所示。

表 6.11　四个翻译软件对"半音"的机器翻译及回译结果

翻译软件	名词	英译	回译
GOOGLE	半音	semitone	半音
DEEPL	半音	semitone	音半,半音符,半音阶,半音调
		semitones	半音符,半音调,半音阶,半音
百度	半音	semitone	半音
		half-step	半步,半步进,半音
		half-tone	半色调,网目(凸)版,网版画
		semit	闪米特,穿凿附会成西亚闪族,闪族
有道	半音	chromatic	彩色
		semitone	半音程
		half-step	半步,半音
		half-tone	半音,网目铜版

在表 6.11 中,四个机器翻译软件均提供了"半音"的多元翻译项,自验证效果良好,下面来查阅国家标准对"半音"的翻译。

术语在线收录了"半音":一种计量音高间距的单位。如果两个频率之比(高频除以低频)等于 2 的 12 次方根(约等于 1.0595),则二者的音高间距为 1 个半音。英译为 semitone。①

国家标准中将半音翻译为 semitone,需要将此翻译项代入机器翻译所形成的多元项中进行比对。结果显示,机器翻译也提供了"半音—semitone—半音"的闭合回译验证系统,这说明术语在线提供的翻译项是符合翻译标准的,半音可以翻译为 semitone。

前面的翻译中已经讨论了"元音"的翻译为 vowel,那么,在处理"半

---

① https://www.termonline.cn/search?k=%E5%8D%8A%E9%9F%B3&r=1678140303553.

元音"时也会遇到"半"是翻译为 semi-前缀还是独立词 half 的选择问题。请见机器翻译及回译结果，如表 6.12 所示。

表 6.12　四个翻译软件对"半元音"的机器翻译及回译结果

翻译软件	名词	英译	回译
GOOGLE	半元音	half vowel	半元音
DEEPL	半元音	semivowels	半元音，半元音符，半元音符号，单元音
		semi-vowels	半元音，半元音符
		semivowel	半元音，半元音符，三元音，阝完音
百度	半元音	semivowel	半元音
有道	半元音	semivowel	半元音（如[w][j]等），半元音字（如[y][ng]等）

半元音是指介于元音和辅音之间的音，又称半辅音、次元音。半元音通常不充当音节的核心成分，如现代汉语中处于音节开头的[i][u][y]，当舌位稍高并轻微摩擦时则转化为半元音[j] [w] [ɥ]。

从"半元音"的释义以及机器翻译结果可以看出，无论是前缀用法还是独立词用法均能够表达"半"的语义，可以从 half vowel 和 semivowel 中进行选择。

再来看国家标准的处理：术语在线收录了"半元音"，解释如下[①]。

> 半元音（曾称）：规范用词是近音，曾称通音、无擦通音。根据发音方式不同而划分出来的一类辅音。发音时，主动调音器官和被动调音器官接近，但其接近程度还不足以产生可闻摩擦。近音虽然属于辅音，但其语音性质类似元音。英译为 approximant。

在《朗文当代英语词典》中，与 approximant 词根接近的词是 approximate，释义[②]如下。

> an approximate number, amount, or time is close to the exact number, amount etc, but could be a little bit more or less than it.

[①] https://www.termonline.cn/search?k=%E5%8D%8A%E5%85%83%E9%9F%B3&r=1676563658168.

[②] https://www.ldoceonline.com/dictionary/approximate.

origin: approximate (1400-1500) Late Latin past participle of approximare "to come near to", from Latin ad- "to" + proximare "to come near".

从英语释义可以看出，国家标准给出的 approximant 翻译项对应的是"近音"而不是"半元音"，所以，在选定"半元音"翻译项时，不能完全遵照术语在线，而应该在术语在线没有提供"半元音"选项的情况下提供一种相对准确的翻译项。

前面讨论 semi- 和 half 的使用范围时，我们划定了 semi- 主要用于功能词中"半"的翻译，half 主要用于开口度"半"的翻译。在机器翻译中也多采用 semi- 的形式，这与我们划定的功能语义场使用 semi- 修饰相一致，所以，我们也将半元音中的"半"翻译为 semi-，形成 semivowel 翻译项。

所以，通过以上的分析可知，表示开口度的"半开元音""半闭元音"翻译为 half open vowel、half closed vowel；表示功能词的"实词""半实词""虚词""半虚词"分别翻译为 content word、semi-content word、function word、semi-function word；半音、半元音翻译为 semitone、semivowel。

6.4 "本（古本）"相关项的翻译

我们所使用的传统语言学术语库中涉及"本（古本）"的翻译主要包括：本韵、变纽、古本纽、古本韵、古纽。

《汉典》中对"本"的解释如下：①草木的根：～草（泛指中药）。无～之木。②事物的根源，与"末"相对：～末（头尾；始终）。根～（根源；彻底；本质上）。③草的茎，树的干：草～植物。④中心的，主要的：～部。～体。⑤原来：～来。～领。⑥自己这方面的：～国。～身。～位。～分（fèn）[①]。

本韵有人认为指上古音本来的韵部，即古本韵；有人认为指韵脚属于同一韵部的现象。和本韵相对的范畴是邻韵（据《平水韵》）。在进行翻译时，"本韵"的处理可先参照机器翻译系统进行。请见"本韵"的机器翻译及回译

[①] https://www.zdic.net/hans/%E6%9C%AC.

结果，如表 6.13 所示。

表 6.13 四个翻译软件对"本韵"的机器翻译及回译结果

翻译软件	名词	英译	回译
GOOGLE	本韵	this rhyme	这韵
DEEPL	本韵	original rhyme	原韵，原韵律 原韵文
		hongyun	红云，洪云，鸿云，鸿运娱乐
		rhyme	韵律，韵脚，押韵，韵文
		honyun	红云
百度	本韵	this rhyme	这首诗
有道	本韵	this rhyme	这押韵

从以上结果可以看出，"韵"的翻译比较一致的是 rhyme。

术语在线没有收录"本韵"，但是收录了与此语义场相关的其他名词。以下列出术语在线提供的部分汉英翻译对：押韵—rhyme、韵例—rhyming pattern、合辙—rhyme、子变韵母—zi changed final、音韵—phonology、叶音—adaptation、等韵图—rhyme tables、切韵图—rhyme tables。

从术语在线的国家标准可以看出，"韵"的翻译有 rhyme 和 final 两个，其中以第一个翻译为概率最大的选项。所以，通过机器翻译和国家标准，我们将韵的翻译项确定为 rhyme。

从《汉典》中"本"的释义以及"本韵"的定义可以看出，"本"是指中心的、主要的、根源性的，"本韵"指上古音本来的韵部。这个意义在英语中的对应词是 original。在《朗文当代英语词典》中的解释[①]为：

> existing or happening first, before other people or things;
> happening or existing first;
> completely new and different from anything that anyone has thought of before.

---

① https://www.ldoceonline.com/dictionary/original.

从英语释义中可以看出，original 是"本"的对应词，"本韵"可翻译为 original rhyme。

变纽是针对声母而言的，如果声母保留了上古读音，则称为"古本纽"，如果声母发生了后代演变，则称为"变纽"。

《汉典》[①]中对"纽"[②]进行了解释。纽：汉语音韵学名词，指辅音或声母，如"声母"又称"声纽"，英译为 initial consonant。

"变纽"的机器翻译及回译结果如表 6.14 所示。

表 6.14 四个翻译软件对"变纽"的机器翻译及回译结果

翻译软件	名词	英译	回译
GOOGLE	变纽	change button	更改按钮
DEEPL	变纽	change button	更改按钮，改变按钮，变更按钮，更换按钮
		change the button	改变按钮，更改按钮，更换按钮，改换按钮
		variable button	可变按钮，可变的按钮，可变按键，变量按钮
百度	变纽	kink	性癖，扭折，扭结，纽结，拐折
有道	变纽	change the new	改变新

从表 6.14 的结果可以看出，在没有相关知识库支持的情况下，机器翻译结果是不可信的。通常情况下机器翻译都是基于统计的，没有术语知识库的预先植入，其翻译结果也往往是采用高概率的翻译项，与术语等专业词汇的期待产生较大认知差异。表 6.14 中就将"纽"大概率翻译为"纽扣"，没有进入"声纽"的语义场。

术语在线没有收录"变纽"，但是收录了与"变纽"语义场相关的其他名词，包括"小韵""声纽""倒纽"，具体如下。

小韵（纽）：指韵书中声、韵、调完全相同的同音字组。英译为 syllable in a rhyme dictionary。

声（纽）：①近代称"声母"。指由辅音（或零位）充任的音节的起首音。②指声类。③近代称"声调"，指字音的高低升降模式。其声学性质主

[①] https://www.zdic.net/hans/%E7%BA%BD.
[②] 在术语在线中，"纽"是非规范用法，规范用法是"声"。此处讨论"纽"是系统性翻译的需要。

要是音高，字音有塞音韵尾传统上也被看作是一种声调，称为入声。英译为 initial（of a Chinese syllable）；initial category；tone。

倒纽（到纽）：以反切下字的声母与反切上字的韵母、声调拼出另一个被切字的读音。英译为 anti pronunciation。

从术语在线的国家标准可以看出以下几点。

"小韵"翻译为 syllable in a rhyme dictionary，即韵书中的音节，音节对应的英语是 syllable，韵书对应的是 a rhyme dictionary。

"声纽"指称声母时翻译为 initial（of a Chinese syllable）；指称声类时翻译为 initial category；指称声调时翻译为 tone。

"倒纽"的翻译不是对应性翻译，采用的是意译，即与传统切字法不同的反向读音法。传统汉字的切字，实行的是反切上字的声母、清浊与反切下字的韵母、声调从而拼出另一个被切字的读音。例如，"冬，都宗切"中，被切字是"冬"，反切上字是"都（dōu）"，反切下字是"宗（zōng）"。取"都"声母 d 和清浊，取"宗"韵母 ong 和声调，便构成"冬"音（dōng）。这是正常的符合传统的反切方法。倒纽则相反，以本例来说，如果采用反切下字"宗（zōng）"的声母 z 和清浊，采用反切上字"都（dōu）"的韵母 ōu 和声调，拼出新的字"邹 zōu"则是发生了倒纽。

由此来看，国家标准将"倒纽"翻译为 anti pronunciation 是准确的。如果采用另外一种翻译方式来表达倒纽，可以引入英语 reversed。英语中对应词 reversed 具有表达"翻转的、反向的"的意义。《朗文当代英语词典》对动词原形 reverse 的释义为 to change around the usual order of the parts of something。所以，将"倒纽"翻译为 reversed initial（anti pronunciation）更具有系统性，并与"纽""声纽""变纽""古本纽"等形成一个有序的系统。所以，从翻译更好的系统性方面考虑，"倒纽"的首选翻译项我们采用创新性翻译而不采用国家标准的术语在线翻译项，可以通过括号形式将 anti pronunciation 作为补充形式。

通过以上的分析可知，"纽"可以翻译为 initial，"声纽"可翻译为 initial consonant，"倒纽"可翻译为 reversed initial（anti pronunciation）。

从变纽的释义可以看出，变纽是指声母发生了后代演变所形成的变化了的声纽。在英语中"变化了的"与 changed（原型是 change）相对应，请见

《朗文当代英语词典》对 change 的释义①。

  to become different, or to make something become different;

  to stop doing or using one thing, and start doing or using something else instead;

  to put or use something new or different in place of something else, especially because it is old, damaged, or broken.

从《朗文当代英语词典》的解释可以看出，原型 change 具有与汉语"变化了的"相对应语义，其变体 changed 可以作为"变纽"中"变"的翻译。所以，变纽可翻译为 changed initial。

古本纽与"变纽"或"变声"相对，指黄侃提出的在《广韵》中保留了上古音的声母。请见"古本纽"的机器翻译及回译结果，如表 6.15 所示。

表 6.15 四个翻译软件对"古本纽"的机器翻译及回译结果

翻译软件	名词	英译	回译
GOOGLE	古本纽	Gubenney②	古本尼
DEEPL	古本纽	Gubenius	Gubenius，古贝纽斯，古贝努斯，古贝尼乌斯
		Gulbenew	谷本新，谷本耀，谷本伟，谷贝新
		Guben New	古本新，Guben New，古本新，谷本新
		Gulbenius	Gulbenius，古尔邦斯，古尔比尼乌斯，古尔邦尼
百度	古本纽	Gubernew	古伯尼
有道	古本纽	the ancient new	古代的新

从表 6.15 结果可以看出，机器翻译对"古本纽"的提供项是不妥切的。机器对此术语的翻译没有起到辅助作用，需要根据音韵学的知识寻找更妥切的翻译项。

在国家标准方面，术语在线没有收录"古本纽"。

在前面的"本韵"翻译中，我们采用的是 original rhyme，"纽"的翻译

---

① https://www.ldoceonline.com/dictionary/change.
② 机器翻译结果部分单词首字母或整个单词大小写不一，出于著作的系统性和规范性考虑，本书将机器翻译结果中大小写变换不影响意思的表述统一改为了小写，影响意思的表述保留了大写。

是 initial。"本纽"翻译为 original initial 是符合系统性原则的。在"古"的翻译项选择中,《朗文当代英语词典》提供了英语 ancient[①],请见释义。

> belonging to a time long ago in history, especially thousands of years ago; having existed for a very long time.

英语 ancient 强调的是远古时代,这与古本纽是上古音保留声母这一解释相匹配。所以,"古"采用 ancient 是恰当的。因此,"古本纽"可以翻译为 "ancient original initial"。

"古本韵"与"变韵"相对,指黄侃提出的在《广韵》中保留了上古音的韵母,"变韵"指黄侃提出的《广韵》中除 28 个古本韵以外的上古音韵母,这些上古音韵母后来发生了变化。请见"古本韵"的机器翻译及回译结果,如表 6.16 所示。

表 6.16 四个翻译软件对"古本韵"的机器翻译及回译结果

翻译软件	名词	英译	回译
GOOGLE	古本韵	ancient rhyme	古韵
DEEPL	古本韵	Guben Rhyme	古本韵,古本韵律,古本音韵,古本之韵
		Guben Rhymes	Guben Rhymes,古本韵,Guben 韵律,古本韵律
		ancient rhyme	古老的韵律,古代的韵律,古老的韵味,古老的韵脚
百度	古本韵	ancient rhyme	古韵
有道	古本韵	the ancient rhyme	古老的童谣

从表 6.16 可以看出,机器辅助翻译提供了"古—ancient"和"韵—rhyme"的翻译项,但是对"古本韵"无法形成一致性翻译项。术语在线没有收录"古本韵",这就要求我们需要根据系统性原则完成"古本韵"的翻译。

前面的讨论中,我们将纽—initial、本纽—original initial、古本纽—ancient original initial 纳入到翻译系统中,而且,我们还对本韵—original rhyme 进行了确定。所以,按照系统性原则,"古本韵"翻译为 ancient original rhyme 是符合系统要求的。由此便可形成一致性的翻译系统网络,如表 6.17 所示。

[①] https://www.ldoceonline.com/dictionary/ancient.

表 6.17 "纽""韵"语义场翻译项系统性分析

类别	古 ancient	本 original	变 changed	古本 ancient original
纽 initial	古纽 ancient initial	本纽 original initial	变纽 changed initial	古本纽 ancient original initial
韵 rhyme	古韵 ancient rhyme	本韵 original rhyme	变韵 changed rhyme	古本韵 ancient original rhyme

从表 6.17 的分析可以看出，"纽""韵"语义场的翻译项具有系统性。通过系统中已知的翻译项可以推导出未知的翻译项，相应的翻译也符合系统性推导原则。例如，从表 6.17 中可以推断"古纽"的翻译是 ancient initial。现实中，"古纽"的释义也验证了这种推断。

古纽指先秦两汉时期汉语的声母。古纽研究有基本定论：①"古无轻唇"即上古没有轻唇音声母；②"古无舌上"即上古没有舌上音声母；③"娘日归泥"即中古"娘、日"二声母属于上古泥声母；④"照系二等归精系"即中古照系二等字属于上古精系；⑤"照系三等归知系"即中古照系三等字属于上古知系；⑥"喻三归匣"即中古喻母三等字属于上古匣母；⑦"喻四归定"即中古喻母四等字属于上古定母。请见"古纽"的机器翻译及回译结果，如表 6.18 所示。

表 6.18 四个翻译软件对"古纽"的机器翻译及回译结果

翻译软件	名词	英译	回译
GOOGLE	古纽	gounew	古纽
		goonew	古纽
DEEPL	古纽	Gurnul	Gurnul，古尔努尔，古努尔，古尔努勒
		Gounou	Gounou，古努，古诺
		Gounounou	古努努，古诺努，古诺诺，古努诺
		Ancient New Zealand	古老的新西兰，古代新西兰，古代的新西兰，远古的新西兰
百度	古纽	archaic Chinese initials	古汉语首字母
有道	古纽	the ancient new	古代的新

从表 6.18 看出，没有知识库支撑的机器翻译无法实现精准的翻译。在国

家标准方面，术语在线也没有收录"古纽"。所以，按照我们所使用的传统语言学术语库系统性翻译原则将"古纽"翻译为 ancient initial 是可行的。

综上所述，"纽""韵"语义场中形成的汉英翻译对可以总结为：纽—initial，古纽—ancient initial，本纽—original initial，变纽—changed initial[①]，古本纽—ancient original initial，韵—rhyme，古韵—ancient rhyme，本韵—original rhyme，变韵—changed rhyme[②]，古本韵—ancient original rhyme，声纽—initial consonant，倒纽—reversed initial（anti pronunciation）。

6.5 "别"相关项的翻译

"别"字在汉语中有不同的义项。《汉典》[③]罗列了六个主要的义项。

  [1]分离：～离。～情。～绪（离别时离别后的情感）。分～。告～。久～重逢。分门～类。
  [2]差别：霄壤之～。
  [3]分类：类～。性～。职～。级～。派～。
  [4]另外的：～人。～号。～字。～墅。～论。～开生面。
  [5]卡住，插住，绷住：～针。～花。
  [6]不要，不准：～动。

从上面的义项可以看出，通常情况下，汉语传统语言学名词中"别"字的使用都包含在这些义项中。在我们所使用的传统语言学术语库中，涉及"别"字的名词有三个：别义、别转、别字。

别义是指词本义之外的所有意义。清代朱骏声（1788—1858）在《说文通训定声》中指出：在每一个解释的字中一般首先列出本义，其次列出引申义，再次列出假借义。不能归在引申、假借里的，称为别义。请见"别义"

---

① 部分音韵学家将变纽翻译为 secondary initial，此处我们从系统论角度出发将其翻译为 changed initial。
② 部分音韵学家将变韵翻译为 secondary rhyme，此处我们从系统论角度出发将其翻译为 changed rhyme。
③ https://www.zdic.net/hans/%E5%88%AB。

的机器翻译及回译结果，如表 6.19 所示。

表 6.19　四个翻译软件对"别义"的机器翻译及回译结果

翻译软件	名词	英译	回译
GOOGLE	别义	Bie Yi	Bie Yi
DEEPL	别义	Buayi	布亚伊
百度	别义	other meanings	其他含义，其他意义
有道	别义	don't righteousness	不义

从表 6.19 结果可以看出，"别义"翻译为 other meanings 是较为妥切的。在国家标准方面，术语在线没有收录"别义"，因此，该名词需要进行创新翻译。"别义"即"词的别义"，翻译时最好能清楚地表达词语义场的存在，添加 lexical 一词。"别义—other（lexical）meanings"是可接受的。

别转是指韵的另类之转，是阳声韵和入声韵的承转，与"正转、旁转、从转"相别。请见"别转"的机器翻译及回译结果，如表 6.20 所示。

表 6.20　四个翻译软件对"别转"的机器翻译及回译结果

翻译软件	名词	英译	回译
GOOGLE	别转	don't turn	不要转
DEEPL	别转	don't turn	不要转向
百度	别转	don't turn	不要转身
有道	别转	don't turn	不要把

表 6.20 中的机器翻译结果由于缺少知识库的支持，提供了错误的翻译项，所以机器翻译不能提供有效信息。

在国家标准方面，术语在线没有收录"别转"。

从"别转"的释义可以看出，别转是韵的别类之转，是在韵类这个大语义场中从一个韵类转变为另一个韵类。"转"在英语中有 shift 和 transfer 两个对应词。请见《朗文当代英语词典》对 shift 的释义[①]。

---

① https://www.ldoceonline.com/dictionary/shift.

to move from one place or position to another, or make something do this;

to move something, especially by picking it up and carrying it;

to change a situation, discussion etc by giving special attention to one idea or subject instead of to a previous one;

if someone's opinions, beliefs etc shift, they change;

to change the way that money is paid or spent;

to remove dirt or marks from a surface or piece of clothing.

从以上释义可以看出，shift 主要指的是位置的移动和变化、话题的转换、信仰的转换、污渍的移除等。

请见《朗文当代英语词典》对 transfer 的释义①。

to move from one place, school, job etc to another, or to make someone do this, especially within the same organization;

to move from one place to another, or to move something from one place to another;

to sell a sports player to another team;

to connect the call of someone who has telephoned you to someone else's telephone so that that person can speak to them;

to move money from one account or institution to another;

if a skill, idea, or quality transfers from one situation to another, or if you transfer it, it can be used in the new situation;

to officially give property or land to someone else;

to change from one bus, plane etc to another while you are travelling, or arrange for someone to do this;

to copy recorded information, music etc from one system to another;

if a disease is transferred from one person or animal to another, the second person or animal begins to have the disease.

从 transfer 的释义来看，特别强调同一系统内的位置移动或变化，如运动员转会、飞机转机、电话转接、资金转账、财产的转移、信息转换、疾病传染等。

---

① https://www.ldoceonline.com/dictionary/transfer.

对比分析 shift 和 transfer 的释义可以看出，别转是韵的别类之转，是在整个韵部的大语义场之中的别类之转，所以，采用 transfer 更准确一些。别转可翻译为 other transfer。

与别转同居一类的旁转，也具有翻译的可行性。

旁转[①]：指在古韵中，阴、阳、入三类韵部的字在本类之内跟临近的韵部押韵、谐声、通假的现象。指一个阴声韵变成另一个阴声韵，一个阳声韵变成另一个阳声韵，一个入声韵变成另一个入声韵的情况。

从"旁转"的释义可以看出，与别转相似，也是在一个韵类大语义场内的转换。"旁"即"旁边的、邻近的"，对应的英语词 lateral 的如下释义请见《朗文当代英语词典》[②]。

relating to the sides of something, or movement to the side;

relating to positions, jobs, relationships etc that are at the same level or rank.

从 lateral 的释义可以看出，其常用于指同处于一个水平或层级的关系，这与旁转释义的古韵中阴、阳、入三类韵部的字在本类之内的韵部转换是相对应的。所以，英语 lateral 作为"旁"的翻译项是妥切的。旁转翻译为 lateral transfer。

前面讨论了别义、别转和旁转，下面请见别字的翻译。

"别字"是指误写或误读的字，又称"白字"。例如，如果在句子"我再一次看到了彩虹"中将"再"写成"在"，就是写别字。如果"别墅"读成"别野"，则是读别字。别字多因形似、音同、义近而造成。请看"别字"的机器翻译及回译结果，如表 6.21 所示。

表 6.21　四个翻译软件对"别字"的机器翻译及回译结果

翻译软件	名词	英译	回译
GOOGLE	别字	other words	也就是说
DEEPL	别字	other words	别的话语，其他话，别的话，其他词

---

① https://baike.so.com/doc/9071086-9402339.html.
② https://www.ldoceonline.com/dictionary/lateral.

第六章　汉语传统语言学名词机器翻译实例分析　　*121*

续表

翻译软件	名词	英译	回译
百度	别字	lettering	刻字，注记，预设置，文字置放，书法，字母
		wrongly written or mispronounced character	书写错误或发音错误的字符，白字，别字
有道	别字	ghost word	错别字
		wrongly written or mispronounced character	写错或读错的字

从表 6.21 的机器翻译结果可以看出，由于"别字"的汉语特征明显，两个国外的翻译软件没有将其内涵翻译出来，只是从词的表面意义出发进行了翻译。国内的两个翻译软件则处理得比较好，体现了"别字"的深层次意义，即"误写或误读的字"。所以，如果没有国家标准要求，这两个国内翻译软件的翻译项可以作为比较好的翻译结果。

在国家标准方面，术语在线没有收录"别字"。

因此，"别字"的翻译采用百度和有道的翻译结果："wrongly written or mispronounced character"。

综上所述，我们对"别"相关的名词进行了翻译，别义出现在词汇语义场，别转、旁转出现在韵类语义场，别字则特别强调对字或音的误读。形成的各自翻译对为：别义—other（lexical）meaning[①]、别转—other transfer、旁转—lateral transfer、别字—wrongly written or mispronounced character。

6.6　"不清不浊"的翻译

"不清不浊"具体指不是清音也不是全浊的声母，即次浊声母。声母的清音可分为全清、次清，"不清"则是指既不是全清也不是次清。声母的浊音可分为全浊、次浊，"不浊"则是指不是"全浊"。次浊不与次清对立，通常是指鼻音和边音，例如声母[ŋ]（咦）、[n]（尼）、[m]（名）、[l]（莱）和半

[①] 部分音韵学家将别义翻译为 isolating (lexical) meaning，我们从系统论角度出发采用的翻译项是 other (lexical) meaning。

元音[j]（遇）等。请见"不清不浊"的机器翻译及回译结果，如表 6.22 所示。

表 6.22　四个翻译软件对"不清不浊"的机器翻译及回译结果

翻译软件	名词	英译	回译
GOOGLE	不清不浊	unclear	不清楚
DEEPL	不清不浊	unclear and unclouded	清晰无云，不明不白，不明不白的，不明不白地
百度	不清不浊	unclear or turbid	不清楚或浑浊
有道	不清不浊	don't muddy	不泥泞的

从机器翻译结果可以看出，音韵学知识库的欠缺导致翻译结果的不可接受。

从国家标准来看，术语在线没有收录"不清不浊"，但是收录了与声母相关的其他名词，具体如下。

　　声母：汉语音节结构的起首成分。由辅音构成。可分为清声母、浊声母和零声母。英译为 initial。

　　复辅音声母：又称复声母；上古汉语有两个或两个以上辅音结合成的声母，称为"复辅音声母"。英译为 consonant cluster as an initial。

　　零声母：当韵母自成音节时，声母位置上没有音位性的辅音成分。零声母在语音上有时实现为喉塞音或弱擦音。例如普通话音节"阿（ā）""亚（yà）""哇（wā）"等都是零声母音节。英译为 zero initial。

　　浊声母：与"清声母"相对。指由浊辅音充当的声母。可分为全浊与次浊两类。普通话有四个浊声母：m[m]、n[n]、l[l]、r[ɽ]。英译为 voiced initial。

　　清声母：与"浊声母"相对。指由清辅音充当的声母。可分为全清与次清两类。英译为 voiceless initial。

从以上术语在线收录的名词及其英译来看，"清声母"翻译为 voiceless initial，"浊声母"翻译为 voiced initial。根据"不清不浊"的释义可知，具体指不是清音也不是全浊的声母。"不清"即不是清音，则为非清音声母，翻译为 non-voiceless initial。"不浊"即不是全浊，则为非全浊声母，翻译为 non-fully voiced initial。这样，"不清不浊"就可以翻译为 non-voiceless and non-fully voiced initial (namely nasal, lateral and semi-vowel)。

6.7 "不完全交韵"的翻译

不完全交韵指在四句古诗中,只有一部分采取单句和单句押韵,双句和双句押韵的交叉押韵模式。例如,在《诗经·召南·行露》中,"谁谓鼠无牙(鱼部)?何以穿我墉(东部)?谁谓女无家(鱼部)?何以速我讼(东部)?"

请见"不完全交韵"的机器翻译及回译结果,如表 6.23 所示。

表 6.23 四个翻译软件对"不完全交韵"的机器翻译及回译结果

翻译软件	名词	英译	回译
GOOGLE	不完全交韵	incomplete rhyme	不完整的韵
DEEPL	不完全交韵	incomplete cross-rhyme	不完整的交叉韵,不完整的交叉韵律,不完整的交叉音韵,不完整的交叉韵母
百度	不完全交韵	incomplete rhyme	不完全押韵
有道	不完全交韵	not exactly rhyming	不押韵的

从表 6.23 结果可以看出,机器翻译项比较集中,尤其以 DEEPL 的翻译项较为准确。交韵即交叉押韵,不完全交韵即不完全交叉押韵。DEEPL 的 incomplete cross-rhyme 翻译项是较为妥当的。

在国家标准方面,术语在线没有收录"不完全交韵"。

需要进入英语词典验证一下不完全和交韵的英语对应词的释义。请见《朗文当代英语词典》中 incomplete 的释义[1]。

not having everything that should be there, or not completely finished.

这个释义说明英语 incomplete 与汉语"不完全"具有对应性。再来看《朗文当代英语词典》中 cross- 的释义[2]:

---

[1] https://www.ldoceonline.com/dictionary/incomplete.
[2] https://www.ldoceonline.com/dictionary/cross#cross__30.

going from one side to the other;

going between two things and joining them.

英语前缀 cross-具有汉语"交叉"的语义。交叉韵可翻译为 cross-rhyme。这与 DEEPL 的翻译项是一致的。由此,"不完全交韵"采用 DEEPL 翻译项,确定为 incomplete cross-rhyme。

6.8 "衬"相关项的翻译

《汉典》[①]中对"衬"的使用有较清晰的释义,具体包括如下。

[1]近身衣,内衣:～衫。～裤。

[2]在里面再托上一层:～绒。～砌。

[3]搭配上别的东西:～托。陪～。映～。

[4]附在衣裳某一部分里面的纺织品:领～儿。袖～儿。

在衬字的释义方面,《汉典》解释为:歌词中为韵律优美或歌唱需要而增加的没有实义的字(如"风吹那个雪花满天飘"里的"那个"就是衬字)。曲家制曲时,每加添虚字于曲谱应有字数之外,称为"衬字"。一般用以补足语气或描摹情态。

下面分析汉语传统语言学中两个与"衬"相关的名词:衬韵和衬字。

衬韵指律诗首句借用邻韵以衬托主韵的方法。词谱中首句通常不入韵。如果出现首句入韵的情况,而且押韵非主韵,那么首句入韵的韵则称为衬韵。例如,五代李煜的《捣练子令·深院静》:"深院静,小庭空,断续寒砧断续风。无奈夜长人不寐,数声和月到帘栊。"首句韵"静"为词韵第一部二冬韵,第二句韵"空"为词韵第一部一东韵,出现了首句入韵而且押韵非主韵的情况。根据前面的分析可知,二冬韵为一东韵的邻韵,首句韵衬托了后来出现的主韵,成为主韵的衬韵。请见"衬韵"的机器翻译及回译结果,如表 6.24 所示。

---

① https://www.zdic.net/hans/%E8%A1%AC。

表 6.24 四个翻译软件对"衬韵"的机器翻译及回译结果

翻译软件	名词	英译	回译
GOOGLE	衬韵	lining rhyme	衬韵
DEEPL	衬韵	rhyme	韵律，韵脚，押韵，韵文
		rhyme with	押韵，同韵，韵，韵母
		rhyme scheme	韵律，韵律诗，韵律表，韵律计划
百度	衬韵	lining rhyme	衬韵
有道	衬韵	line rhyme	行押韵，线韵

从表 6.24 结果可以看出 GOOGLE 和百度翻译项均形成了语义闭合的"衬韵—lining rhyme—衬韵"翻译对。这个结果需要和国家标准进行比对看是否符合标准，可是术语在线没有收录"衬韵"。这意味着"衬韵"的翻译将以我们的翻译为主。"衬韵"的翻译关键成分是"韵"，修饰成分是"衬"。前者的翻译已经有了一致性选项，即 rhyme；如果"衬"得到较为妥切的翻译，就可以完成"衬韵"的翻译。请见《朗文当代英语词典》中"衬"对应词 lining 的释义①。

> a piece of material that covers the inside of something, especially a piece of clothing;
> a substance or material that covers the inside of part of the body.

从以上释义可以看出，lining 指的是衣服制品中的衬里，或者指用于覆盖肢体的衬物，其主要是为了遮挡内容物。在衬韵的释义中，可以看到，律诗首句出现的押韵不用做主韵，而仅仅为主韵进行衬托。这个首句韵的功能起到了遮挡主韵的作用，客观上形成了与英语 lining 一致的衬物功能。但是，这个英语对应词因为语义场不同不适合作为"衬"的翻译项。

从衬韵的翻译可以看出，此处的"衬"具有遮挡主要内容物的语义，即用先行的韵脚为后续出现的主韵进行铺垫。衬韵多用于韵类中。衬字的语义则与衬韵不同。衬字多指在曲调中添加的额外字，用于实现一定的语气功能等。这也决定了同样的"衬"字，在衬韵和衬字中会出现不同的翻

---

① https://www.ldoceonline.com/dictionary/lining.

译结果。

衬字即"垫字""添字",指在曲调额定字数以外增加的字,多用于语气或描摹情态,以虚词或形容词居多。例如《[般涉调]哨遍·高祖还乡》:"你身须姓刘,你妻须姓吕。"其中,"你身"是句首衬字。元代张养浩《山坡羊·潼关怀古》"宫阙万间都做了土"中"了"是句中衬字。请见"衬字"的机器翻译及回译结果,如表 6.25 所示。

表 6.25 四个翻译软件对"衬字"的机器翻译及回译结果

翻译软件	名词	英译	回译
GOOGLE	衬字	lining	衬垫
DEEPL	衬字	lined characters	衬字,衬里字,衬线字,衬托的字符
		lined letters	有衬里的字母,带衬里的信件,有衬里的信件,带衬里的字母
		liner notes	衬词说明,衬垫说明,内页说明,衬词注释
		lined with words	衬托着文字,衬着文字,衬着文字的,衬托出的文字
百度	衬字	interlineation	行间连接,行间书写
		word inserted in a line of verse for balance or euphony	为平衡或谐音而插入诗行的词
有道	衬字	ChenZi	ChenZi
		word inserted in a line of verse for balance or euphony	插入词:插入一行诗中以达到平衡或谐音的词

从表 6.25 可以看出,百度和有道将曲调中衬字的插入功能进行了充分翻译,即"为平衡或谐音而插入诗行的词"。这种意译方法较为明确表达了衬字的功能。在国家标准方面,术语在线没有收录"衬字"。所以,可以采用百度和有道的"衬字"翻译项,将其翻译为"word inserted in a line of verse for balance or euphony"。

从上面对"衬字"的分析可以看出,"衬字"的翻译采用的是意译法。衬韵主要出现在韵类语义场,用于邻韵对主韵的遮挡或衬托,其核心意义是引入主韵。衬字主要出现在曲调语义场,用于指为平衡曲调或谐音而增加的语气词,其核心意义是语气添词。所以,"衬韵"和"衬字"虽有一字之差,翻译却大相径庭。根据系统性原则，我们参照"衬字"将"衬韵"翻译为"rhyme inserted in a line of verse for primary rhyme"。

所以，"衬韵"可翻译为"rhyme inserted in a line of verse for primary rhyme"，衬字可翻译为"word inserted in a line of verse for balance or euphony"。

6.9 "侈弇"的翻译

《汉典》中，侈（chǐ）[①]的释义为夸大，类似在侈谈中的释义。弇（yǎn）[②]的释义是狭小，类似在弇中（狭道）的释义。侈弇在《周礼·冬官考工记·凫氏》"薄厚之所震动，清浊之所由出，侈弇之所由兴"中指钟口的大小，后引申为大小、多少，特别是指增多与减少。

侈弇还指韵腹元音发音时口腔的开合大小。"侈"即开，指钟口大而中央小，属于"口侈而声大"。"弇"即闭，指钟口小而中央大，属于"口弇而声细"。清人江永将上古语音的"宵[ɑu]—幽[əu]、元[ɑn]—真[ən]、谈[ɑm]—侵[əm]"两两相对分成六个部类；每对的前者主要元音都是[ɑ]，"口侈而声大"；每对的后者主要元音都是[ə]，"口弇而声细"；据此将古音分成六个部类。汉语的语音从古到今都有[ɑ]系统和[ə]系统的对立。请见"侈弇"的机器翻译及回译结果，如表 6.26 所示。

表 6.26　四个翻译软件对"侈弇"的机器翻译及回译结果

翻译软件	名词	英译	回译
GOOGLE	侈弇	extravagant	靡
DEEPL	侈弇	trap	陷阱，陷害，疏水阀，陷害他人
百度	侈弇	waste level	废物水平
有道	侈弇	a tiny Yan	小燕

从表 6.26 的结果可以看出，没有古汉语知识库内嵌的机器翻译没有形成语义闭合的自验证翻译项，各个软件无法实现准确的翻译结果。

---

① https://www.zdic.net/hans/%E4%BE%88.

② https://www.zdic.net/hans/%E5%BC%87.

在国家标准方面，术语在线没有收录"侈弇"。

根据"侈弇"的释义可知，"侈弇"指元音发音时口腔的开合大小，"侈"即开，"弇"即闭；在翻译时重点需要呈现的是元音的开合特点。由于在元音发音时，通常情况下非开即闭，所以，"侈弇"中间的连接词应该使用 or 而不是 and，即 open or closed。为了限定开合的语义场范围，我们通过添加括号形式注明是元音的开合。最后，形成"侈弇"翻译项为(of mouth) open or closed。

6.10 "次"相关项的翻译

在我们所使用的传统语言学术语库中，涉及次仂、次品词、次品否定词、次品后附号、次浊字等名词。在翻译"次"前，需要了解"首""次""末"三个等次的区分。

对普通语言学和语法学有重大贡献的是奥托·叶斯帕森（Otto Jespersen），他在英语语法和语言理论领域提出了很多权威性的观点，"三品"就是其中之一。叶斯帕森根据句法结构中词与词的相互关系和受限程度不同，将词分成不同的品级（ranks），即词品，具体包括首（primary）品、次（secondary）品和末（tertiary）品。举例来说，extremely good day（非常好的天气），其中 day 是核心词，其品级是首品；good 限制 day，其品级是次品；extremely 限制 good，其品级是末品。在汉语语法对三品的借鉴中，也形成了系统性。例如"鸟高飞"中，"鸟"的品级是首品，动词"飞"的品级是次品，形容词"高"的品级是末品。

在《汉典》[①]中，"次"的释义为：等第，顺序，例如～第，～序，名～。在《朗文当代英语词典》[②]中，secondary 释义为"not as important as something else"，与汉语的"次"释义比较接近。由此可以看出，三品中将"次"翻译为 secondary 是符合英语习惯的。

在我国传统语言学术语库中 secondary 用于指称次品品级。按照黎锦熙在《新著国语文法》的语法体系，汉语词在句子中的地位也可分为首品、次

[①] https://www.zdic.net/hans/%E6%AC%A1.

[②] https://www.ldoceonline.com/dictionary/secondary.

品和末品三个品级。次品词指在句子中的地位次于首品而用于次品的词,可由形容词、动词、数词和名词等充当,用于修饰主语、宾语甚至充当谓语。例如,"慢节奏""老形象""小孩儿调皮"中的"慢""老""调皮"的品级是次品,"节奏""形象""小孩儿"的品级是首品;"狗吠""飞禽走兽""孩子怕爸爸""朋友来了"中的"吠""飞""走""怕""来"的品级是次品,"狗""禽""兽""孩子""朋友"的品级是首品;"两头象""三天假"中的"两"和"三"的品级是次品,"象"和"假"的品级是首品;"猫步""狼心狗肺"中的"猫""狼""狗"的品级是次品,"步""心""肺"的品级是首品。

前面讨论了次品,下面来分析次仂。

次仂是指用于次品的仂语,简称"次仂"。例如,在定中结构中,"王小二的朋友的小姑父"中"王小二的朋友"是次品仂语,"小姑父"是首品仂语。"一枝玫瑰花"中"一枝"是次品仂语。另外,末品和次品联结也形成次仂,如"傻笑、慢走、大呼、小叫、轻抚、扛起来、卸下、跑过来、弄丢"等。请见"次仂"的机器翻译及回译结果,如表 6.27 所示。

表 6.27　四个翻译软件对"次仂"的机器翻译及回译结果

翻译软件	名词	英译	回译
GOOGLE	次仂	second time	第二次
DEEPL	次仂	sub-tithe	次要的 tithe,次要任务,次要内容
		secondary tithe	二级十一奉献,二级十一税,次要的十一奉献,次要的十一税
百度	次仂	secondary	次要的,副手,代理人,[天]双星中较小较暗的一个,卫星,[语]次重音
有道	次仂	Time Le	Time

从表 6.27 的结果可以看出,"次"的翻译实现了对 secondary 的确定。但是,对于"仂"的翻译,各机器翻译软件均未准确译出,暴露了机器翻译在知识库内容缺失的情况下其翻译结果的不可信。

在国家标准中,术语在线没有收录"次仂"。

前面分析了三品的界定,也明确了"次仂"的释义是次品+仂语,而且"次品"的翻译是约定俗成的,即 secondary。"仂语"释义为 phrase。所以,在次仂的翻译中，可按照次品+仂语（次品词组）的模式进行翻译，最后形成"次仂—secondary phrase"翻译对。

前面讨论了首品（primary）、次品（secondary）和末品（tertiary）。由于三品词已经在语法界约定俗成，所以，翻译时通常直接采用即可，不再另行翻译。有时候，为了验证机器翻译系统是否具有相应的知识库，就通过输入一些术语并通过翻译准确性来观察系统的可信程度。请见"次品"的机器翻译及回译结果，如表6.28所示。

表6.28　四个翻译软件对"次品"的机器翻译及回译结果

翻译软件	名词	英译	回译
GOOGLE	次品	defective	有缺陷的
DEEPL	次品	defective products	有缺陷的产品，缺陷产品；有缺陷的产品，瑕疵产品
		defective product	有缺陷的产品，缺陷产品，次品
		substandard products	不合格产品，不合格的产品，不达标的产品，不达标产品
百度	次品	defective products	有缺陷的产品，残次品，不合格产品，缺陷产品
		substandard products	不合格产品，次品
		substandard goods	次品，副品，残货，次货，残品，劣等品
		defective goods	有缺陷的货物，不合格品，次品
		ungraded products	未分级产品，次品
有道	次品	defective goods	有缺陷的货物，[工经]次品，[经]不合格品
		inferior-quality product	伪劣产品，劣质产品

从表6.28结果可以看出，四个翻译软件都没有准确翻译出"次品"，也没有形成可信度较高的语义闭合自验证翻译项。这说明系统内置库中没有相关知识库的支持。

在国家标准方面，术语在线没有收录"次品"。

根据约定俗成的原则，"次品—secondary"翻译对是较为准确的翻译项。

前面分析了"次仂"和"次品"，下面来看"次品否定词"的翻译。

次品否定词是指用在次品位置的否定词，例如"不老形象""小孩儿不调皮""狗不叫、鸡不鸣""孩子不怕爸爸""朋友不来了"中的"不"。请见"次品否定词"的机器翻译及回译结果，如表6.29所示。

第六章　汉语传统语言学名词机器翻译实例分析　　131

表 6.29　四个翻译软件对"次品否定词"的机器翻译及回译结果

翻译软件	名词	英译	回译
GOOGLE	次品否定词	inferior negative	劣质阴性
DEEPL	次品否定词	substandard negatives	不合格的底片，不达标的底片，不符合标准的底片，不符合标准的底片
		substandard negation	不合格的否定词，不达标的否定句，不符合标准的否定句，不合格的否定
		secondary negatives	次要负面因素，次要的负面因素，次要的负作用，次要的负面效应
		substandard negative	不达标负面，不达标负面的，不达标负数，不达标的负面
百度	次品否定词	substandard negatives	不合标准的负片
有道	次品否定词	defective negative words	有缺陷的消极词汇

从表 6.29 可以看出，"次品"是术语，翻译系统无法准确译出，但是"否定词"属于常规用词，四个翻译系统都准确翻译为 negative。

在国家标准方面，术语在线没有收录"次品否定词"。

我们在翻译"次品否定词"时采用"次品+否定词"模式。由于"次品—secondary"和"否定词—negative"都已经确定，"次品+否定词"即为 secondary negative。

次品否定词的核心成分是"否定词"，这与"次品后附号"的结构分析是一致的。"次品后附号"的核心成分是"附号"。

在"次品后附号"的翻译时，需要关注"后"所在的位置。请见"次品后附号"的机器翻译及回译结果，如表 6.30 所示。

表 6.30　四个翻译软件对"次品后附号"的机器翻译及回译结果

翻译软件	名词	英译	回译
GOOGLE	次品后附号	symbol after defective product	不良品后的符号
DEEPL	次品后附号	substandard product attached to the number	附有编号的不合格产品，不合格的产品附在号码上，附有号码的不合格产品，不合格产品附在号码上
		substandard attached number	不符合标准的附号，不符合标准的附加号码，不合标准的附号，不达标的附号

续表

翻译软件	名词	英译	回译
百度	次品后附号	attached no. of defective products	附件不良品数量
有道	次品后附号	defective goods are attached with a number	次品附有编号

表 6.30 中的翻译结果与要求相差甚大，"次品""后""附号"均未实现有效翻译。

在国家标准方面，术语在线没有收录"次品后附号"。

翻译时需要逐个分析翻译子项。首先"次品—secondary"是既定的。其次，"后"在英语中通常通过前缀 post- 来表示，请见《朗文当代英语词典》对 post- 的释义[1]。

> later than, after;
> developing a post-acquisition strategy;
> Its share price rocketed from its post-crash low.

从释义和示例可以看出，前缀 post- 常附于主要词语之前，表达一种"后"的概念。

"附号"的英语选项有两个：symbol 和 marker。请见《朗文当代英语词典》对两个词的释义[2]。

> symbol:
> a picture or shape that has a particular meaning or represents a particular organization or idea;
> a letter, number, or sign that represents a sound, an amount, a chemical substance etc;
> someone or something that represents a particular quality or idea.

从释义可以看出，symbol 主要用于指徽标之类，代表化学物品之类，以及用于指称人或物的某种观点（如性符号等）。

---

[1] https://www.ldoceonline.com/dictionary/post.

[2] https://www.ldoceonline.com/dictionary/symbol; https://www.ldoceonline.com/dictionary/marker.

第六章　汉语传统语言学名词机器翻译实例分析　　133

marker:

an object, sign etc that shows the position of something;

something which shows that a quality or feature exists or is present;

(also marker pen British English) a large pen with a thick point made of felt, used for marking or drawing things.

从释义来看，marker 主要指称记号，代表物品的特性及标记等（如记号笔）。

对比 symbol 和 marker 的释义，我们认为"次品后附号"中的"附号"更多的是指一种记号，表示具有这个附号的词通常以次品方式出现。所以，"附号"在英语中更妥切的对应词应该是 marker。

在翻译过程中，我们根据英语前缀的习惯调整了顺序，将"次品+后+附号"调整为"后+次品+附号"，即"出现在次品之后的附号"。最后翻译为 post-secondary marker。

从前面的翻译可以看出，"次"的翻译与英语 secondary 具有关联性。但是并不是所有"次"的释义均与 secondary 相关。例如，"次浊字"的"次"在翻译时就没有采用表示等第和顺序的释义，而采用的是清浊的变化。次浊字，指不是清音也不是全浊的声母字，即次浊声母字。声母一般分全清、次清、全浊、次浊。"不清"则表示不是清音，"不浊"则表示不是"全浊"而是"次浊"，也就是说"不浊"即"次浊"。需要注意的是次浊不与次清对立，次浊字通常是鼻音和边音，包括"母""莫""你""溺""鲁""立""有""育"等字。

表 6.31 中的翻译项没有形成语义闭合，所以，机器翻译的选项不准确，不予采纳。

表 6.31　四个翻译软件对"次浊字"的机器翻译及回译结果

翻译软件	名词	英译	回译
GOOGLE	次浊字	secondary turbid characters	次生浊字
DEEPL	次浊字	subturbid characters	亚混浊字符，亚浑浊字符，亚混浊物，亚浑浊物
		subturbid character	亚混浊特性，亚混浊特征，亚浑浊特性，亚混浊物特征

续表

翻译软件	名词	英译	回译
DEEPL	次浊字	secondary turbid characters	次要浑浊的字符，次要浑浊字符，次生浊物，次要浑浊物
		sub turbid	亚混浊、亚浑浊、次浑浊、亚混浊物
百度	次浊字	subturbid character	亚涡轮特征
有道	次浊字	time turbidity word	时间浊度的词

在国家标准方面，术语在线没有收录次浊字，但收录了围绕"字"语义场展开的其他名词，具体如下。

析字：又称拆字、字喻法。修辞格的一种。利用汉字的结构特点，增减或离合汉字的笔画或部首，使字形发生变化，产生新的意义。例如，"我送来一包毒药，夫人可叫心腹丫头给十八子（李）送茶时下在壶里"。英译为 disassembly of Chinese character。

废弃字：又称死字。历史上曾出现或使用过，在后来的流通领域内被废弃不用的汉字。英译为 obsolete character、dead character。

方言字：又称土字。方言区的人根据使用需要创造并长期使用的带有特定方言特点的汉字形式。例如粤方言的否定词"唔"，意思是"不"。英译为 dialectal character。

通假字：又称借字。古代文献中由于字音相同或相近，而常被借用来代替本字或通常使用的那个字的汉字。例如，古代文献中常用"罢"代替"疲"，用"蜚"代替"飞"，"罢"和"蜚"分别为"疲"和"飞"的通假字。英译为 borrowed graph。

简体字：又称简字、手头字。宋元以后流行于民间未经系统整理和改进的字形简便的汉字。英译为 convenient character。

字原：又称字根。构成汉字体系的基本字，也指一组具有亲缘关系的分化字所赖以派生的源头字。主要包括独体象形字和少数会意字。英译为 basic character。

反切上字：简称切上字。反切注音法中用来注音的两个汉字中的前一个汉字表示被切字的声母。古人直行书写，前一个注音字在上面，所以称为反切上字。宋元学者称反切上字为"切"。英译为 first sinigram in a fanqie。

反切下字：简称切下字。反切注音法中用来注音的两个汉字中的后一个汉字，表示被切字的韵母和声调。古人直行书写，后一个注音字在下面，所以称为反切下字。宋元学者称反切下字为"韵"。英译为 second sinigram in a fanqie。

的字短语：又称的字词组、的字结构。短语按结构组成成分特征分类的一种。由词或短语加助词"的"组成，是体词性短语，用来指称人或事物。例如"我的""好的""开车的""我们知道的"。英译为 de[①] phrase。

所字短语：又称所字词组、所字结构。短语按结构组成成分特征分类的一种。由"所"加及物动词组成，是体词性短语，指称动作所支配或关涉的对象。在现代汉语中一般要加"的"。例如"所剩（不多）""所说的""所认识的"。英译为 suo[②] phrase。

以上对"字"的释义可以看出，英译中总体分为如下几类。

①character：析字 disassembly of Chinese character；废弃字 obsolete character/dead character；方言字 dialectal character；简体字 convenient character；字原 basic character；等等。②graph：通假字 borrowed graph；等等。③sinigram：反切上字 first sinigram in a fanqie；反切下字 second sinigram in a fanqie；等等。④不译：的字短语 de phrase，所字短语 suo phrase；等等。

从次浊字的释义来看，次浊字指的是一种特殊的声母字，包括"母""莫""你""溺""鲁""立""有""育"等字，它们是不清（non-voiceless）次浊（non-fully voiced）字。这些"次浊字"即"次浊声母字"，也就是"非全浊声母字"。前面翻译了"不清不浊 non-voiceless and non-fully voiced initial (namely nasal, lateral and semi-vowel)"，知道"不浊"即"次浊"，这些次浊声母字就是非全浊声母字。所以，次浊字可以翻译为 non-fully voiced initial character。

从上面的分析可知，"次"的翻译需要根据具体情况展开。对于约定俗成的名词，采用固定的翻译模式。尚未形成范式的翻译项，需要分析后给出翻译路径。讨论中具体形成的翻译对为：首品—primary、次品—secondary、

---

① 术语在线系统错误，"的"字拼音应为 de，系统只显示了 e，本书此处进行了修正。
② 术语在线系统错误，"所"字拼音应为 suo，系统只显示了 uo，本书此处进行了修正。

末品—tertiary、次仂—secondary phrase、次品否定词—secondary negative、次品后附号—post-secondary marker、次浊字—non-fully voiced initial character。

6.11 "从转"的翻译

从转指清人潘耒《平声转入图》中的非属一声的平声和入声之间的转化，例如，"挨 āi"转"轧 yà"、"幽 yōu"转"益 yì"、"威 wēi"转"揾 wèn"。与从转比较接近的正转则指《平声转入图》中本属一声的平声和入声之间的转化，例如，"知 zhī"转"质 zhì"，通常平声属于"长言"，入声属于"短言"。潘耒这种观点与江永的不同平声与同一入声相配的"异平同入"观点相近。简言之，从转是非属一声的平入转化，正转是本属一声的平入转化。下面来看"从""正"两字在《汉典》中的释义。①

从：
①跟随：愿～其后。②依顺：顺～。盲～。～善如流。③采取，按照：～优。④从事；参加：～业。～政。投笔～戎。⑤由，自：～古至今。～我做起。⑥跟随的人：侍～。仆～。⑦宗族中次于至亲的亲属：～父（伯父、叔父的通称）。⑧次要的：主～。～犯。⑨中国魏以后，古代官品（有"正品"和"从品"之分，宋代龙图阁大学士为从二品）。

正：
①不偏斜，与"歪"相对：～午。～中（zhōng）。～襟危坐。②合于法则的：～当（dāng）。～派。～楷。～规。～大光明。～言厉色。拨乱反～。③合于道理的：～道。～确。～义。～气。④恰好：～好……⑤表示动作在进行中：他～在开会。⑥两者相对，好的、强的或主要的一方，与"反"相对，与"副"相对：～面。～本。⑦纯，不杂：～色。～宗。～统。纯～。⑧改去偏差或错误：～骨。～误。～音。～本清源。⑨图形的各个边的长度和各个角的大小都相等的：～方形。⑩指失去电子的，与"负"相对：～电。⑪大于零的，与"负"相对：～数（shù）。

---

① https://www.zdic.net/hans/%E4%BB%8E; https://www.zdic.net/hans/%E6%AD%A3.

从上面的释义可以看出,"从转"中"从"所采用的释义是"次要的""从属的";"正转"中"正"采用的释义是"纯,不杂""正统的""合于法则的""居于正中的""主流的"。在英语对应词中,分别对应 subordinate 和 primary。请见《朗文当代英语词典》对这两个词的释义[①]。

> subordinate:
> in a less important position than someone else;
> less important than something else.
> primary:
> most important;
> happening or developing before other things.

从上面的释义可以看出,subordinate 强调的是"从属的";primary 侧重的是"核心的""正中的""首要的"。

前面翻译了"旁转"(lateral transfer),根据系统性原则,此处的"从转"可翻译为 subordinate transfer,"正转"可翻译为 primary transfer。

下面来看在机器翻译中是否可以验证我们的翻译项。请见"从转"的机器翻译及回译结果,如表 6.32 所示。

表 6.32　四个翻译软件对"从转"的机器翻译及回译结果

翻译软件	名词	英译	回译
GOOGLE	从转	from turn	从转
DEEPL	从转	from transfer	从转移,从转让,从转移到,从转账[②]
		from the transfer	从转让,从转移,从转移到,从转移中
		from the turn	从转弯处,从转向,从转弯处开始,从转弯处看
百度	从转	from to	从到
有道	从转	turn from	从、对……感到厌恶

表 6.32 中"从转"没有得到有效翻译,其结果不予采用。

在国家标准方面,术语在线没有收录"从转",但收录了围绕"转"语

[①] https://www.ldoceonline.com/dictionary/subordinate; https://www.ldoceonline.com/dictionary/primary.
[②] 机器翻译结果为"帐",此处本书进行了修正。

义场展开的其他名词，具体如下。

> 转类：又称转品。修辞格的一种。由于表达的需要，凭借上下文的条件，临时转变话语中某些词的词类。例如，"我到此快要一个月了，懒在一所三层楼上，对于各处都不大写信。"形容词"懒"用作动词。英译为 temporary transfer of parts of speech。

从"转类"的翻译可以看出，"转"翻译为 transfer，与我们的"转—transfer"翻译是一致的。

术语在线还收录了"正对转"的释义，具体如下。

> 正对转：韵尾发音部位相同而且韵腹相同的阴声韵、阳声韵和入声韵部之间的对转。英译为 primary duizhuan。

从"正对转"的释义可以看出，正对转是韵尾发音部位相同且韵腹相同的阴阳入三声之间的转化，这与"正转是本属一声的平入转化"具有语义相通性。那么，按照国家标准，"正"翻译为 primary 与我们所翻译的"正转—primary transfer"是一致的。

综上所述，"从转"和"正转"可分别翻译为 subordinate transfer 和 primary transfer。

6.12 "促"相关项的翻译

"促"在《广韵》中解释为"促，速也。"《汉典》中"促"的释义如下[①]。

> 近，时间紧迫：～膝。～席（坐近）。急～。短～。仓～。
> 催，推动：～使。～进。敦～。督～。催～。

在《朗文当代英语词典》中，近似对应的英语是 quick，释义[②]如下。

---

① https://www.zdic.net/hans/%E4%BF%83。

② https://www.ldoceonline.com/dictionary/quick。

lasting for or taking only a short time;

moving or doing something fast;

happening very soon, without any delay;

able to learn and understand things fast.

从上面的释义可以看出，汉语的"促"和英语的 quick 都表达了时间较短、发展迅速的意思，这与我们要讨论的"促拍""促调""促音""促起式"具有语义上的相通性。

促拍即"簇拍""促曲""促遍"等，以区别于本调，指为配合乐曲节奏急促而成的"急曲子"。请见"促拍"的机器翻译及回译结果，如表 6.33 所示。

表 6.33　四个翻译软件对"促拍"的机器翻译及回译结果

翻译软件	名词	英译	回译
GOOGLE	促拍	promoting the beat	推广节拍
DEEPL	促拍	promote the auction	推广拍卖，促进拍卖，推广拍卖会，宣传拍卖会
		promote	促进，推动，推广，推销
		promote the shooting	促进拍摄，推动拍摄工作，推广拍摄，促进拍摄工作
		promote the shooting of	促进拍摄，推动拍摄，提倡拍摄，促进拍摄的
百度	促拍	quick tempo	快节奏
有道	促拍	promoting the shoot	促进拍摄

从表 6.33 的结果可以看出，百度将"促"翻译为 quick，符合我们的分析预期。"拍"的翻译项有两个 beat 和 tempo。请见《朗文当代英语词典》中对这两个词的释义[①]。

beat:

one of a series of regular movements or hitting actions; a regular repeated noise; the main rhythm that a piece of music or a poem has; a subject or area of a city that someone is responsible for as their job; one of the notes in a piece of

---

① https://www.ldoceonline.com/dictionary/beat; https://www.ldoceonline.com/dictionary/tempo.

music that sounds stronger than the other notes.

tempo:

the speed at which music is played or should be played; the speed at which something happens.

从上面的释义可以看出，beat 强调的是音乐或曲调的韵律点或节奏点，尤其注重的是规律性的韵点。tempo 侧重的是速度，包括音乐行进的速度或事物发展的速度。

从促拍的释义来看，促拍是为配合乐曲节奏急促而成的"急曲子"。也就是说，促拍也是乐曲韵调和节奏的一部分，只不过是区别于本调的旁调。因此，在英语对应词的选择上，beat 更适合作为"拍"的对应项。

在国家标准方面，术语在线没有收录"促拍"。该名词的翻译以本书的为主。所以，"促拍"可翻译为 quick beat。

促调是与促拍同处一个语义场的名词。促调即"促声"，指有塞音韵尾而发音短促的入声调类。在诗律学中尤其关注平仄的搭配使用，平调和升降调或促调的联用可增加韵律效果。请见"促调"的机器翻译及回译结果，如表 6.34 所示。

表 6.34　四个翻译软件对"促调"的机器翻译及回译结果

翻译软件	名词	英译	回译
GOOGLE	促调	to tune	调
DEEPL	促调	facilitating the transfer facilitate the transfer facilitation	促进转移，便于转移，促进转让，便于转让 便于转移，促进转移，促进转让，便于转让 促进，促进作用，促进工作，协助
百度	促调	promote adjustment	促进调整
有道	促调	to promote the promoting adjustment adjustable	促进 促进调整 可调

从表 6.34 结果可以看出，"促"的翻译均集中在动词"促进"或其衍生词方面，与我们的语义要求相去甚远。"调"的翻译中符合预期的是 GOOGLE

第六章　汉语传统语言学名词机器翻译实例分析　　141

的翻译项 tune。请见《朗文当代英语词典》中 tune 的释义①。

> a series of musical notes that are played or sung and are nice to listen to;
> For example: That's a nice tune.
> For example: She sang some old classics and a few new tunes.
> For example: The song was sung to the tune of "Amazing Grace".

从上面的释义可以看出，tune 是指音乐中的一系列音符所形成的韵调，对应汉语中的"调"。在"促拍"的翻译中，"促"翻译为 quick，所以可以按照系统性原则将"促调"翻译为 quick tune。

在国家标准方面，术语在线没有收录"促调"。

所以，"促调"以本书的翻译为主，即 quick tune。

促音是与促拍、促调相近的同一语义场的名词。促音是去声来自入声的一类，以上古短入为主，包括上古长入、上古短入和中古入声。请见"促音"的机器翻译及回译结果，如表 6.35 所示。

表 6.35　四个翻译软件对"促音"的机器翻译及回译结果

翻译软件	名词	英译	回译
GOOGLE	促音	tones	音调
DEEPL	促音	urging sound	催促声，催促的声音，敦促的声音，促成的声音
		urging the tone	催促的语气，催促的口气，敦促的语气，催促的口吻
		urging tone	催促的语气，催促的口气，催促的口吻，催促的语调
		tones	音调，音色，声调，色调
百度	促音	nodal	节点
有道	促音	to promote the sound	来提升声音

从表 6.35 结果可以看出，"促"在四个机器翻译系统中均没有正确译出。"音"的翻译形成了两个：tone 和 sound。请见《朗文当代英语词典》中对这两个词的释义②。

---

① https://www.ldoceonline.com/dictionary/tune.

② https://www.ldoceonline.com/dictionary/tone; https://www.ldoceonline.com/dictionary/sound.

tone:

the way your voice sounds, which shows how you are feeling or what you mean; the quality of a sound, especially the sound of a musical instrument or someone's voice; the general feeling or attitude expressed in a piece of writing, a speech, an activity etc; one of the many types of a particular colour, each slightly darker, lighter, brighter etc than the next; a sound made by electronic equipment, such as a telephone; the difference in pitch between two musical notes that are separated by one key on the piano; how high or low your voice is when you produce different sounds.

从释义可以看出，tone 常用于指嗓音、乐器之音、电话铃声、钢琴音等。

sound:

something that you hear, or what can be heard; the sound produced by a television or radio programme, a film etc; the particular quality that a singer's or group's music has.

从 sound 的释义可以看出，其所指的"音"是电视、收音机、电影等发出的声音，还包括你可以听到的自然界的声音，以及歌手或乐队的音质等。

对比两个英语对应词的释义可以看出，促音是去声来自入声的一类，是指与说话者嗓音相关的韵调等，采用 tone 更为妥切。这个结果与 GOOGLE 和 DEEPL 的翻译项是一致的。

在国家标准方面，术语在线没有收录"促音"。但收录了围绕"音"语义场展开的其他名词，具体如下。

泛音：又称陪音。与"基音"相对。周期性复合音（例如元音）中除了基音以外的其他分音，其频率是基频的整数倍。与基音相比，泛音的振幅相对较低。英译为 overtone。

纯音：又称单音。与"复合音"相对。具有正弦波形的声音。例如音叉产生的声音。英译为 pure tone。

从术语在线的收词可以看出，泛音和纯音都采用了与 tone 相关的翻译，这也证明了本书在促音中将"音"翻译为 tone 是正确的。

所以，根据系统性原则，"促"翻译为 quick，"音"翻译为 tone，"促音"翻译为 quick tone。

促起式是与促拍、促调、促音共居同一语义场的名词术语。促起式是一种押韵方式，主要指在古诗中用同韵的两个韵脚起头，然后再更换韵脚的方式。促起式的使用多为增加古诗开头的有力效果。例如宋代辛弃疾的《醉花阴·黄花谩说年年好》"黄花谩说年年好。也趁秋光老。绿鬓不惊秋，若斗尊前，人好花堪笑。蟠桃结子知多少。家住三山岛。何日跨飞鸾，沧海飞尘，人世因缘了。"开头两句的"好、老"属于词韵第八部六豪韵，从第三句开始更换新的韵脚。这就是促起式的典型使用。

在促起式的翻译中，可按照系统性原则进行。在前面"促音"的翻译中，"促"翻译为 quick，所以可以将促起式的"促"也翻译为 quick。"起"和"式"则可另外进行翻译。"起"的汉语释义请见《汉典》①。

①由躺而坐或由坐而立等：～床。～立。～居。～夜。②离开原来的位置：～身。～运。～跑。③开始：～始。～码（最低限度，最低的）。～步。～初。～讫。～源。④拔出，取出：～锚。～获。⑤领取（凭证）：～护照。⑥由下向上，由小往大里涨：～伏。～劲。～色。⑦发生，产生，发动，提出：～风。～腻。～敬。～疑。～义。～诉。⑧长出：～痱子。⑨拟定：～草。⑩建造，建立：～房子。白手～家。⑪群，组，批：一～（一块儿）。⑫量词，指件，宗：一～案件。⑬自，从：～小儿就淘气。⑭用在动词后，表示动作的趋向：想～。掀～。兴（xīng）～。⑮用在动词后，与"来"连用，表示动作开始：唱～来。⑯用在动词后，常与"不"或"得"连用，表示胜任；亦表示达到某一种标准：看不～。经得～检验。

从上面的释义可以看出，促起式中的"起"是启动、发动之意。在"促起式"的释义中，同韵两个韵脚先行启动，然后过渡到后续韵脚并实现新的韵脚转换，先行启动的同韵两个韵脚增加了诗的开头效果。在英语中"启动、发动"对应词是 start。请见《朗文当代英语词典》对 start 的释义②。

the first part of an activity or event, or the point at which it begins to

---

① https://www.zdic.net/hans/%E8%B5%B7。

② https://www.ldoceonline.com/dictionary/start。

develop;

the first part of a particular period of time;

a sudden movement of your body, usually caused by fear or surprise;

the amount of time or distance by which one person is ahead of another, especially in a race or competition;

the beginning of someone's job, which they will develop in the future, especially a job that involves acting, writing, painting etc;

a job that has just started, a business that has just been started, or someone who has just started a new job.

从以上释义可以看出，start 常用于指开端、开始、启动。这与促起式中的"起"意义是吻合的。所以，"促起"可翻译为 quick start。如果可以得到"式"的正确翻译，将可以完成"促起式"的翻译。

下面来看机器翻译结果（表 6.36）以及"促起式"的国家标准。

从表 6.36 结果可以看出，机器翻译缺少知识库的支撑，翻译结果差距较大，不予采用。在国家标准方面，术语在线没有收录"促起式"，需要创新翻译该名词。

表 6.36　四个翻译软件对"促起式"的机器翻译及回译结果

翻译软件	名词	英译	回译
GOOGLE	促起式	raise	增加
DEEPL	促起式	promoted promotional urgent urging type	推广的，晋升的，晋级的，晋级 宣传推广，宣传，宣传性的，宣传活动 紧急的，紧急，紧急状况，紧急事项 催促型，促成型，催促式，催促类型
百度	促起式	push up type	俯卧撑式
有道	促起式	to promote the type	提升类型

英语中对应"式"的单词主要有 mode 和 type 两个。请见《朗文当代英语词典》中对这两个词的释义①。

---

① https://www.ldoceonline.com/dictionary/mode; https://www.ldoceonline.com/dictionary/type.

mode:

a particular way or style of behaving, living, or doing something; a particular way in which a machine or piece of equipment can operate; one of various systems of arranging notes in music, such as major and minor in Western music.

type:

one member of a group of people or things that have similar features or qualities; a person who has, or seems to have, a particular character; printed letters; a small block with a raised letter on it that is used to print with, or a set of these.

从以上释义可以看出，mode 多指行为、工作、生活的特定模式，以及机器运行的程式等。type 多指众多类别中的一类、特征明显的个人，以及有特点的铭牌等。

从"促起式"的释义可以看出，它是为了增加诗韵效果，在开头设置的韵脚模式，即先用同韵的两个韵脚起头，然后再更换韵脚。促起式是一种古诗的起韵模式，所以，采用 mode 更适合。通过以上对"促""起""式"的分析，可以得到促起式的翻译项 quick start mode。

综上所述，可以得到与"促"相关的翻译对："促起式—quick start mode" "促音—quick tone" "促调—quick tune" "促拍—quick beat"[①]。

6.13 "刀笔文字"的翻译

刀笔文字是指以刀笔为镌刻工具书写而成的文字，具有直笔书写、笔画均匀、没有撇捺的特征。刀笔文字的书写工具非常坚硬，而且书写材料质地也很坚硬。刀笔文字多出现在古代的甲骨文、金文、玺（钤）文、货币文和小篆中。请见"刀笔文字"的机器翻译及回译结果，如表 6.37 所示。

[①] 部分音韵学家认为促音可翻译为 check tone，促声音节可翻译为 check syllable 等。此处，我们从系统性翻译角度出发，采用"促起式—quick start mode，促音—quick tone，促调—quick tune，促拍—quick beat"等翻译对。

表 6.37　四个翻译软件对"刀笔文字"的机器翻译及回译结果

翻译软件	名词	英译	回译
GOOGLE	刀笔文字	knife and pen text	刀和笔文本
DEEPL	刀笔文字	writing by knife and pencil	刀笔书写，刀笔写作，刀笔写意，刀笔写生
		writing with a knife	用刀写作，用刀写字，用刀写东西，用刀子写作
		writing by knife and pen	刀笔书写，刀笔写意，刀笔写生，刀笔写文章
		writing by knife or pencil	用刀或笔写字，刀笔书写，刀枪不入
百度	刀笔文字	knife pen text	刀笔文本
有道	刀笔文字	pettifoggery words	欺瞒的话

从表 6.37 结果可以看出，各机器翻译系统没有形成一致的翻译项。在"刀笔"的处理上，形成了"刀和笔""刀或笔""用刀作笔"这三种主要的翻译项。从"刀笔文字"的释义中可以看到，作为中国古代的一种早期文字，刀笔文字只有直笔，没有撇捺，形成了书写镌刻工具坚硬而且书写材料质地也很坚硬的甲骨文等。在古代，这种刀笔手法实际上不是"刀和笔"，也不是"刀或笔"，而是"用刀作笔"，即 with a knife as a pen。

在国家标准方面，术语在线没有收录"刀笔文字"，但收录了围绕"文字"语义场展开的其他名词，具体如下。

　　语素文字：又称词素文字。用一个字符表示一个语素来记录语言的书写符号系统。英译为 morphemic script。

　　音素文字：又称音位文字。表音文字的一种。用字母（如英语、法语等使用拉丁字母，俄语等使用斯拉夫字母）表示音素从而记录语言的书写符号系统。英译为 phonemic script。

　　图画文字：又称原始文字（proto-writing）。原始社会末期以图画的形式记录语言当中词的声音与意义的雏形的文字。英译为 picture writing。

　　意音文字：又称意符音符文字。综合运用表意和表音符号（还包括一些记号）来记录语言的书写符号系统。英译为 semanto phonetic script。

　　拉丁化新文字：又称北方话拉丁化新文字。20 世纪 30 年代由瞿秋白、吴玉章等在苏联远东地区创制的、用拉丁字母拼写汉语的一种拼音文字方案。英译为 Latinizational New Writing System。

从以上术语在线对"文字"的翻译可以看出，文字主要的翻译项是 script 和 writing。根据"图画文字"的释义，"原始文字"可以翻译为 proto-writing，指出现在原始社会末期的雏形文字，常以图画形式被记录下来，以表达语言当中词的声音与意义。这种解释与我们要翻译的以甲骨文为代表的刀笔文字有异曲同工之处。在前面术语在线收录的"图画文字"中，"文字"翻译为 writing，根据一致性的系统性原则，"刀笔文字"中的"文字"也可采用该翻译项，将"文字"翻译为 writing。同时，将"刀笔"翻译为 a knife as a pen，最后形成"writing with a knife as a pen"。

在翻译中，我们还发现汉语和英语侧重是不同的。汉语的刀笔强调的是工具"用刀作笔"，而在英语中侧重的是结果"用刀刻画成的笔画特征等"，所以，英语 engrave 的过去分词形式可用于表示限定以更清楚地表达刀笔文字的结果。engrave 释义为"to cut words or designs on metal, wood, glass etc"[①]。

综上所述，"刀笔文字"可翻译为"engraved writing with a knife as a pen"。

6.14 "等"相关项的翻译

《汉典》中"等"[②]的释义很多，传统语言学名词翻译中主要用到的释义是表示数量或程度的级别，如等级、等次、等第、等而下之。

等呼指宋元等韵图中的两呼四等（表 6.38）。韵母中介音或主元音有[u]的是合口，不含[u]的是开口，此所谓两呼。在此基础上，根据介音[i]的有无和主要元音开口度大小，再将两呼分为四等，分别为：开口一等韵（无介音[i]，开口洪大）、开口二等韵（无介音[i]，开口次大）、开口三等韵（有介音[i]，开口较小）、开口四等韵（有介音[i]，开口最小）；合口一等韵（无介音[i]，开口洪大）、合口二等韵（无介音[i]，开口次大）、合口三等韵（有介音[i]，开口较小）、合口四等韵（有介音[i]，开口最小）。

从表 6.38 的两呼四等韵可以看出，等呼共涉及开口呼四个韵等和合口呼

---

① https://www.ldoceonline.com/dictionary/engrave.

② https://www.zdic.net/hans/%E7%AD%89.

四个韵等。开口呼和合口呼的区别性特征是[u]的有无，其他韵等则根据韵母主要元音开口度大小进行区分。

表 6.38　两呼四等韵

开口呼（韵母中介音或主元音无[u]）				合口呼（韵母中介音或主元音有[u]）			
无介音[i]		有介音[i]		无介音[i]		有介音[i]	
开口洪大	开口次大	开口较小	开口最小	开口洪大	开口次大	开口较小	开口最小
一等韵	二等韵	三等韵	四等韵	一等韵	二等韵	三等韵	四等韵

"呼气"在英语中有特别的对应词 expiration，尤其在生理学领域使用最为广泛。我们在此讨论的呼气导致的音韵变化，也属于生理学范畴。所以，"呼"应该翻译为 expiration。

在"等"的英语对应词选择方面，有两个选项 grade 和 rank 比较接近。请见《朗文当代英语词典》对这两个词的释义①。

  grade:
  a particular level of quality that a product, material etc has; a particular level of job; a mark that a student is given for their work or for an examination; one of the 12 years that students are at school in the American school system, or the students in a particular year.
  rank:
  the position or level that someone holds in an organization, especially in the police or the army, navy etc; a rank of people or things is a line or row of them; the degree to which something or someone is of high quality; someone's position in society; a place where taxis wait in a line to be hired.

从以上释义可以看出，grade 侧重的是物品或物质的等级，工作、学习、考试的等级等。rank 强调的是官阶、人在社会中的位置，以及物品的质量程度等。两呼四等韵中的"等"核心意义是韵的等级，是在开口呼和合口呼中区分的各自四个韵等，所以，采用 grade 更为准确。这样就完成了"呼—expiration""等—grade"的翻译项。

---

① https://www.ldoceonline.com/dictionary/grade; https://www.ldoceonline.com/dictionary/rank.

下面请见"等呼"的机器翻译及回译结果，如表 6.39 所示。

表 6.39　四个翻译软件对"等呼"的机器翻译及回译结果

翻译软件	名词	英译	回译
GOOGLE	等呼	wait for a call	等一个电话
DEEPL	等呼	etc. call	等调用，等电话，呼叫等
		etc. hoo	等的呼声，等呼声，等等的呼声
		waiting for the call	等待电话，等待通话，等待电话的到来，等候电话
		waiting for a call	等待电话，等待通话，等待来电，等候电话
百度	等呼	wait for call	等待呼叫
		phonology	音系，音系学，音韵学
有道	等呼	such as call	如电话

表 6.39 中的结果表明，机器翻译系统在专有知识库缺失的情况下无法实现正确的翻译。等呼无法得到有效的翻译项。

在国家标准方面，术语在线没有收录"等呼"。

可见，没有机器翻译可以参考，也没有国家标准进行比对，"等呼"的翻译需要进行创新性处理。根据前面对"呼—expiration""等—grade"翻译对的讨论，我们认为"等呼"就是"（四）等（两）呼"，即开口呼的四个等韵以及合口呼的四个等韵。所以，为更清楚体现"等呼"的释义，我们在翻译时通过括号来补足等呼的数量限定，形成"等呼"的翻译（four）grades and（two）expiration。

除了"等呼"之外，在我们所使用的传统语言学术语库中还涉及"等立"的翻译。等立即平等并立，具有并列的意思。在英语中的近似对应词是 coordinating。《朗文当代英语词典》中有单独的名词，请见释义①。

> coordinating conjunction: a word such as "and" or "but" which joins two words, groups, or clauses that are equal in importance or rank.

从上面的释义可以看出，coordinating 具有平等并立的意思，尤其指在重

---

① https://www.ldoceonline.com/dictionary/coordinating-conjunction.

要性和级别方面处于相同水平的两部分的连接，这与"等立"的内涵是一致的。在词性方面，我们所使用的传统语言学术语库中的"等立复句""等立仂语""等立通韵"等名词中"等立"均作为前行限定词出现，这与英语coordinating conjunction 中的 coordinating 功能也是一致的。所以，我们暂时确定"等立"可以翻译为 coordinating。下面通过"等立"的机器翻译及回译结果（表6.40），以及国家标准确认一下该翻译的有效性。

表6.40　四个翻译软件对"等立"的机器翻译及回译结果

翻译软件	名词	英译	回译
GOOGLE	等立	waiting	等待
DEEPL	等立	equilibrium	平衡，平衡性，平衡点，平衡状态
		equipoise	平等性，等离子，等价交换，等离子体
		equipotential	等电位，等效性，等电位器，等价物
		iso-liquid	等液态，等液体，等离子液体，等离子体
百度	等立	isosceles	等腰的
有道	等立	such as state	如国家

从表6.40可以看出，机器翻译系统无法将"等立"的核心意义翻译出来，其根本原因在于翻译系统需要知识库的知识支撑，只有在知识库支持的情况下，相关的术语名词才可能得到有效的翻译。四个翻译软件的翻译项差异较大，不予采纳。

在国家标准方面，术语在线没有收录"等立"。

我们采用自己的翻译模式，将"等立"翻译确定为 coordinating。

从上面的讨论可以看出，"等呼"的"等"是"等级"之意，采用英语对应词 grade。"等立"的"等"是"平等"之意，采用英语对应词 coordinating 用于限定词。这两种翻译项体现了"基于源语释义并面向目标语以确定对应词"的翻译原则。

"等立"作为前行修饰语，其后续的核心成分可以包括"复句"并形成"等立复句"。

等立复句，也称为"联合复句"或"等立句"，主要指具有并列、递进、选择、承接、转折关系的平等并立的复句，与主从复句相对。请见"等立复

第六章　汉语传统语言学名词机器翻译实例分析　　151

句"的机器翻译及回译结果，如表 6.41 所示。

表 6.41　四个翻译软件对"等立复句"的机器翻译及回译结果

翻译软件	名词	英译	回译
GOOGLE	等立复句	equivalent complex sentence	等价复句
DEEPL	等立复句	isometric compound sentence	等距复句，等距复合句，等比复句，同位素复句
		isometric complex (math.)	等距复数，等距复合体，等距复合物，等轴复数
		isoperimetric complex (math.)	等周率复数，等周率复合体，等周长复数，等周长复合体
百度	等立复句	equivocal complex sentence	歧义复句
有道	等立复句	results such as state	状态等结果

表 6.41 中的结果显示，机器系统在专有名词知识库缺失的情况下翻译是不准确的，无法有效翻译"等立复句"。

在国家标准方面，术语在线没有收录"等立复句"，但收录了围绕"复句"语义场展开的其他名词，具体如下。

复句：又称复合句，与"单句"相对。指由两个或两个以上在意义上有一定逻辑联系、结构上互不包含的分句所组成的句子。例如，"如果明天下雨，我就不去了。"英译为 compound/complex sentence。

联合复句：复句的一种。由几个意义上没有明显主次关系的分句组成的复句。例如，"爷爷爱听京戏，妈妈爱听越剧。"英译为 coordinate complex sentence。

多重复句：复句的一种。包含三个或三个以上分句的复句。例如，"发展个体经济不是权宜之计，而是我国一项长期的方针，也是改革的一个重大步骤。"英译为 multiple complex sentence。

偏正复句：又称主从复句。复句的一种。由几个意义上具有明显主次关系的分句组成的复句。主要意思所在的分句为正句（主句），修饰、限制正句的为偏句（从句）。例如，"只有春天到了，才能见到这种花。"其中"春天到了"是从句，"能见到这种花"是主句。英译为 subordinate complex sentence。

紧缩句：又称紧缩复句。复句的一种。分句与分句紧缩在一起，中间没有语音停顿的句子。例如，"钟不敲不响。"英译为 compressive complex sentence。

从上面的释义可以看出，"复句"翻译为 compound/complex sentence，这与《朗文当代英语词典》中的释义①是一致的，请见其英语释义：compound sentence (complex sentence): a sentence that has two or more main parts。

根据系统性原则，术语在线完成的翻译对包括"联合复句—coordinate complex sentence""多重复句—multiple complex sentence""偏正复句—subordinate complex sentence""紧缩复句—compressive complex sentence"。其中，"复句"均采用"complex sentence"，所以，我们遵照国家标准系统性要求，在我们的翻译系统中也最终确定"复句—complex sentence"翻译对。

前面确定了"等立"的英语翻译是 coordinating，确定标准采用的是《朗文当代英语词典》的英语项 coordinating conjunction。在国家标准的术语在线中，联合复句是指由几个意义上没有明显主次关系的分句组成的复句，英译为 coordinate complex sentence。再结合等立复句即"联合复句"的释义后发现，"联合"与"等立"在翻译中具有同效性，英语 coordinate 就是汉语的"等立""联合"。这个标准与前面确定的"等立—coordinating"有出入，这就需要确认一下 coordinate 是否具有与 coordinating 一致的词汇功能，再决定哪个更适合作为最终选项。请见《朗文当代英语词典》释义②。

coordinate: equal in importance or rank in a sentence, e.g. coordinate clauses joined by "and".

从以上释义可以看出，在表达句中位置平等并列方面，coordinating 和 coordinate 是等效的。也就是说，两个翻译项都可以用于表达"等立""联合"的语义。所以，我们最终采用国家标准的"联合—coordinate"翻译对标准，将"等立"翻译为 coordinate，以保持与国家标准的一致。

综上所述，我们最终确定如下翻译对：等立—coordinate；复句—complex sentence；等立复句—coordinate complex sentence。

---

① https://www.ldoceonline.com/dictionary/compound-sentence.

② https://www.ldoceonline.com/dictionary/coordinate.

第六章 汉语传统语言学名词机器翻译实例分析

"等立复句"和"等立仂语"具有相同的限定词"等立"。从前面的讨论可知，coordinating 和 coordinate 是等效的，而且两者都可以作为先行词修饰核心成分。根据标准化要求，当两个对应词所指相同时，应采用国家标准。所以，根据术语在线的翻译，我们最终将"等立复句"的"等立"翻译为 coordinate。下面请见"等立仂语"的翻译。

等立仂语即"联合短语"，指具有平等并立关系的短语。例如等立仂语"张先生和王女士"没有中心词，只有平行关系。根据前面翻译对"等立—coordinate"以及"仂语—phrase"的确立，可以将"等立仂语"的分解"等立"+"仂语"暂时翻译为 coordinate+phrase。下面将在机器翻译及国家标准中验证"等立仂语"的翻译项。

从表 6.42 的翻译结果来看，机器翻译项是不成功的，不予采纳。

表 6.42　"等立仂语"的机器翻译及回译结果

翻译软件	名词	英译	回译
GOOGLE	等立仂语	waiting language	等待语言
DEEPL	等立仂语	equilibrium tithe	均衡什一税，均衡的什一税，均衡什一税制，均衡什一税法
		equivalence tithe	等价什一税，等价什一税制，等价什一税法，等价十一奉献
		equilibrium tithing	均衡什一税制，均衡什一税法，均衡什一奉献，均衡什一税
		equivalent tithe	相当于十一奉献，相当的十一奉献，相当的十一税[①]，相当于十一奉献法
百度	等立仂语	equivocal language	模棱两可的语言
有道	等立仂语	such as vertical LeYu	如竖乐宇

在国家标准方面，术语在线没有收录"等立仂语"，可采用我们自己的创新翻译。因此，可采纳前面"等立"+"仂语"的讨论，将"等立仂语"翻译为 coordinate phrase。

在我们所使用的传统语言学术语库中，"等立复句""等立仂语""等立通韵"均涉及"等立"作为修饰语的情况。根据系统性翻译原则，"等立

---

① "相当的十一奉献，相当的十一税"是机器翻译原文。

153

通韵"中的"等立"大概率也应该一致性翻译为 coordinate。请见下面对"等立通韵"的释义、机器翻译结果和术语在线收录情况。

等立通韵指在一首词中，押的韵平等并立且韵数大致相等。例如宋代贺铸《鹧鸪天·重过阊门万事非》"重过阊门万事非，同来何事不同归？梧桐半死清霜后，头白鸳鸯失伴飞。原上草，露初晞，旧栖新垅两依依。空床卧听南窗雨，谁复挑灯夜补衣"，前四句是上片，押的韵是"非、归、飞"，后四句是下片，押的韵是"晞、依、衣"，两个韵平等并立且韵数相等。请见"等立通韵"的机器翻译及回译结果，如表 6.43 所示。

表 6.43　四个翻译软件对"等立通韵"的机器翻译及回译结果

翻译软件	名词	英译	回译
GOOGLE	等立通韵	equilibrium rhyme	平衡韵
DEEPL	等立通韵	equilibrium rhyme	均衡的韵律，平衡的韵律，平衡韵律，平衡的韵脚
		isotonic rhyme	同位素韵，同声传译韵律，同位素韵律，等韵
		equilibrium rhymes	平衡的韵律，平衡韵律，平衡韵，平衡韵脚
百度	等立通韵	wait for the rhyme	等待押韵
有道	等立通韵	such as through rhyme	比如通过押韵

从表 6.43 的结果可以看出，"通韵"一致性翻译为 rhyme，这与等立通韵"词韵平等，韵数相等"的释义相吻合。

在国家标准方面，术语在线没有收录"等立通韵"。但收录了围绕"韵"语义场展开的其他名词，具体如下。

等韵图：简称韵图。明清时期称显示汉语音系结构的图。其内容包括以五音（七音）、清、浊等给声母分类，以开合、四等、摄、转等给韵母分类，声韵纵横相交体现音系结构。后也兼括明清以前的切韵图。英译为 rhyme tables。

等韵学：明清时期称分析汉语语音成分、阐释汉语音系结构或以图表形式展示音韵研究成果的学问。后也兼括明清以前的切韵学。英译为 study of rhyme tables。

从以上释义可以看出，形成的翻译对是"韵—rhyme""等韵图—rhyme tables""等韵（图）学—study of rhyme tables"。由于汉语和英语词汇语义颗粒度不同，有时候无法做到完全对应，所以，等韵图和等韵学的翻译是相同的。在等立通韵的翻译中，可以看到"等立—coordinate"和"韵—rhyme"是确定的，"通"的翻译有两种选择：译或不译。当表达实在意义时，"通"字需要译出；否则，当作为添字或衬字使用时，"通"字则可以忽略。在等立通韵的释义中，等立通韵主要指词中所押之韵地位平等，所用韵数大致相等，并没有详细解释"通"，或者说"通"的实在意义并不明显，可以忽略。所以，等立通韵即等立韵，翻译为 coordinate rhyme。

综上所述，最终可以形成以"等"为语义场的翻译对："等呼—（four）grades and（two）expiration""等立—coordinate""复句—complex sentence""等立复句—coordinate complex sentence""等立仂语—coordinate phrase""等立通韵—coordinate rhyme"。

6.15 "读破"的翻译

《汉典》中，"破"[①]有一个独特的释义：分裂。如～裂。～读（同一个字形因意义不同而有两个以上读音，把习惯上通常读音之外的读音，称"破读"）。

从《汉典》的解释可以看出，读破即"破读"，指对一个字采用破除常规的读音，以求得意义转变，以声调改变居多。

例如《大学》第二章[②]：

> 所谓诚其意者，毋自欺也。如恶恶臭，如好好色，此之谓自谦。故君子必慎其独也。小人闲居为不善，无所不至；见君子而后厌然，揜其不善而著其善。人之视己，如见其肺肝然，则何益矣？此谓诚于中，形于外。故君子必慎其独也。曾子曰："十目所视，十手所指，其严乎！"富润屋，德润身，心广体胖。故君子必诚其意。

---

① https://www.zdic.net/hans/%E7%A0%B4.

② http://www.guoxuemeng.com/guoxue/15001.html.

其中,"恶恶臭(wù è xiù)""好好色(hào hǎo sè)"中的"恶(wù)""好(hào)"发生了读破,均从形容词变成了动词。

《论语》乡党篇[①]中:"齐,必有明衣,布。齐必变食,居必迁坐。"大体意思为:斋戒沐浴时,一定有浴衣,用麻布做的。斋戒时,一定改变平时的饮食;居住一定要改换卧室。

其中,整齐的"齐(qí)"破读为斋戒的"齐(zhāi)"。"齐"(zhāi)通"斋",意为斋戒。

读破的另一例是音乐的"乐(yuè)"破读为快乐的"乐(lè)"。

请见"读破"的机器翻译及回译结果,如表6.44所示。

表6.44 四个翻译软件对"读破"的机器翻译及回译结果

翻译软件	名词	英译	回译
GOOGLE	读破	read broken	读坏了
DEEPL	读破	read through	通读,通读全文,透过阅读,彻读
		reading through	通读,通过阅读,通读文章,通读全文
		read more	阅读更多,了解更多,阅读更多内容,阅读更多信息
		read through to the end	读到最后,读完为止,读完了,读完
百度	读破	read through	通读,口念对白
		read a character with two or more ways of pronunciation due to the difference of senses in a way other than its customary pronunciation	由于不同于习惯发音的感官差异,阅读具有两种或两种以上发音方式的字符
有道	读破	pronounce variedly	读各种各样地,读破

从表6.44结果可以看出,"读破"百度翻译项和有道翻译项比国外的GOOGLE翻译项和DEEPL翻译项更准确。百度翻译项的释义与"读破"的释义几乎是一致的,这表明百度嵌入了关于"读破"的知识库,所以在释义方面处理比较到位。有道的翻译稍逊色一些,只翻译了"读破"的一部分释义。

---

① https://lunyu.5000yan.com/10-7.html?ivk_sa=1024320u.

在国家标准方面，术语在线收录了"读破"[1]，具体如下。

  读破（又称）：规范用词破读。又称读破；破字。用本字改读通假字的现象和方法。例如《论语》"天下有道则见"，"见"应破读为"现"。英译为 change meaning by change pronunciation。

从术语在线的国家标准可以看出，"读破"翻译为 change meaning by change pronunciation。这种翻译模式与百度的"read a character with two or more ways of pronunciation due to the difference of senses in a way other than its customary pronunciation"具有等效性。所以，我们采用国家标准，将"读破"翻译为 change meaning by change pronunciation。

需要指出的是，术语在线收录的 change$_1$ meaning by change$_2$ pronunciation 中 change$_1$ 和 change$_2$ 具有不同的词性。具体解释如下。

如果 change$_1$ 和 change$_2$ 都是动词，该用法则存在语法错误，具体体现在两个方面：①change$_2$ 如果是动词，对应于 change$_1$，在介词 by 之后应该是 changing 而不应该是 change 原形，最后形成的是 change meaning by changing pronunciation；②change$_2$ 如果是限定词，修饰 pronunciation，那么正确的表达应该是动词过去分词形式，即 changed，形成的是 change meaning by changed pronunciation。从动词角度来看，将 change$_2$ 翻译为 changing 和 changed 这两种翻译模式都是符合英语语法的。

在 change$_1$ 和 change$_2$ 中，如果前者是动词后者是名词，那么就形成 change$_1$ meaning by change$_2$ pronunciation 的形式，这种用法是符合语法规则的。请见《朗文当代英语词典》中对名词 change 的释义[2]。

  the process or result of something or someone becoming different;
  the fact of one thing or person being replaced by another;
  a situation or experience that is different from what happened before, and is usually interesting or enjoyable.

从以上释义可以看出，change 具有名词释义，并可以与 pronunciation 形

---

[1] https://www.termonline.cn/search?k=%E8%AF%BB%E7%A0%B4&r=1669830484882.

[2] https://www.ldoceonline.com/dictionary/change.

成语义搭配。在国家标准的术语在线中，收录了"读破"的释义，而且将"读破"英译为 change meaning by change pronunciation。在这个翻译项中，第一个 change 是动词，第二个是名词。

所以，我们在处理"读破"的翻译时采用国家标准，将其翻译为 change meaning by change pronunciation①。

6.16 "读若"的翻译

《汉典》中，若②有一个释义为：如，像。如年相~。安之~素。旁~无人。置~罔闻。门庭~市。例如，《墨子·尚贤中》中"圣人之德，若天之高，若地之普"。《庄子·逍遥游》中"肌肤若冰雪，绰约若处子"。《乐府诗集·木兰诗》中"关山度若飞"。唐朝王勃《杜少府之任蜀州》中"天涯若比邻"。这些诗词中的"若"均表示"如，像"。

在"奇拜"中，多音字"奇"读为（jī）而不是（qí）。

从以上分析可知，读若即"读如"，即"像……一样读"，指反切出现之前用同音或近音字注音的方法，常用"甲读若乙"或"甲读如乙"。表 6.45 展示了"读若"的机器翻译及回译结果。

表 6.45 四个翻译软件对"读若"的机器翻译及回译结果

翻译软件	名词	英译	回译
GOOGLE	读若	read if	读如果
DEEPL	读若	read if	阅读如果，如果读，读作如果
		reading if	阅读如果，读取如果
百度	读若	read as	阅读为
有道	读若	if read	如果读

从表 6.45 翻译结果可以看出，专业性特征明显的"读若"在非专业翻

---

① 部分音韵学家将读破翻译为 change meaning by change reading，我们此处采用系统性翻译原则，将读破翻译为 change meaning by change pronunciation。

② https://www.zdic.net/hans/%E8%8B%A5.

译系统中难以实现有效的翻译。四个翻译系统的结果相去甚远，不予采纳。

在国家标准中，术语在线没有收录"读若"。

根据前面"读若"的释义，可以看到，"若"即"如、像"，具有"相同"的意义。对比"读破"的释义，"破"即"变"，具有"不同"的意义。"读破"强调的是音不同而导致意义不相同，例如，"齐（qí）"破读为斋戒的"齐（zhāi）"，两个字字形一致，但是由于音的变化导致意义发生变化，"读破"翻译为 change meaning by change pronunciation。

"读若"侧重的是借音不借义。原词的意义并不随借音的不同而发生变化。例如《说文解字》中对"哙"的解释："咽也。从口会声。读若快。一曰嚵，哙也。苦夬切。"①首先来看切上字"苦 kǔ"和切下字"夬 guài"，按照反切原则，上字取声母和清浊，下字取韵母和声调，所以形成"哙 k+uài"。再来看"读若快"，也就是说"哙"和"快"的发音是一致的。前后两个字"哙—快"音相同，但是意义却相去甚远。形成的局面是音同而意不相同。"哙"借用了"快"的音，却没有借用"快"的义，"哙"仍保持了原有意义的不受损失。

根据系统性原则，我们参照"读破"的翻译，将"读若"中的"若"翻译 borrowed pronunciation（借音），以对应"读破"中的"破"change pronunciation（变音）。以此形成的语义对称结构为"读破：音变而意不同""读若：音同而意不同；借音不借义，即原词与借词音同但是原词保持原义不变"。

"读破""读若"形成的翻译结构也对应为："<u>change</u> meaning by <u>change</u> pronunciation"和"<u>keep</u> meaning by <u>borrowed pronunciation</u>"。

综上，"读若"可翻译为"keep meaning by borrowed pronunciation"。

6.17 "短去"和"短入"的翻译

短去指在陆志韦的"长去短去说"中与入声通转的去声。

平声、上声、去声、入声是传统的四声。随着时间的推移，虽然部分方

---

① https://www.zdic.net/hans/%E5%93%99.

言区仍然保留了入声，但入声已经开始发生了转化。短去则是指从入声中通转而来的去声。"短"是指具有入声的短促发音的特质，"去"则是指去声。请见"短去"的机器翻译及回译结果，如表 6.46 所示。

表 6.46　四个翻译软件对"短去"的机器翻译及回译结果

翻译软件	名词	英译	回译
GOOGLE	短去	go short	做空
DEEPL	短去	short go go short go	短暂离开，短路，短暂离去，短暂的离开 做空，做短线，作空，做短线的 去
百度	短去	short go	短跑
有道	短去	short to	短

从表 6.46 结果可以看出，四个翻译系统都完成了对"短"的翻译，但是，对专有名词"去"的翻译无法完成。

从国家标准来看，术语在线没有收录"短去"。但是，收录了与短去相关的"四声"和"去声"等相关名词，具体如下。

　　四声：汉语四种声调的总称。传统上指平声、上声、去声、入声，合称"平上去入"。英译为 four tonal categories。

　　四声相承：一组只有声调差异的韵之间相应的类同关系。例如《切韵》"东董送屋"四韵的等呼相同、韵的特征（[u]元音+舌根韵尾）也相同，以平上去入四个不同声调的韵配成一个韵系。阴声韵只有平上去三声相承。英译为 tonal relation within a rhyme set。

　　四声一贯：顾炎武主张，上古声调系统有四声，歌者不受字调局限，所以上声字可以转为平声，去声字可以转为平声、上声，入声字转为平声、上声、去声。英译为 a hypothesis that tonal distinctions are merged in old Chinese verses。

　　去声：简称去。四声中的一类。英译为 departing or going tone。

从上面的释义可以看到，国家标准中"去声"翻译为"departing or going tone"。短去则是指具有入声短促特质的、从入声中通转而来的去声。所以，

"短"采用 short，"去"采用"去声"国家标准，并略作调整，最后形成的翻译对是：短去—short going（departing）tone。

短入是与短去同处于同一语义场的两个术语，其翻译也具有结构性相似。请见"短入"的翻译。

短入是指在王力上古汉语声调体系中通常收塞音尾的入声，而且这种入声的主要元音为短元音。在很多方言中，这种收塞音尾的入声仍然还有保留。

从前面对"短去"的分析可知，"短"通常指发音急促且延续时间较短，这与"短入"中的"短"有异曲同工之处。

请见"短入"的机器翻译及回译结果，如表 6.47 所示。

表 6.47　四个翻译软件对"短入"的机器翻译及回译结果

翻译软件	名词	英译	回译
GOOGLE	短入	short into	短成
DEEPL	短入	short entry	短文，短暂条目，短文内容，短短的条目
		short-entry	短程入口，短暂进入，短暂的进入，短途旅行
百度	短入	short in	短于
有道	短入	in the short	在短期，从长远来说

从表 6.47 的翻译结果可以看出，翻译系统成功完成了对"短"的处理，但是在没有知识库支持的情况下无法完成对"入声"的翻译。

从国家标准来看，术语在线没有收录"短入"。但收录了"入声"等相关名词。具体如下。

入声：简称入。四声中的一类。英译为 entering tone。
平声：简称平。四声中的一类。近代以来多数方言里，平声以中古声母的清浊为条件，分化为阴、阳两类，中古清声母的平声字读阴平，中古浊声母的平声字读阳平。英译为 level or even tone。
平声阴：即阴平。英译为 level tone with a voiceless consonant。
平声阳：即阳平。英译为 level tone with a voiced consonant。

从以上释义可以看出，国家标准将"入声"翻译为 entering tone。那么，结合"短去"的翻译和机器翻译结果，我们可以将"短入"翻译为"short entering tone"。

综上所述,"短去"和"短入"可分别翻译为 short going(departing)tone 和 short entering tone。

6.18 "末品"相关项的翻译

前面在"次品"翻译中讨论了叶斯帕森的"三品"。根据词在句法结构中的功能、相互关系和受限程度,区分了首品、次品和末品。按照黎锦熙的语法体系,根据词的句法地位可分为首品、次品和末品三个品级。首品排序第一,次品排序第二,末品排序第三。英语对应词在《朗文当代英语词典》中的释义分别为"primary—most important"[①]、"secondary—not as important as something else"[②]、"tertiary—third in place, degree, or order"[③]。

末品词指用于末品的词,例如"你也等我吧""我来了,他却走了""没钱我就不来了"中的"也、却、就"的品级是末品。"相信""相反""相恋""见笑""见怪""可惜""可恶"等中的"相""见""可"的品级也是末品,用于修饰次品。

请见"末品词"的机器翻译及回译结果,如表 6.48 所示。

表 6.48 四个翻译软件对"末品词"的机器翻译及回译结果

翻译软件	名词	英译	回译
GOOGLE	末品词	final word	最后一句话
DEEPL	末品词	end product word	最终产品词,最终产品字,终端产品词,终极产品词
		final word	最后一句话,最后的话,结束语,最后的话语
		end product words	最终产品词,最终产品的话,终端产品词,终端产品的话
		final wording	最后的措辞,最后措辞,最终措辞,最后的措词[④]

---

① https://www.ldoceonline.com/dictionary/primary.
② https://www.ldoceonline.com/dictionary/secondary.
③ https://www.ldoceonline.com/dictionary/tertiary.
④ "措词"为机器翻译结果,本书此处未予修正。

续表

翻译软件	名词	英译	回译
百度	末品词	last word	说不出口的那句话，遗言，最后一句话
有道	末品词	at the end of the article word	在文章末尾的词

从表6.48结果可以看出，翻译系统缺少知识库支持，无法提供准确的翻译项。

在国家标准方面，术语在线没有收录"末品词"。

按照前面对次品的讨论、对叶斯帕森的"三品"的讨论以及对黎锦熙的语法体系的讨论，我们认为末品即居于末品的词，"末品"和"末品词"是语义一致的。所以，可将"末品"和"末品词"统一翻译为tertiary。

末品补语指次品在前、末品在后的修饰状态。一般情况下，末品居于次品之前，例如"相恋"中"相"是末品，居于次品"恋"之前。末品补语则不同，一般居于次品之后。例如，"搞好"中"搞"是次品，居中心位置，"好"为末品，用于修饰次品，表示结果。

末品补语类除了"搞好"，还包括"说急了、踢错了、扶正了、刮烂了、热死了、推倒了、弄坏了"等。其中，末品补语是"急、错、正、烂、死、倒、坏"等，表示状态。再例如，在"这事情你办得来吗？""记不清楚""他疼不过，开始呻吟""事已至此，心中的小我已经活了几分""跳了三米"中，末品补语是"来、清楚、不过、几分、三米"，分别表示可能、程度、数量等。

请见"末品补语"的机器翻译及回译结果，如表6.49所示。

表6.49 四个翻译软件对"末品补语"的机器翻译及回译结果

翻译软件	名词	英译	回译
GOOGLE	末品补语	final complement	最后补语
DEEPL	末品补语	final word	最后一句话，最后的话，结束语，最后的话语
		final wording	最后的措辞，最后措辞，最终措辞，最后的措辞
		end product complement	最终产品的补充，最终产品补充，终端产品补充，终端产品的补充
		last word	最后一句话，最后一个词，最后的话，最后一个字

续表

翻译软件	名词	英译	回译
百度	末品补语	last complement	最后一个补码
有道	末品补语	at the end of the article complement	在文章末尾进行补充

从表 6.49 结果可以看出,机器翻译完成了"补语"的翻译,但是无法完成对"末品"的翻译。

从国家标准看,术语在线没有收录"末品补语"。

我们在翻译时,按照系统性原则将"末品"翻译为 tertiary,将"补语"翻译为 complement,最后形成的翻译对是:末品补语—tertiary complement。

"末品补语"和"末品代词"都具有结构性一致的特征,"末品"充当了限定词。在"末品补语"中 tertiary 前置以限定"补语"。下面来看"末品代词"的翻译。

末品代词指用于末品的代词。例如,在"自强不息"中,"自"也是代词且充当末品,表示"自己"。再例如,"老死不相见""相伴终生"中的代词末品"相"表示"相互"。请见"末品代词"的机器翻译及回译结果,如表 6.50 所示。

表 6.50 四个翻译软件对"末品代词"的机器翻译及回译结果

翻译软件	名词	英译	回译
GOOGLE	末品代词	final pronoun	词尾代词
DEEPL	末品代词	final pronoun final pronouns	最后代词,最后代名词,最终代词,最后的代词 最后的代名词,最后的代词,最后代词,最终代词
百度	末品代词	terminal pronoun	末端代词
有道	末品代词	at the end of the article pronouns	在文末使用代词

从表 6.50 结果可以看出,"代词"得到较好的翻译,但是无法完成对"末品"的翻译。

在国家标准中,术语在线没有收录"末品代词"。

在"末品代词"的翻译中,我们采取系统性翻译原则。"末品"翻译为 tertiary,"代词"翻译为 pronoun,可以将"末品代词"翻译为 tertiary pronoun。

前面讨论了"末品""末品补语""末品代词",下面来分析"末品否定词"的翻译。

末品否定词指否定词用于末品者,通常是用于状语的否定副词,例如"不高兴、未参加、没有来、别笑、甭管"中的"不、未、没有、别、甭"等。

从表 6.51 翻译结果可知,四个翻译系统将"否定词"翻译为 negative。"末品"没有译出。

表 6.51　四个翻译软件对"末品否定词"的机器翻译及回译结果

翻译软件	名词	英译	回译
GOOGLE	末品否定词	final negative	最终否定
DEEPL	末品否定词	final negation	最后的否定,最终的否定,最终否定,最后否定
		final negative	最后的否定,最后的否定意见,最终的否定,最终否定
		negation of the final product	最终产品的否定,最终产物的否定,最后产品的否定,最终产品的负数
百度	末品否定词	final negative word	最后否定词
有道	末品否定词	final negative	最后负

在国家标准方面,术语在线没有收录"末品否定词"。

我们在"末品否定词"的翻译中采用系统性原则,将"末品"翻译为 tertiary。根据机器翻译结果,将"否定词"翻译为 negative。最后形成翻译对:末品否定词—tertiary negative。

"末品仂语"具有与"末品否定词"相一致的结构特征,形成的是"N+N"模式。这种名词构成形成与"末品补语""末品代词"的结构也一致。请见"末品仂语"的翻译。

末品仂语指用于末品的仂语或短语,例如,"十年"在"恨不十年读书"中是古汉语的前置末品仂语。此外,"他哭了三天""她赢了一次"中的"三天、一次"是现代汉语中的后置末品仂语。

请见"末品仂语"的机器翻译及回译结果，如表 6.52 所示。

表 6.52　四个翻译软件对"末品仂语"的机器翻译及回译结果

翻译软件	名词	英译	回译
GOOGLE	末品仂语	final language	最终语言
DEEPL	末品仂语	last tithe	最后的十一奉献，最后一次十一奉献，最后的十一捐，最后一次的十一奉献
		the final tithe	最后的什一税，最后的十一奉献，最终的十一奉献，最后的什一奉献
		the last tithe	最后一笔什一税，最后的什一税，最后一份什一税，最后的什一款项
		last tithes	最后的什一税，最后的什一奉献，最后的十一奉献，最后的什一税制
百度	末品仂语	last words	最后遗言，遗言，最后的话
有道	末品仂语	at the end of the article LeYu	在文章的最后，乐宇

表 6.52 中，翻译系统无法对"末品"和"仂语"进行有效翻译，其结果不予采纳。

在国家标准方面，术语在线没有收录"末品仂语"。

我们在翻译时需要考虑系统性原则。前面已经完成了"末品"和"仂语"的翻译。"末品"翻译为 tertiary，"仂语"翻译为 phrase。根据"末品仂语""末品否定词""末品补语""末品代词"的"N+N"模式，我们认为"末品仂语"也应该符合该模式。所以，"末品仂语"可以翻译为 tertiary phrase。

在我们所使用的传统语言学术语库中，与"末品"相关的"N+N"模式还包括"末品修饰语"。

末品修饰语指在次品仂语中用于修饰次品的末品，通常用作状语。例如，在次品仂语"微笑、高飞、细看、更好、非常讨厌、匆忙离去"中的"微、高、细、更、非常、匆忙"等形容词、副词等充当了末品修饰语，表示动作行为的方式或状况。

请见"末品修饰语"的机器翻译及回译结果，如表 6.53 所示。

第六章 汉语传统语言学名词机器翻译实例分析 167

表 6.53 四个翻译软件对"末品修饰语"的机器翻译及回译结果

翻译软件	名词	英译	回译
GOOGLE	末品修饰语	final modifier	最终修饰符
DEEPL	末品修饰语	final modifier	最后的修饰语,最后的修饰词,最后修改语,最后的修改语
		last modifier	最后一个修改器,最后一个修饰语,最后一个修改者,最后一个修饰词
		final modifiers	最后的修饰语,最后修饰语,最后的修饰词,最后修饰词
百度	末品修饰语	terminal modifier	端子修改器
有道	末品修饰语	final modifier	最后 modifier

在表 6.53 结果中,翻译系统完成了"修饰语"的翻译,即 modifier。但是,没有完成"末品"的翻译。

在国家标准中,术语在线没有收录"末品修饰语"。

我们在翻译中,对"末品"仍采用系统性翻译 tertiary,"修饰语"翻译为 modifier。最后形成的翻译对为:末品修饰语—tertiary modifier。

能愿末品指表示"能够、愿望"的末品,通常居于谓词前辅助动词表义,例如"你能来看我吗""她终于肯出来约会了"中的能愿末品"能""肯"表达了可能性和意志性。

请见"能愿末品"的机器翻译及回译结果,如表 6.54 所示。

表 6.54 四个翻译软件对"能愿末品"的机器翻译及回译结果

翻译软件	名词	英译	回译
GOOGLE	能愿末品	end product	最终产品
DEEPL	能愿末品	the last of the Noh wishes	最后的能愿,最后一个能动的愿望,最后一个能的愿望,最后一个能愿
百度	能愿末品	can wish for the end product	可以期望最终产品
有道	能愿末品	to the end of may	一直到五月底

表 6.54 中的机器翻译系统没有完成对"能愿"和"末品"的有效翻译,其结果不符合知识库内容,不予采纳。

在国家标准方面，术语在线①没有收录"能愿末品"，但是收录了"能愿动词"，具体如下。

> 能愿动词：又称助动词。表示行为或状况的可能、必要或意愿的动词。例如"能""愿意""应该"。用在动词、形容词前边。英译为 modal verb。

根据"能愿末品"的释义可以看出，能愿末品就是能愿动词充当末品。国家标准中"能愿动词"翻译为 modal verb，而"末品"翻译符合系统性翻译原则，可翻译为 tertiary。所以，"能愿末品"可最终翻译为 modal（verb）tertiary。

方式末品指表示方式的末品，可由形容词、副词、介词短语以及末品谓语形式充当。例如"高飞、慢走"中的副词"高、慢"，"咱们当面对质"中的副词"当面"，"以地换和平"中的介词"以"，"她不迟疑地跳上车走了"中的谓语形式"不迟疑"都是方式末品。

请见"方式末品"的机器翻译及回译结果，如表 6.55 所示。

表 6.55　四个翻译软件对"方式末品"的机器翻译及回译结果

翻译软件	名词	英译	回译
GOOGLE	方式末品	final product	完成品
DEEPL	方式末品	way end product	方式最终产品，方式终端产品，方式最终的产品
		end of the way products	终端产品，末端的产品，末端产品，途中的产品
		end of the way product	终端产品，末期产品，末端的产品，末端产品
		way to the end product	通往最终产品的道路，通往最终产品的途径，通向最终产品的道路，通往最终产品的路
百度	方式末品	way end product	路终端产品
有道	方式末品	way at the end of the article	在文章的最后

从表 6.55 的翻译可见，"方式"和"末品"均未得到准确翻译。

---

① https://www.termonline.cn/search?k=%E8%83%BD%E6%84%BF%E5%8A%A8%E8%AF%8D&r=16698309564 90。

在国家标准中，术语在线没有收录"方式末品"。

我们在翻译时，根据系统性原则，"末品"可采用一致性的翻译 tertiary。在"方式"的选项方面，我们参照了语法名词的英语翻译，如：方式副词（adverb of manner）等。请见《朗文当代英语词典》对 manner 的释义[①]。

the way in which something is done or happens;

the way in which someone behaves towards or talks to other people.

从释义可以看出，manner 具有方式、状态的语义，符合方式末品的意义。所以，我们将"方式末品"翻译为 manner tertiary。

副词末品指用于副词的末品，通常出现在所修饰的次品前面，例如"微笑、慢走、远眺、大呼小叫"等中的"微、慢、远、大、小"等。

从表 6.56 的结果可以看出，"副词"有两个选项：名词 adverb 和形容词 adverbial。如果是第一个选项，形成的就是"名词+名词"结构 adverb tertiary。如果是第二个选项，形成的就是"形容词+名词"结构 adverbial tertiary。如果国家标准对此有审定，我们将以审定标准为准。如果没有收录或审定，我们将进入英语语料库中寻找概率更大的选项作为最终结果。

表 6.56　四个翻译软件对"副词末品"的机器翻译及回译结果

翻译软件	名词	英译	回译
GOOGLE	副词末品	adverb ending	副词结尾
DEEPL	副词末品	adverbial final product	副词最终产品，副词最终产物，副产品，副词终结者
		adverbial end product	副词最终产品，副词终端产品，副词最终产物，副词性的最终产品
		adverbial end products	副词的最终产品，副词终端产品，副词性的最终产品，副词的最终产物
百度	副词末品	adverb last product	副词最后产物
有道	副词末品	adverbs at the end of the article	副词在文章的结尾

在国家标准方面，术语在线没有收录"副词末品"。

[①] https://www.ldoceonline.com/dictionary/manner.

可以在 BNC①中对比以上两种方式的概率，具体如下。

（1）"adverbial+名词"形式，语料库返回内容为"Your query 'adverbial' returned 54 hits in 16 different texts (98,313,429 words [4,048 texts]; frequency: 0.55 instances per million words), sorted on position+1 with tag-restriction any noun (43 hits)"，共获得 43 项 "adverbial+名词"。后续名词频率为：groups—1项；impostors—1项；inn—1项；modification—1项；particle—1项；property—1项；words—1项；adjunct—2项；connectives—2项；form—2项；notion—2项；element—3项；expressions—6项；phrase—8项；clause—11项。

（2）"adverb+名词"形式，语料库返回内容为"Your query 'adverb' returned 72 hits in 25 different texts (98,313,429 words [4,048 texts]; frequency: 0.73 instances per million words), sorted on position +1 with tag-restriction any noun (5 hits)"，共获得 5 项 "adverb+名词"。后续名词频率为：competitor—1项；equivalent—1项；part—1项；phrases—2项。

从以上的概率比较可以看出，"adverbial+名词"形式与"adverb+名词"形式的概率比为 43/5，前者具有更高的英语使用概率。所以，"副词末品"从概率角度来说应该翻译为 adverbial tertiary。

关系末品指复合句中能表示句和句关系的虚词，位置未必居于两分句之间。此类关系末品以关系副词居多。例如"他落榜了，钱包又丢了，颓丧得很"中"又"提示了两句为叠加积累的关系。"我跑前跑后，你倒好，躺着睡大觉"中"倒"提示了两句为转折关系。"你若安好，便是晴天"中"若"提示了两句为条件关系。"你越努力，运气越好"中"越"提示了两句为伴生关系。"你既已决定，我也不便说什么"中"既"提示了两句因果关系。"拿好登机牌，一会儿好用"中"好"提示了两句为目的关系。请见"关系末品"的机器翻译及回译结果，如表 6.57 所示。

表 6.57　四个翻译软件对"关系末品"的机器翻译及回译结果

翻译软件	名词	英译	回译
GOOGLE	关系末品	relationship end product	关系最终产品
DEEPL	关系末品	relationship end product	关系的最终产品，关系最终产品，关系终端产品

① http://bncweb.lancs.ac.uk/.

第六章　汉语传统语言学名词机器翻译实例分析　　171

续表

翻译软件	名词	英译	回译
DEEPL	关系末品	relationship end products	关系最终产品，关系的最终产品，关系终端产品，关系的最终产物
		relationship final product	关系最终产品，关系最后的产品
		relationships end product	关系最终产品，关系终端产品，关系最终的产品
百度	关系末品	relationship end product	关系最终产品
有道	关系末品	at the end of the relationship between product	在产品之间的关系结束

从表6.57的机器翻译中可以获得"关系"和"末品"的有效翻译。

在国家标准中，术语在线没有收录"关系末品"。

从"关系末品"的释义可以看出，关系末品实际上就是关系副词末品。在《朗文当代英语词典》中，涉及关系代词、关系从句的语言学名词时，均采用了统一的对应词，请见如下释义。①

relative pronoun: a pronoun such as "who", "which", or "that" by which a relative clause is connected to the rest of the sentence;

relative clause: a part of a sentence that has a verb in it, and is joined to the rest of the sentence by "who", "which", "where" etc, for example the phrase "who lives next door" in the sentence "The man who lives next door is a doctor".

从以上释义可以看出，英语中语言类的"关系代词""关系从句"等均采用relative。在"关系副词"的翻译中，通过在四个机器翻译系统中进行翻译查询也获得了一致性结果，即"关系副词—relative adverb"。

这样，就可以将"关系末品"翻译为："关系（副词）+末品"即relative（adverb）tertiary。

综上所述，我们对末品语义场的名词翻译进行了讨论，并按照系统性原则完成了相关名词的翻译。形成的具体翻译对包括如下：末品—（词）tertiary，

---

① https://www.ldoceonline.com/dictionary/relative-pronoun; https://www.ldoceonline.com/dictionary/relative-clause.

末品补语—tertiary complement，末品代词—tertiary pronoun，末品否定词—tertiary negative，末品仂语—tertiary phrase，末品修饰语—tertiary modifier，能愿末品—modal (verb) tertiary，方式末品—manner tertiary，副词末品—adverbial tertiary，关系末品—relative (adverb) tertiary。

6.19　"分别语"和"分别字"的翻译

分别语指对各事物分别说明、分别处置的语句。例如"好的你拿走，烂的你留下""你们不要软的欺，硬的怕"等。

从"分别语"的释义可以看出，分别语主要指的是一种特殊的句子，句子内包含了语义相对的两部分内容，所以"分别"是指语义分立，"语"是指语句或句子，核心是句子。所以，分别语就是分别句。

请见"分别语"的机器翻译及回译结果，如表 6.58 所示。

表 6.58　四个翻译软件对"分别语"的机器翻译及回译结果

翻译软件	名词	英译	回译
GOOGLE	分别语	separate language	单独的语言
DEEPL	分别语	separate language	独立的语言，分开的语言，单独的语言，单独语言
百度	分别语	separate language	独立语言
有道	分别语	each language	每种语言

从表 6.58 结果可以看出，机器翻译系统对应性翻译了"分别"为 separate，"语"为 language。从前面的"分别语"释义可知，机器翻译系统将"语句"翻译为"语言"扩大了语义范畴。语句是语言的下位词，语言是语句的上位词。机器翻译系统由于缺少"分别语"的知识库支持，"语"的翻译结果用上位词替代下位词是不准确的。

在国家标准方面，术语在线没有收录"分别语"。

我们在翻译时，需要进行两部分内容的调整：①将机器翻译系统提供的 language 缩小语义范围，调整为 sentence，完成"分别语""分别句"语义的对等；②通过括号添加释义性内容"分别说明、分别处置、语义相对"，以凸显对立陈述。

最后，我们将"分别语"翻译为 separate sentence or phrase (for contrasting statements)。

分别字与分别语有些类似。分别字是指为了区分具有两个不同意义的同一字，通过增加偏旁或者改变偏旁而形成的字。通常用于区别假借义或引申义。例如"栗"字本义是栗树，假借为"战栗"时，通过添加竖心旁形成分别字"慄"，以区别本字"栗"。再例如"息"字本义为"止息、休息"，后用于表示"火熄灭"后，为区别两个不同意义，通过添加火旁形成分别字"熄"以示区别。有时候，并不是所有具有不同意义的同一字都可以造出分别字的，例如"长"字既表示"长处"也表示"长大"，没有分别字出现。

请见"分别字"的机器翻译及回译结果，如表 6.59 所示。

表 6.59　四个翻译软件对"分别字"的机器翻译及回译结果

翻译软件	名词	英译	回译
GOOGLE	分别字	separate words	单独的词
DEEPL	分别字	separate characters	分开的字符，分开的人物，单独的字符，分开字符
百度	分别字	separate words	分词
有道	分别字	words, respectively	话说，分别

从表 6.59 结果可以看出，GOOGLE、DEEPL、百度都将"分别"翻译为 separate，"字"的翻译分为 word 和 character 两个。请见 word 和 character 在《朗文当代英语词典》中的释义[①]。

    word: a single group of letters that are used together with a particular meaning;

    character: a letter, mark, or sign used in writing, printing, or on a computer.

从上面 word 和 character 的释义可以看出，word 强调的是多个字符的组合，character 侧重的则是单个符号。在分别字的释义中，我们发现分别字通常都是在原有字的情况下增加偏旁或者改变偏旁而形成新的字，目的就是

---

① https://www.ldoceonline.com/dictionary/word; https://www.ldoceonline.com/dictionary/character.

为了区分通假字。所以说，分别字是一种符号组合而不是指单一的符号，使用 word 更准确。另外，根据系统性原则，我们采用单数形式并进行括号释义补足内容。最后形成的翻译对为：分别字—separate word (for semantic differentiation）。

在国家标准方面，术语在线没有收录"分别字"。所以，以我们的翻译为准。

综上所述，"分别语"可翻译为 separate sentence or phrase (for contrasting statements)，"分别字"翻译为 separate word (for semantic differentiation)。

6.20 "隔句对"和"隔越转"的翻译

《汉典》中"隔句对"的解释为：诗体格式之一，谓隔句对偶，亦称扇面对。所以，隔句对即"扇对、扇面对、偶句对"，指律诗中第 1、3 句或第 2、4 句相对，而第 1、2 联内部不对，例如唐代白居易《夜闻筝中弹潇湘送神曲感旧》"缥缈巫山女，归来七八年。殷勤湘水曲，留在十三弦"。其中"女、曲"成对，"年、弦"成对，而两联不成对。

从表 6.60 结果可以看出，"隔句对"是专业性特征很明显的术语，机器翻译系统无法提供有效的翻译。

表 6.60 四个翻译软件对"隔句对"的机器翻译及回译结果

翻译软件	名词	英译	回译
GOOGLE	隔句对	every sentence pair	每个句子对
DEEPL	隔句对	spaced pairs	间隔对，间隔的一对，间隔的对，间隔对的
百度	隔句对	interlanguage pair	中介语对
有道	隔句对	every sentence to	每一个句子

在国家标准方面，术语在线[①]没有收录"隔句对"，但收录了自对，具体如下。

---

① https://www.termonline.cn/search?k=%E5%BD%93%E5%8F%A5%E5%AF%B9&r=1669831576739.

自对：又称当句对、句中对、四柱对。对偶的一种。不仅出句与对句相对，而且各句中自成对偶。例如，"山重水复疑无路，柳暗花明又一村"。英译为 double parallelism within a sentence。

对比"隔句对"和"当句对"的释义可以发现，"句对"是两个名词共有的，"隔"强调的是"每隔一句"，"当"侧重的是"当句"。根据国家标准中术语在线的翻译可知，"当"即"当句"，翻译为 within a sentence，"句对"翻译为 double parallelism。如果能正确翻译"隔"，就能正确翻译"隔句对"。请见《朗文当代英语词典》的释义[①]。

every other: the first, third, fifth etc or the second, fourth, sixth etc;
Example: You only need to water plants every other day.
Example: I visit my parents every other weekend.

从以上释义可以看出，"每隔"在英语中的对应词是 every other，常用于指 1、3、5 或 2、4、6 等等。这个释义与"隔句对"的释义是相吻合的。"每隔一句"在英语中翻译为"every other sentence"。参照"当句对——double parallelism within a sentence"，我们将"隔句对"翻译为"double parallelism every other sentence"。

隔越转与隔句对都强调了"隔"的概念，但两个名词有本质的不同。请见《汉典》对"隔越"的释义。

《汉典》中对"隔越"的解释为：①相隔甚远。《乐府诗集·卷五九·琴曲歌辞三·蔡琰·胡笳十八拍》："同天隔越兮如商参，生死不相知兮何处寻。"②超越，越过界限。《北史·卷一八·魏景穆十二王传下·任城王云传》："九曰三长禁奸，不得隔越相领，户不满者，随近并合。"

隔越转是古韵通转用语。在古韵通转中"通"为古音相同、后音相同或相近；"转"为古音相同、后音不同。章炳麟在《成均图》中将韵分为以"鱼"部和"阳"部为代表的阴阳两轴以解释韵部变化，立了很多声转的名称说明汉字的转注、假借等。隔越转指处于阴阳不同轴的音在间隔 5 部的情况下发生了韵转。"隔越"为"相隔甚远、越过界限"，"转"为

[①] https://www.ldoceonline.com/dictionary/every-other.

"韵转"。

请见"隔越转"的机器翻译及回译结果,如表 6.61 所示。

表 6.61 四个翻译软件对"隔越转"的机器翻译及回译结果

翻译软件	名词	英译	回译
GOOGLE	隔越转	turn over	翻
DEEPL	隔越转	spacing	间距,间隔,间隔性,间隔性的
百度	隔越转	alternate rotation	交替旋转
有道	隔越转	every turn more	每次更

表 6.61 的机器翻译结果与"隔越转"释义不吻合,不予采纳。

在国家标准方面,术语在线没有收录"隔越转"。

我们在具体翻译中,首先考虑系统性原则。在前面对"转类—temporary transfer of parts of speech""从转—subordinate transfer""正转—primary transfer"的讨论中,我们发现"转"主要翻译为 transfer。此外,根据《汉典》释义,"隔越"的核心意义是"相隔分离的",在英语中的对应词为 separated。在释义时,还需要括注补充内容:该韵转来自"鱼"部韵轴和"阳"部韵轴之间。最后形成的翻译对为:隔越转—separated transfer (between YU group and YANG group)[①]。

从"隔句对—double parallelism every other sentence"和"隔越转—separated transfer (between YU group and YANG group)"的翻译可以看出,虽然"隔"都出现在两个名词中,但是隔句对指的是"隔句+对"而隔越转指的是"隔+越+转"。"隔句"就是"每隔一句—every other sentence",核心成分是"对(偶)—double parallelism"。"隔"就是"越",在英语中对应词都是 separated,"转"即 transfer,而且为了更详细说明"转"的主体变化,添加了括号内容。所以,虽然都具有"隔"字,两个术语的翻译并不一致,其根本原因在于其释义的不同。

---

① 部分音韵学家将隔越转翻译为 unusual alternation of finals in Old Chinese (between YU group and YANG group)。我们此处采用系统性翻译,将隔越转翻译为 separated transfer (between YU group and YANG group)。

6.21 "古音通假"和"古韵通转"的翻译

《汉典》中,"通假"①的释义为:汉字中的互相通用及假借的用法。古书常用通假字,可包括三种:①同音通假,如借公(gōng)为功(gōng);②双声通假,如借果(guǒ)为敢(gǎn);③叠韵通假,如借崇(chóng)为终(zhōng)。

古音通假即"通假",指古汉语中用音同或音近的字取代另一字。一般分有本字和无本字假借两种。有本字假借是指取音同或音近的本字去表达另一意思,即采用别字。无本字假借是指对某些有音无字的词,采用音同或音近的另外字来表达,例如"来"(本义:麦;借用义:来往的来),"求"(本是"裘衣"的"裘",本义:皮衣;借用义:请求的求)。通常的古音通假指的是别字用法,即有本字假借。

表 6.62 中的机器翻译系统没有提供可靠的"古音通假"翻译项,不予采纳。

表 6.62　四个翻译软件对"古音通假"的机器翻译及回译结果

翻译软件	名词	英译	回译
GOOGLE	古音通假	ancient sound through fake	古音透假
DEEPL	古音通假	old pronunciation and phonetic transcription	古音和音译,古音和音标,古音及音译,古音和注音
百度	古音通假	the ancient sound is false	古老的声音是假的
有道	古音通假	dialect of interchangeability	方言的互换性

在国家标准方面,术语在线②没有收录"古音通假",但收录了两个相关的名词,具体如下。

古音构拟:又称古音重建。主要运用历史语言学理论和方法推测古代某

---

① https://www.zdic.net/hans/%E9%80%9A%E5%81%87.

② https://www.termonline.cn/search?k=%E5%8F%A4%E9%9F%B3%E6%9E%84%E6%8B%9F&r=1669831898874; https://www.termonline.cn/search?k=%E9%80%9A%E5%81%87&r=1669831950893.

一时期的语音情况。英译为 reconstruction of ancient pronunciation。

通假：又称假借、通借。古代文献中借用一个音同或音近（双声或叠韵）的汉字来代替本字或另一个通常使用的字的用字现象。英译为 phonological borrowing。

从上面机器翻译结果和国家标准来看，无法得到"古音通假"的翻译项，需要进行创新性翻译。在国家标准的翻译对中，"古音构拟—reconstruction of ancient pronunciation"和"通假—phonological borrowing"各自提供了翻译古音通假所需的"古音"和"通假"内容。最后可以将古音通假翻译为 phonological borrowing of ancient pronunciation。

古韵通转和古音通假是两个常见的现象。古韵的通与转，一般用来解释上古韵文与中古押韵系统不一致的现象。

请见"古韵通转"的机器翻译及回译结果，如表 6.63 所示。

表 6.63　四个翻译软件对"古韵通转"的机器翻译及回译结果

翻译软件	名词	英译	回译
GOOGLE	古韵通转	ancient rhyme	古韵
DEEPL	古韵通转	old pronunciation and phonetic transcription	古音和音译，古音和音标，古音及音译，古音和注音
百度	古韵通转	pass through of ancient rhyme	古韵传承
有道	古韵通转	gu tong turn	转谷缸

表 6.63 中结果显示，机器翻译没有专有知识库的支持，翻译结果通常无法接受。

在国家标准方面，术语在线没有收录"古韵通转"。

我们在进行创新性翻译时，需要将"通""转""古韵"进行确定性翻译。根据系统性原则，前面已经讨论了"转"的翻译项 transfer，"古韵"也可翻译为 ancient rhyme。这样，"通"的翻译则至关重要。

根据释义可知，"通"指的是古音相同、后音相同或相近。换句话说，随着时间的推移，古音没有发生较大变化，后音继承了古音，实现了一种传承。在英语中与"传承、继承、相似性"相对应的词是 resemblance，请见《朗文当代英语词典》对 resemblance 的释义①: "if there is a resemblance between two people or things, they are similar, especially in the way they look." 其释义与"通"的释义较为吻合。

所以，我们认为"通"即相通、继承或传承，具有相似性，可翻译为 resemblance。"转"翻译为 transfer，"古韵"翻译为 ancient rhyme，最后形成的"古韵通转"可翻译为"resemblance and transfer of ancient rhyme"。

综上所述，"古音通假"和"古韵通转"分别翻译为"phonological borrowing of ancient pronunciation"和"resemblance and transfer of ancient rhyme"②。

从上面的翻译可以看出，"通"都出现在了古音通假和古韵通转中，但是内涵是不一样的。"通假"是固定名词，指的是一种现象，即古汉语中用音同或音近的字取代另一字，其中的"通"不具有独立意义。"(音)通假"翻译为 phonological borrowing。"通转"中的"通"指的是古音相同、后音相同或相近，具有独立的释义，所以需要将"通"和"转"进行独立翻译。其中"通"翻译为 resemblance。

6.22 "古字通假"的翻译

古字通假指古代汉字对字音相同或相近的字进行通用或借用，具有本义的字是"本字"，借用的另一个字是"假借字"。例如，"蚤—早""倍—背""政—征"中前三个都是本字，而后三个则是假借字。请见"古字通假"的机器翻译及回译结果，如表 6.64 所示。

表 6.64　四个翻译软件对"古字通假"的机器翻译及回译结果

翻译软件	名词	英译	回译
GOOGLE	古字通假	ancient characters pass fake	古代人物传假
DEEPL	古字通假	old characters with phonetic transcriptions	古字注音，古字标音，古字音译，古字注音法

---

① https://www.ldoceonline.com/dictionary/resemblance.
② 部分音韵学家将古音通假和古韵通转分别翻译为 loan words in Old Chinese 和 alternations of finals in Old Chinese。我们的翻译采用了系统性原则，没有采用这种翻译方式。

续表

翻译软件	名词	英译	回译
百度	古字通假	ancient Chinese characters are interchangeable	古代汉字是可以互换的
有道	古字通假	the ancient words of interchangeability	具有互换性的古代词汇

从表 6.64 结果可以看出，机器翻译系统对"古字"提供了多个翻译项：ancient characters、old characters、ancient Chinese characters、ancient words。根据系统性原则，我们在前面讨论"古音"和"古韵"时，分别采用的是 ancient pronunciation 和 ancient rhyme，所以，此处的"古字"中的"古"仍采用 ancient。在"字"的选择方面，《朗文当代英语词典》对 character 和 word①进行了区分，如下所示。

  character: a letter, mark, or sign used in writing, printing, or on a computer. For example, the Chinese character for "horse".
  word: a single group of letters that are used together with a particular meaning.

从英语释义可以看出，character 强调的是单个的字，而 word 侧重的是多个字母形成的词。汉语使用的则是方块字，比较适合采用 character 指称汉字。所以，"古字"可翻译为 ancient character。需要注意的是，在"分别字—separate word (for semantic differentiation)"的翻译中，根据其释义可知，"字"指的是多个成分合成的结构，更适合使用 word 而不是 character，这与此处"古字"有释义上的不同，因而导致翻译项的差异。

在"通假"的翻译方面，我们也采用一致性的系统性原则。古音通假中我们采纳的翻译为 phonological borrowing of ancient pronunciation，其中，"通假"的翻译是 phonological borrowing。请见《朗文当代英语词典》对 phonology 的释义②。

  phonology: the study of the system of speech sounds in a language, or the

---

① https://www.ldoceonline.com/dictionary/character; https://www.ldoceonline.com/dictionary/word.
② https://www.ldoceonline.com/dictionary/phonology#phonology__3.

system of sounds itself.

从 phonology 的释义可以看出，其核心语义是指对音韵的研究。古音通假中的"通假—phonological borrowing"是采用音韵的形容词 phonological 进行了范围限定。所以说，古音通假与古字通假不能采用一致性的翻译，因为前面的"通假"限定在音韵学领域而后面的"通假"需要限定在文字学领域。请见《朗文当代英语词典》对 philology 的释义[①]。

  philology: the study of words and of the way words and languages develop.

从以上英语释义可以看出，文字学的研究范围主要限定在词汇方面，这与音韵的研究是类别性的不同。所以，古音通假限定在音韵学，其"通假"翻译为 phonological borrowing，古字通假则限定在文字学，其"通假"翻译为 philological borrowing。

这样，根据前面的分析，将翻译对"古字—ancient character"和"通假—philological borrowing"加以整合就可以形成"古字通假"的翻译项"philological borrowing of ancient character"。

在国家标准方面，术语在线没有收录"古字通假"。"古字通假"的翻译以我们的翻译项为主，即 philological borrowing of ancient character[②]。

6.23 "混切"的翻译

混切是反切的一种，通常指中古反切上下字的混用。"反、切"都是拼合的意思，即利用两个现有的汉字发音拼合成一个新字的发音。反切上字取声母和清浊，反切下字取韵母和声调，由此拼合成被切字的读音。具体举例见 3.1.3.2。

如果由于音变，古音不区分的音如今具有了区别性特征，那么这种古音反切就出现了混切。具体举例见 3.1.3.2。

---

  ① https://www.ldoceonline.com/dictionary/philology.
  ② 部分音韵学家将古字通假翻译为 loan words in Old Chinese。我们采用系统性翻译原则，没有采用该种翻译模式。

请见"混切"的机器翻译及回译结果，如表 6.65 所示。

表 6.65　四个翻译软件对"混切"的机器翻译及回译结果

翻译软件	名词	英译	回译
GOOGLE	混切	mixed cut	混合切割
DEEPL	混切	mixed cutting mixing and cutting mixed cut	混合切割，混合切削，混合型切割，混合切割法 混合和切割，搅拌和切割，混合与切割，混合和切分 混合切割，混合型切割，混合切面，混合切口
百度	混切	mixed cutting blended cut	混合切割 混切
有道	混切	mixed cut blend	混合切割，混合琢型，混合剪裁，混合式 混合

从表 6.65 结果可以看出，机器翻译系统对"混"的核心语义理解比较到位，翻译出的英语动词原形是 mix 和 blend。但是，对专有名词"切"的翻译均出现错误，说明机器翻译系统没有相关知识库的支撑，所以无法完成正确翻译。

在国家标准方面，术语在线没有收录"混切"，但收录了几个与"反切"相关的名词，其中"反切"英译为 fanqie/sinigraphic spelling；"反切下字"英译为 second sinigram in a fanqie；"反切上字"英译为 first sinigram in a fanqie。

从上面的国家标准来看，"反切"已经形成了约定，即 fanqie 或 sinigraphic spelling。考虑到拼音外译时语义缺失度问题，我们认为第二种翻译比较合适。鉴于"混切"就是"混合型反切"，其核心语义仍然是反切，所以，只要能完成"混"的翻译就可以实现"混切"的准确翻译。请见《朗文当代英语词典》中 mix 和 blend 的释义[①]。

> mix: if you mix two or more substances or if they mix, they combine to become a single substance, and they cannot be easily separated (e.g. Oil and

---

① https://www.ldoceonline.com/dictionary/mix; https://www.ldoceonline.com/dictionary/blend.

water don't mix. The powder is mixed with cold water to form a paste.); to combine two or more different activities, ideas, groups of things etc (e.g. Their musical style mixes elements of Eastern culture and Western pop.); to meet, talk, and spend time with other people, especially people you do not know very well (e.g. Charlie doesn't mix well with the other children.); to prepare something, especially food or drink, by mixing things together (e.g. Will you mix us some martinis, Bill?); to control the balance of sounds in a record or film.

blend: to combine different things in a way that produces an effective or pleasant result, or to become combined in this way (e.g. a story that blends fact and legend; Leave the sauce to allow the flavours to blend together.); to thoroughly mix together soft or liquid substances to form a single smooth substance (e.g. Blend the sugar, eggs, and flour.); to produce tea, tobacco, whisky etc by mixing several different types together (e.g. blended whisky).

从以上释义可以看出，mix 强调的是不同成分之间的合成，而且形成的合成体通常密不可分。blend 则侧重食物的合成，尤其指能产生气味芬芳之类效果的食物。这样，此处翻译更适合的是 mix 的释义，"混切"的"混"采用 mixed 更准确。这个翻译项与机器翻译中的大概率选项是一致的。

所以，我们将"混切"翻译为 mixed sinigraphic spelling。

6.24 "包孕谓语"的翻译

《汉典》中对"包孕句"解释如下：含有主谓词组的句子，如"这朵花颜色很漂亮"中的"颜色很漂亮"就是主谓词组，也称为"子句"。

谓语是句子中的主要成分。包孕谓语是指包含动词性短语的谓语，即句子谓语里又包孕了其他的谓语形式。例如，"我喜欢滑雪""他在澳大利亚度假"中的谓语"喜欢滑雪""在澳大利亚度假"包含着另一个谓语形式"滑雪""在澳大利亚"。这两个句子的谓语都是包孕谓语。

从表 6.66 的结果可以看出，百度和有道提供的是动词原形和分词形式，其核心意义是动词性的，不适合作为包孕谓语的翻译项，所以不予考虑。

表 6.66　四个翻译软件对"包孕谓语"的机器翻译及回译结果

翻译软件	名词	英译	回译
GOOGLE	包孕谓语	predicate of pregnancy	怀孕的谓词
DEEPL	包孕谓语	inclusion of predicates	列入谓词，包含谓词的内容，包含谓词，列入谓语
百度	包孕谓语	include predicate	包含谓词
有道	包孕谓语	including the predicate	包括谓词

翻译项较为准确的是 GOOGLE 和 DEEPL 的翻译，两个翻译都是名词性的。下面来区分这两个翻译项。

在国家标准方面，术语在线没有收录"包孕谓语"。

在《汉典》①中，包孕意为包含。清代戴世名《方逸巢先生诗序》："而后举笔为文，有以牢笼物态而包孕古今，诗之为道，亦若是而已矣。"清代恽敬《舟经丹霞山记》："夫圣人之心，华邃鸿远，包孕天地，岂若拘儒之规规者哉！"可见，包孕意义近似于英语 inclusion，请见《朗文当代英语词典》中对 inclusion 的释义②。

> the act of including someone or something in a larger group or set, or the fact of being included in one;
>
> someone or something that has been included in a larger group;
>
> the act of including something as part of a larger amount or group of things.

从英语释义可以看出，inclusion 指的是大范围中嵌套小范围，大集团中包含小组织。下面再来看英语 pregnancy 的英语释义③。

> when a woman is pregnant (=has a baby growing inside her body).

英语中 pregnancy 出现的语义场主要限定在妇女怀孕这个方面。

从 inclusion 和 pregnancy 的对比分析可以看出，GOOGLE 将包孕理解为怀孕的，而 DEEPL 可以理解深层次的包含和涵盖这样的语义，DEEPL 的翻

---

① https://www.zdic.net/hans/%E5%8C%85%E5%AD%95.

② https://www.ldoceonline.com/dictionary/inclusion.

③ https://www.ldoceonline.com/dictionary/pregnancy.

译更胜一筹。所以说，包孕谓语不应该简单翻译为怀孕的谓语，而应该翻译为包含多个谓语成分的包含体。DEEPL 的翻译是准确的。"包孕谓语"翻译为 inclusion of predicates 是可行的[①]。

6.25 "尖字"和"尖团字"的翻译

《汉典》中，尖[②]的一种释义为：声音高而细，如～脆。～嫩。

《汉典》将"尖团音"解释为：尖音和团音。尖音指丨、凵前的舌尖前塞擦音、擦音声母ㄗ、ㄘ、ㄙ。团音则指丨、凵前的舌面前塞擦音、擦音声母ㄐ、ㄑ、ㄒ。有的汉语方言尖、团仍分，但普通话均读团音。也称为"尖团""尖团字"。

尖字即尖音字，与团字或团音字相对，戏曲界主要指 z、c、s 三个声母和韵母 i、ü 或以 i、ü 开头的韵母相拼的字，发音时舌尖抵齿缝并摩擦气流，如"朱（zū）""秋（ciū）""笑（siào）"等[③]。请见"尖字"的机器翻译及回译结果，如表 6.67 所示。

表 6.67 四个翻译软件对"尖字"的机器翻译及回译结果

翻译软件	名词	英译	回译
GOOGLE	尖字	sharp	锋利的
DEEPL	尖字	pointed character	尖字，尖头字，尖锐人物，尖刻的字符
		pointed word	尖锐词，尖锐的词，尖锐的字，尖锐的字眼
		pointed characters	尖锐的字符，尖锐的人物，尖锐人物，尖锐的字
百度	尖字	sharp character	敏锐的性格，准确地字符[④]
有道	尖字	sharp words	锋利的词，愤怒的话，争吵

---

① 部分音韵学家将包孕谓语翻译为 sentence with a clause，这种表述与我们的翻译异曲同工。inclusion of predicates 和 sentence with a clause 均予以采纳。

② https://www.zdic.net/hans/%E5%B0%96。

③ 尖团字的出现有不同据理，有学者认为尖团字来源于满文的写法，用尖头满文拼写的叫作尖音，用圆头满文拼写的叫作圆音，后来因为刊刻之误，将繁体字圆讹写成團。（冯蒸，1984）。

④ "准确地字符"是机器翻译结果，本书未进行修正。

从表 6.67 结果可见，机器翻译系统无法正确翻译"尖字"的内涵，翻译项不予采纳。

在国家标准方面，术语在线没有收录"尖字"，但收录了"尖音"①，具体如下。

  尖音：与"团音"相对。中古精组字今读为细音的字音。例如青岛话"精""清""星"等字声母分别是[ts][ts'][s]。英译为 sharp initial。

从前面释义可以看出，尖字即尖音字，与尖音内涵是一致的。也就是说，尖字、尖音字、尖音是同一事物的不同表达。我们在英语翻译时，采用国家标准，统一将尖字、尖音字、尖音翻译为 sharp initial。

尖团字指尖字（或尖音字）和团字（或团音字）的合称。尖字就是前面提到的"朱（zū）""秋（ciū）""笑（siào）"等字。团字（或团音字）主要指声母 zh、ch、sh、j、q、x 和韵母 i、ü或以 i、ü开头的韵母相拼的字，例如"竹（zhú）""除（chú）""书（shū）""见（jiàn）""欺（qī）""群（qún）"等。请见"尖团字"的机器翻译及回译结果，如表 6.68 所示。

表 6.68 "尖团字"的机器翻译及回译结果

翻译软件	名词	英译	回译
GOOGLE	尖团字	Jian Tuan	Jian Tuan
DEEPL	尖团字	pointed group of characters	指向性的字符组，带点的字符组，指向的字符组，指向性的字符群
		pointed group character	尖锐的组字，指向性的组字，尖锐的组别字符，指向性的组别字符
		pointed doughnut character	尖锐的甜甜圈字符，尖头甜甜圈字符，尖锐的甜甜圈人物，尖锐的甜甜圈字样
百度	尖团字	pointed group character	点群字符
		differentiated tz, ts and j, ch consonants	区分 tz、ts 和 j、ch 辅音
有道	尖团字	tip mass of word	词尖质量

---

① https://www.termonline.cn/search?k=%E5%B0%96%E9%9F%B3&r=1669832419643.

从表 6.68 结果可以看出，机器翻译没有知识库支持无法提供有效翻译。

在国家标准方面，术语在线没有收录"尖团字"，但收录了"尖音"和"团音"。尖音翻译为 sharp initial。"团音"释义[①]如下。

> 团音：与"尖音"相对。中古见晓组字今读为细音的字音。[②]

我们在翻译时发现，与"尖字、尖音字、尖音"相似，"团音"也与"团字、团音字"内涵一致。"团字、团音字、团音"均可采用国家标准翻译为 round initial。

从"尖团字"的释义可以看出，"尖团字"即"尖团"或"尖团音"，是"尖字"和"团字"的合称。我们在翻译时，将"尖字—sharp initial"和"团字—round initial"合并为"尖团字—sharp and round initials"。

6.26 "交纽转"的翻译

交纽转是古韵通转用语。章炳麟《成均图》认为阴声韵和阳声韵中间有分界，如果阴声与阳声之间不是对转而是越过分界发生旁转，即相对峙的邻近阴声与阳声相转，这种韵部转变称为"交纽转"。例如"灌（guan）"为寒（han）韵字，"耄（mɑo）"为"宵（xiao）"的韵字，二者押韵属于交纽转。

从表 6.69 可以看出，翻译系统对专业特征明显的交纽转无法形成有效翻译。

表 6.69 四个翻译软件对"交纽转"的机器翻译及回译结果

翻译软件	名词	英译	回译
GOOGLE	交纽转	turn around	回转
DEEPL	交纽转	Cross-Newturn	十字架-纽特恩，十字架-纽特恩（Cross-Newturn），十字架-纽扣，十字架-纽特恩（Newturn）

---

① https://www.termonline.cn/search?k=%E5%9B%A2%E9%9F%B3&r=1669832541662.
② 此句后面对于青岛话"经""轻""兴"等字声母的举例显示乱码，估计是古音的标注不为系统所接受导致的。建议及时进行调试，以实现术语在线更好地为术语推广和审定服务。

翻译软件	名词	英译	回译
DEEPL	交纽转	turning	转弯，转身，转变，转向
		cross-news transfer	交叉新闻传输，交叉新闻转移，交叉新闻传送，交叉新闻转播
		turn	转向，转弯，转变，转身
百度	交纽转	Jiaoniuzhuan	蛟牛传
有道	交纽转	in reverse	相反

在国家标准方面，术语在线没有收录"交纽转"。

我们在翻译"交纽转"时，根据系统性原则进行。前面讨论的"纽""韵"语义场中已经形成了多个翻译对，具体包括：纽—initial、古纽—ancient initial、本纽—original initial、变纽—changed initial、古本纽—ancient original initial、韵—rhyme、古韵—ancient rhyme、本韵—original rhyme、变韵—changed rhyme、古本韵—ancient original rhyme、声纽—initial consonant、倒纽—reversed initial (anti pronunciation)、不完全交韵—incomplete cross-rhyme、别转—other transfer、旁转—lateral transfer、从转—subordinate transfer、正转—primary transfer。

根据交纽转的释义可以看出，"交"即为阴声韵与阳声韵相转交叉，与"不完全交韵—incomplete cross-rhyme"中的"交—cross-"有相似处。交纽转仍然指的是韵部相转，可翻译为 cross-rhyme transfer。

6.27 "仂语化"和"仂语结构"的翻译

《汉典》对"仂语"的解释如下：语法术语，即词组。仂语是文法学名词之一，指文法上不成句的词组，如"雄伟的建筑""春夏秋冬"等结构。

仂语化即句子的短语化。古汉语中通过添加成分让句子变成了短语（仂语），如《论语》"君子之至于斯也，吾未尝不得见也"中的"君子至于斯（孔子到了这里）"是完整的句子形式，插入介词"之"后，"君子之至于斯

（当孔子到了这里的时候）"变成了名词性短语，即名词性仂语。这个变化过程就是仂语化。

从表6.70的机器翻译结果可以看出，专有名词的翻译如果没有知识库支持无法实现有效翻译。

表6.70　四个翻译软件对"仂语化"的机器翻译及回译结果

翻译软件	名词	英译	回译
GOOGLE	仂语化	slang	俚语
DEEPL	仂语化	tithing	十一奉献，什一奉献，十一捐献
		titularization	名义化，名称化，名额化，名目化
		tokenization	代币化，代号化，代用券，代客理财
		titheization	十足化，什一税制，什一税制化，十一进制化
百度	仂语化	verbalization	动词化，语言化，言语化
有道	仂语化	LeYu	没有显示

在国家翻译方面，术语在线没有收录"仂语化"。

我们在翻译时，根据系统性原则可知"仂语"可翻译为phrase。对于"……化"，在英语中有对应的结构，具体请见socialization和capitalization在《朗文当代英语词典》中的释义。

socialization: the process by which people, especially children, are made to behave in a way that is acceptable in their society.

capitalization: the total value of a company's shares; the total value of all the shares on a stockmarket at a particular time.

从上面的《朗文当代英语词典》释义可以看出，"……化"在英语中对应-zation。根据social—socialization、capital—capitalization的变化路径，仂语化就可以从phrase—phrasal变化为phrasalization，形成仂语化。

仂语结构是与仂语化比较相关的名词。仂语结构指在组合关系上属于仂语的结构，包括主谓短语以外的短语和一部分复合词，该结构包括两个或更多的且未能成为句子的词组合。

从表6.71结果可以看出，专有名词"仂语"没有得到正确的翻译。

表 6.71　四个翻译软件对"仂语结构"的机器翻译及回译结果

翻译软件	名词	英译	回译
GOOGLE	仂语结构	Raja structure	拉贾结构
DEEPL	仂语结构	token structure	代币结构，令牌结构，代币的结构，代币架构
		structure of titular language	名义语言的结构，标题语言的结构，名词解释的结构，名词的结构
百度	仂语结构	language structure	语言结构
有道	仂语结构	LeYu structure	LeYu 结构

在国家标准方面，术语在线没有收录"仂语结构"。

我们在翻译时，根据《朗文当代英语词典》的释义"phrasal: consisting of or relating to a phrase or phrases"，将形容词"仂语"翻译为 phrasal，"结构"翻译为 structure，最后形成翻译对：仂语结构—phrasal structure。

综上所述，"仂语化"和"仂语结构"分别翻译为 phrasalization 和 phrasal structure。

6.28　"名词"相关项的翻译

我们所使用的传统语言学术语库中涉及多个与名词相关的项，包括名词首品、名词次品、名词末品、名词复数、名词仂语、名词后附号。

名词首品指由名词充当的首品，如"好人、坏蛋、弱国"中的"人、蛋、国"等。同一名词，根据在句中的地位既可以做首品、次品，还可以做末品，如"如虎添翼、高坐虎帐、虎踞一方"中的"虎"分别充当名词首品、名词次品和名词末品。请见"名词首品"的机器翻译及回译结果，如表 6.72 所示。

表 6.72　四个翻译软件对"名词首品"的机器翻译及回译结果

翻译软件	名词	英译	回译
GOOGLE	名词首品	noun first product	名词第一个产品
DEEPL	名词首品	noun first product	名词解释第一产品，名词首要产品，名词性第一产品，名词解释第一类产品

第六章　汉语传统语言学名词机器翻译实例分析　　191

续表

翻译软件	名词	英译	回译
DEEPL	名词首品	noun first Class	名词解释第一类，名词第一类，名词解释第一级，名词解释一级
		nouns first product	名词第一产品，名词第一种产品，名词的第一产品
		nouns first products	名词第一产品，名词的第一个产品，名词第一种产品，名词的第一产品
百度	名词首品	noun first article	名词首冠词
有道	名词首品	noun first product	名词的第一个产品

从表 6.72 结果可以看出，"名词"翻译为 noun，"首品"由于是专有名词，没有得到有效翻译。

在国家标准中，术语在线没有收录"名词首品"。

我们在翻译时，采用系统性原则。前面已经完成了对首品—primary、次品—secondary 和末品—tertiary 的翻译，此处翻译"名词首品"时"首品"采用 primary。"名词"翻译为 noun，最后形成"名词首品"的翻译为 noun primary。

名词次品指由名词充当的次品，如"狼心、狗肺、水量、月光、体温、皮鞋、铁箱、木瓜糖、土枪、水壶、鬼脸、肉丸子、奶粉、枣泥"等中的"狼、狗、水、月、体、皮、铁、木瓜、土、水、鬼、肉、奶、枣"等。居前的次品与居后的首品比较而言，处于次要地位。

表 6.73 的机器翻译中只正确翻译了常规词"名词"，而对专有名词"次品"没有提供正确的翻译项。

表 6.73　四个翻译软件对"名词次品"的机器翻译及回译结果

翻译软件	名词	英译	回译
GOOGLE	名词次品	noun inferior	名词下等
DEEPL	名词次品	noun substandard product	不合格产品，不合格产品的名词，不合格产品名词，不合格的产品
		noun an inferior product	劣质产品，劣质品，劣质的产品
		noun inferior product	劣质产品，劣质品，劣质产品的名词
		noun a substandard product	不合格的产品，不合格产品，不合格品

翻译软件	名词	英译	回译
百度	名词次品	noun defective	名词有缺陷
有道	名词次品	noun defective goods	名词次品

在国家标准中，术语在线没有收录"名词次品"。

我们在翻译中，参照"名词首品—noun primary""次品—secondary"的系统性，将"名词次品"翻译为 noun secondary。

名词末品指由名词充当的末品。请见"名词末品"的机器翻译及回译结果，如表 6.74 所示。

表 6.74　四个翻译软件对"名词末品"的机器翻译及回译结果

翻译软件	名词	英译	回译
GOOGLE	名词末品	final noun	最后的名词
DEEPL	名词末品	noun final product	名词最终产品，名词性最终产品，最终产品的名词，名词性的最终产品
		noun the end product	最终产品，名词的最终产品，最终的产品
		noun the last product	名词解释最后的产品，最后一个产品的名词
百度	名词末品	noun end product	名词终产物
有道	名词末品	the noun at the end of the article	文章末尾的名词

表 6.74 的机器翻译无法提供正确的"末品"翻译，不予采纳。

国家标准方面，术语在线没有收录"名词末品"。

我们在翻译时，参照"名词首品—noun primary""名词次品—noun secondary""末品—tertiary"，将"名词末品"翻译为 noun tertiary。

名词复数是指在现代汉语中通常以名词加上"们"等构成的复数，如"老虎们"。请见"名词复数"的机器翻译及回译结果，如表 6.75 所示。

表 6.75　四个翻译软件对"名词复数"的机器翻译及回译结果

翻译软件	名词	英译	回译
GOOGLE	名词复数	plural noun	复数名词

第六章　汉语传统语言学名词机器翻译实例分析　　193

续表

翻译软件	名词	英译	回译
DEEPL	名词复数	plural of nouns	名词的复数，名词复数，名称的复数，命名的复数
		plural of noun	名词的复数，名词复数
		noun plural	名词复数，名词的复数
百度	名词复数	plural noun	复数名词，复数形式
		plural	（名词或动词的）复数，复数形式
		plural form of noun	名词复数
有道	名词复数	the plural	复数，名词复数

根据机器翻译结果，我们发现"名词"和"复数"是普通名词，所以系统提供了较好的翻译项。但是，在限定词的使用方面，各机器翻译系统处理结果是不同的。"名词复数"可以理解为"名词的复数"，或者是"复数的名词"。限定成分不同，形成的翻译项也不同。从翻译结果来看，plural noun、plural of noun、noun plural、plural form of noun 是四个较为准确的翻译项。在选择时，需要进入 BNC[①]中进行概率比对，并选取概率最大的作为选项。BNC 四个翻译项的概率如下。

　　plural noun: Your query "plural noun" returned 9 hits in 7 different texts (98,313,429 words [4,048 texts]; frequency: 0.09 instances per million words).
　　plural of noun: There are no matches for your query.
　　noun plural: There are no matches for your query.
　　plural form of noun: There are no matches for your query.

从以上的检索结果可以看出，四个翻译项中概率最大的是 plural noun，其他的三个选项都无法在 BNC 中得到有效检索。这说明 BNC 中可以接受的翻译项只有 plural noun。

在国家标准方面，术语在线没有收录"名词复数"。

---

　　① http://bncweb.lancs.ac.uk/cgi-binbncXML/processQuery.pl?theData=plural+noun&chunk=1&queryType=CQL&qMode=Simple+query+%28ignore+case%29&inst=50&max=INIT&qname=INIT&thMode=INIT&thin=0&qtype=0&view=list&phon=0&theAction=Start+Query&urlTest=yes.

综合以上分析，我们将"名词复数"翻译为 plural noun。

名词仂语即以名词为中心的仂语，或称"名词性词组"，除了普通的名词中心仂语外，并列名词可以构成名词仂语，谓语形式也可以构成名词仂语，如"为人乐善好施"中的"为人"。请见"名词仂语"的机器翻译及回译结果，如表 6.76 所示。

表 6.76　四个翻译软件对"名词仂语"的机器翻译及回译结果

翻译软件	名词	英译	回译
GOOGLE	名词仂语	noun	名词
DEEPL	名词仂语	noun tithe	名词性什一税，名词什一税，名词 十一奉献
		noun tilde	名词性倾斜符号，名词性的词条，名词词条，名词性的倾斜
		noun token	名词标记，名词代币，名词性符号，名词代词
		noun tidings	名词 tidings，名词解释，名词性的消息，名词性消息
百度	名词仂语	noun language	名词语言，名词的语言
有道	名词仂语	noun LeYu	无法显示

在机器翻译结果中，普通词"名词"得到较好翻译。"仂语"是专有名词，系统无法提供正确的翻译项。

在国家标准方面，术语在线没有收录"名词仂语"。

我们在翻译名词仂语时，参照翻译对"名词首品—noun primary""名词次品—noun secondary""名词末品—noun tertiary""名词—noun""仂语—phrase"，将"名词仂语"翻译为 noun phrase。

名词后附号即名词后面所附的记号，如"门儿、花儿"等中的"儿"。请见"名词后附号"的机器翻译及回译结果，如表 6.77 所示。

表 6.77　四个翻译软件对"名词后附号"的机器翻译及回译结果

翻译软件	名词	英译	回译
GOOGLE	名词后附号	noun suffix	名词后缀
DEEPL	名词后附号	noun followed by a number	名词后加数字，名词后有数字，名词后接数字，名词后跟数字
		noun followed by number	名词后缀数，名词后有数字，名词后接数字，名词后跟数字

翻译软件	名词	英译	回译
DEEPL	名词后附号	noun followed by the number	名词后缀数字，名词后接数字，名词后有数字，名词后跟数字
		nouns followed by a number	名词后有数字，名词后缀数字，名词后跟数字，名词后接数字
百度	名词后附号	suffix after noun	名词后后缀
有道	名词后附号	The noun is followed by a number	名词后面跟一个数字

从机器翻译系统提供的翻译项可以看出，名词后附号本质上就是附着于名词的后缀，GOOGLE和百度翻译名词后附号分别为noun suffix和suffix after noun。这种翻译方法是否合适还需要看国家标准和系统性原则。

在国家标准方面，术语在线没有收录"名词后附号"。

我们在翻译时，由于没有国家标准参照，需要创新性翻译。在前面名词相关项的翻译中，除了约定俗成的被英语国家广泛接受的语言表达（如名词复数plural noun）之外，我们都系统性将"名词noun"作为前行限定成分来使用，这样就形成了"名词附号"的翻译noun marker。前缀"后-"在英语中对应词为post-。这样，名词后附号翻译为post-noun marker更符合一致性原则，这与前面已经完成的"次品后附号post-secondary marker"相对应。

综上所述，我们确定了与名词相关的翻译对，具体包括："名词首品—noun primary""名词次品—noun secondary""名词末品—noun tertiary""名词仂语—noun phrase""名词复数—plural noun""名词后附号—post-noun marker"。

6.29 "凭切"和"凭韵"的翻译

《汉典》中对"凭"字进行了释义[①]，如下所示。①靠在东西上：～栏。～吊（对着遗迹怀念）。②依靠，仗恃：～借。～靠。～信。③根据：～票入

---

① https://www.zdic.net/hans/%E5%87%AD.

场。④证据：～据。文～。～空。～证。空口无～。⑤由着，听任：任～。听～。

凭切与凭韵相对，与"同音而分切"的异切不同。凭切指在反切过程中，多个被切字的韵属于一类，但反切下字不用同一个字的情况，即"同韵而分两切者谓之凭切"。例如，在"神（shén），乘（shèng）人（rén）切"和"辰（chén），丞（chéng）真（zhēn）切"中，被切字"神、辰"属于同韵类，但反切下字分别使用了"人、真"。这种情况就叫作凭切。凭切是为了解决韵图与韵书的矛盾，韵图在根据反切列字归等时，以反切上字为辨等的标准。

从"凭切"的释义可以看出，凭切是反切的一种。"凭"此处应该是"根据"，"切"应该是"切（上字）"。也就是说"凭切"的内涵为"根据切上字（辨等）的反切"①。请见"凭切"的机器翻译及回译结果，如表 6.78 所示。

表 6.78　四个翻译软件对"凭切"的机器翻译及回译结果

翻译软件	名词	英译	回译
GOOGLE	凭切	by cut	通过切割
DEEPL	凭切	depend on a cut	依赖于切，依赖于切磋，依赖于切开，依赖于切入点
		by means of a cut	通过切割的方式，通过切割，通过削减，通过切割的方法
		depend on the cut	取决于切割的情况，取决于切割，视乎切割情况，取决于切割方式
		vouch for	担保，打保票，担保人，担保书
百度	凭切	by cutting	通过切割
有道	凭切	by cutting	通过削减，开路般穿过，切割法

表 6.78 中机器翻译系统无法正确翻译专业性很强的凭切。

在国家标准方面，术语在线没有收录"凭切"。

我们在翻译"凭切"时，采用释义的核心内涵，即"根据切上字（辨等）的反切"。在国家标准中，术语在线已经提供了相关的翻译对："反切上字—

---

① 凭切和凭韵都是中国传统音韵学中的等韵学术语。凭切就是以反切上字为辨等的标准；凭韵就是以反切下字为辨等的标准。（王力，1963）。

first sinigram in a fanqie""反切下字—second sinigram in a fanqie""反切—fanqie/sinigraphic spelling"。此外,我们还提供了创新性翻译的"混切—mixed sinigraphic spelling"。从这些翻译项出发,我们将凭切翻译为"sinigraphic spelling based on first sinigram for discrimination"。

在《朗文当代英语词典》中 discrimination 的释义①如下。

> the ability to recognize the difference between two or more things, especially the difference in their quality.

从 discrimination 的释义可以看出,该词可作为"辨等"的对应词。这样,翻译对"凭切—sinigraphic spelling based on first sinigram for discrimination"能够清楚地表达凭切的释义。

凭韵与凭切相对,指多个字读音相同而韵书却收于邻近的几个韵中的现象,即"同音而分两韵者谓之凭韵"。凭韵是为了解决后代反切与古代反切的矛盾,韵图在根据反切列字归等时,以反切下字为辨等的标准,韵图为被切字确定位置时,根据反切下字来决定其读音。

从"凭韵"的释义可以看出,凭韵也是反切的一种。"凭"此处应该是"根据","韵"应该是决定韵调的切(下字)。根据反切理论,反切上字决定声母和清浊,反切下字决定韵和调,所以,这里的"凭韵"就是"根据韵(辨等)",也就是"根据切下字(辨等)"。所以,"凭韵"的内涵意义为"根据切下字(辨等)的反切"。

请见"凭韵"的机器翻译及回译结果,如表 6.79 所示。

表 6.79 四个翻译软件对"凭韵"的机器翻译及回译结果

翻译软件	名词	英译	回译
GOOGLE	凭韵	by rhyme	按韵
DEEPL	凭韵	rhyme	韵律,韵脚,押韵,韵文
		rely on rhyme	依韵而行,仗着有韵味,仗义执言,仗着有韵
		rely on the rhyme	仗义执言,依韵而行,仗着有韵味,依韵
		rhyme with	押韵,同韵,韵,韵母

---

① https://www.ldoceonline.com/dictionary/discrimination.

续表

翻译软件	名词	英译	回译
百度	凭韵	by rhyme	按韵律
有道	凭韵	on the strength of the rhyme	靠着押韵的力量

从表 6.79 的机器翻译结果可见，专业特征明显的"凭韵"没有得到有效翻译。

在国家标准方面，术语在线没有收录"凭韵"。

我们在翻译时需要按照系统性原则进行。从"凭韵"和"凭切"的释义可以看出，两个反切名词是相对应的，凭韵是"凭借反切下字辨等"，凭切是"凭借反切上字辨等"。这样，根据"凭切—sinigraphic spelling based on first sinigram for discrimination"的翻译，可以将"凭韵"翻译为 sinigraphic spelling based on second sinigram for discrimination。

综合以上分析，可形成的翻译对为："凭切—sinigraphic spelling based on first sinigram for discrimination""凭韵—sinigraphic spelling based on second sinigram for discrimination"。

6.30 "全浊声母"的翻译

在《汉典》中，声母是指一个汉字起头的音，其余的音叫韵母。大部分字的声母是辅音声母，如行（xíng）的起头字母 x，只有小部分的字元音起头（就是直拿韵母起头），它的声母叫"零声母"，如"爱"（ài）、"鹅"（é）、"欧"（ōu）等字。

"全浊"是音韵学用语，主要指发音时声带振动的塞音、擦音、塞擦音，如"三十六字母"中的并、定、群、邪、禅、从、床（bìng、dìng、qún、xié、chán、cóng、chuáng）等均是全浊声母。

这些音类似英语中的阻音（obstruent），即气流在声门以上的气流通道内受到阻塞或明显阻碍而产生湍流的音素，如塞音、塞擦音、擦音和边擦音（stop、affricate、fricative）等。

全浊声母指古声母分类之一。古人把古声母按照发音方法分为四类：全清声母、次清声母、全浊声母、次浊声母。近代汉语以来，全浊声母开始消失，并且音变成送气和不送气两类清声母，后遇反切下字平声韵则变为送气清声母，后遇反切下字仄（上去入）声韵则变为不送气清声母。例如，古音全浊声母在"权（quán），巨员（jù yuán）切"中遇到反切下字"员"的古平声韵，遂从全浊声母 j 音变成了送气清声母 q，juán 音变为 quán。再例如，古音全浊声母在"度（dù），徒故（tú gù）切"中遇到反切下字"故（gù）"的仄声韵，遂从全浊声母 t 音变成了不送气清声母 d，tù 音变为 dù。

请见"全浊声母"的机器翻译及回译结果，如表 6.80 所示。

表 6.80　四个翻译软件对"全浊声母"的机器翻译及回译结果

翻译软件	名词	英译	回译
GOOGLE	全浊声母	fully voiced initials	全浊音首字母
DEEPL	全浊声母	all turbid consonants	所有混浊的辅音，所有浑浊的辅音，所有的浊辅音，所有的浊音字母
		all turbid vowels	所有浑浊的元音，所有浊声母，所有的浊声母，所有的浊音元音
		full turbid vowel	全浊声母，完整的浊音，全浊音，完整的浊音
		full turbid vowels	全浊声母，完整的浊音元音，完整的浊声母，饱满的浊声母
百度	全浊声母	total turbid initials	总浑浊首字母
有道	全浊声母	all muddy initials	所有的缩写

在表 6.80 的翻译项中，可以发现有的机器翻译系统提供了较为准确的翻译。"浊"并不是"浑浊"的释义，而是"摩擦震动"的释义，所以，GOOGLE 翻译是较为准确的。

在国家标准方面，术语在线没有收录"全浊声母"。但提供了相关的名词翻译项，具体如下。

根据术语在线的国家标准，可以发现如下翻译：声母—initial、复辅音声母—consonant cluster as an initial、零声母—zero initial、浊声母—voiced initial、清声母—voiceless initial。在创新性翻译"不清不浊"时，可以发现不清不浊指不是清音也不是全浊的声母，"不清"即非清音声母，"不浊"即非全浊声母，可分别翻译为 non-voiceless initial 和 non-fully voiced initial，最后形成"不清不浊"——non-voiceless and non-fully voiced initial (namely nasal, lateral and semi-vowel)。

我们在翻译时，根据以上的翻译项并采用系统性原则，将"全浊声母"翻译为 fully voiced initial (stop, affricate, fricative)。

6.31 "如字"的翻译

《汉典》对"如字"的解释如下：一字有两个或两个以上读音，依本音读叫"如字"。"如字"又称"如字读"，与"破读"相对，即对多音字而言用本义，读本音。

前面分析了"恶（wù）""好（hào）"在"恶恶臭（wù è xiù）""好好色（hào hǎo sè）"中发生了不与常态读音相一致的读破现象。"恶"从本义的形容词变成了读破后的动词，这种变化源自音的变化。"好"也因为读破从本义形容词变成了动词，借助的是音调的变化。"恶恶臭（wù è xiù）"中第一个"恶"是读破，第二个"恶"是本音本义。"好好色（hào hǎo sè）"中第一个"好"发生了读破，第二个"好"保持了本音本义。根据"如字"的释义，可以发现，第二个"恶"和第二个"好"就是保持了本音本义的"如字读"。

请见"如字"的机器翻译及回译结果，如表 6.81 所示。

表 6.81　四个翻译软件对"如字"的机器翻译及回译结果

翻译软件	名词	英译	回译
GOOGLE	如字	as words	作为话
DEEPL	如字	as in the word	如字，如词，如字的，如字的意思
		as in Chinese characters	如汉字，如同汉字，如汉字一样，如同中国字
		as if the word	仿佛这个词，仿佛这句话，仿佛这个字，仿佛这词
		as the word	由于这个词，由于该词，正如这个词，如同这个词
百度	如字	according to the basic pronunciation of the character	根据汉字的基本发音
有道	如字	carelessly	不小心

从表 6.81 翻译结果可见，百度提供了较其他翻译系统相对准确的释义，尤其对"如字"的核心释义 basic pronunciation 进行了对应性翻译，在回译过程中，回译项也基本表达了"如字"的核心意义。所以，我们在创新翻译时可以参照百度翻译 basic pronunciation 进行。

在国家标准方面，术语在线没有收录"如字"。但是，术语在线提供了与"如字"紧密相连的"读破"的翻译 change meaning by change pronunciation。

从"如字"的释义可以看出，对多音字而言，如果读本音用本义，则是"如字读"，保留意义不发生变化。如果读的是非本音，用的是非本义，则是"破读"，词意义发生变化。所以，"如字"和"破读"的对比如下。

（1）"如字"是保留词义不变，对应的英语为 keep meaning；"破读"则改变词义，对应的英语为 change meaning。

（2）"如字"读的是本音，对应的英语为 basic pronunciation；"破读"读的是变音，对应的英语为 change pronunciation。

根据系统性原则，我们的创新性翻译可以参照国家标准"破读"的翻译 change meaning by change pronunciation 进行。"如字"可翻译为 keep meaning by basic pronunciation。这种翻译模式，保持"如字"和"破读"的翻译模式的一致性，"如字"读本音、用本义、保持词义的基本特征都得到了体现，也符合系统性原则。

与"如字"和"破读"关联紧密的另一个名词是"读若"。读若是指"像……一样读"，具体是指用同音或近音字注音，例如"甲读若乙"或"甲读如乙"。从该释义来看，"读若"仅强调读音相同或相近，不涉及本音、本义、词义。所以，从"如字""破读""读若"三者关系来看："如字"涉及多音字的本音、本义，并且保持词义不变；"破读"涉及多音字的变音、变义，并引发词义变化；"如字""破读"是一个多音字的两个方面。"读若"只涉及音同或音近，不关注词本义和变义，即使是不同的字只要发音相同或相近，均可用于"读若"。

在具体翻译中，术语在线提供了"破读"的翻译 change meaning by change pronunciation，在此基础上，可完成"读若"的翻译 keep meaning by borrowed pronunciation，以及"如字"的翻译 keep meaning by basic pronunciation[①]。

[①] 部分音韵学家将如字翻译为 keep meaning by original reading。此处翻译采用我们的系统性原则，将如字翻译为 keep meaning by basic pronunciation。

6.32 "入声字"的翻译

《汉典》中"入声"解释为:古汉语四声之一。现代汉语普通话四声分别是阴平、阳平、上声、去声,没有入声。有些方言有入声,入声字一般比较短促,有时还带辅音韵尾。

入声字指声调是入声的字。王力认为上古汉语分长入和短入,魏晋时期长入开始变为去声,元代时期短入开始变为平上去三声。古入声字变化中,去声、阳平、阴平和上声依次吸收了不同数量的古入声,去声还吸收了几乎所有的古次浊入声和大部分古全浊入声。请见"入声字"的机器翻译及回译结果,如表 6.82 所示。

表 6.82 四个翻译软件对"入声字"的机器翻译及回译结果

翻译软件	名词	英译	回译
GOOGLE	入声字	intonation	语调
DEEPL	入声字	character with one or more readings	字,有一个或多个读法
百度	入声字	entering tone character entering tone	输入音调字符 进入音调
有道	入声字	rusheng characters	入声字

机器翻译系统中,百度提供了较为准确的"入声字"翻译 entering tone character。

术语在线没有收录"入声字",但收录了"入声"。国家标准中,"入声"英译为 entering tone,这与百度的翻译是一致的。根据系统性原则,汉字一般翻译为 character,所以,入声字可以采用百度翻译,形成翻译对:入声字—entering tone character。

6.33 "散动"的翻译

散动指谓语中多个动词连用时,第一个动词(坐动)之后的动词叫散动,类似英语中的不定式或现代汉语的动词短语。例如，在"愿（伯具）言（臣之不）敢倍（德）"中有四个动词"愿、言、敢、倍"，其中"臣之不敢倍德"为主谓短语。"愿"是坐动，"言"承"愿"之行为散动。在主谓短语中，"敢"是坐动，"倍"承"敢"之行为散动。现代汉语的意思为"希望你详细向项王说明，我是不敢背叛项王的恩德的"。从分析可以看出，散动是连续多个动词中除第一个动词之后的其他动词。

从表 6.83 可见，专有名词"散动"从机器翻译无法得到有效翻译。

表 6.83　四个翻译软件对"散动"的机器翻译及回译结果

翻译软件	名词	英译	回译
GOOGLE	散动	scatter	分散
DEEPL	散动	scatter	分散，散射，散，散点
		dispersion	分散性，分散度，分散，分散情况
		scattering	散射，散射效应，散射现象，散射作用
		dispersal	分散，散布，分散情况，散播
百度	散动	astigmatism	散光
		infinitive participle	不定式分词
有道	散动	loose move	松动

在国家标准方面，术语在线没有收录"散动"。

从"散动"的释义可以看出，其指称的是第一个动词之后的多个连续动词，而且第一个动词常作为谓语出现。所以，散动可以翻译为 serial verbs after first predicate。

6.34　"首品词"和"首品仂语"的翻译

《汉典》中"品词"解释为：旧称词类为"品词"。根据本书前面对品词的讨论可知，品词一般分为三类：首品（词）—primary、次品（词）—secondary 和末品（词）—tertiary。其中，首品词指充当首品的词，常见的有名词、代词、形容词、动词等，如"慢节奏""这顿打可不一般"中的首品词分别是名词"节奏"和"打"。

根据系统性原则，首品即首品词，英译为 primary。下面来看机器翻译系统和国家标准术语在线对这个翻译是否提供了可靠的验证，如表6.84所示。

表6.84　四个翻译软件对"首品词"的机器翻译及回译结果

翻译软件	名词	英译	回译
GOOGLE	首品词	first word	第一个字
DEEPL	首品词	first-rate words first-rate word first-ranking words first-ranked words	一流的文字，一流的话语，一流词汇，一流的词 一流的词，一流的字，一级棒的词，一流的文字 排名第一的词 排名靠前的词
百度	首品词	first words	第一句话
有道	首品词	the first article word	第一个文章词

从表6.84结果可以看出，翻译系统由于没有相关知识库的支持，无法完成对"首品词"的有效翻译。

在国家标准方面，术语在线没有收录"首品词"。

鉴于机器翻译系统和国家标准都无法提供有效的"首品词"翻译，我们的翻译以系统性翻译的为准，即采用"首品词"翻译 primary。

首仿即"首品仿语"，通常由次品和首品组成并整体上具有首品的功能，如"黑箱""大脑的黑箱"等。对于联合词组来说，有首词存在，整个仿语则归为首仿，如"多劳多得"等。

从表6.85机器翻译结果来看，"首品仿语"是专业性很强的名词，机器翻译无法完成对"首品"和"仿语"的翻译。

表6.85　四个翻译软件对"首品仿语"的机器翻译及回译结果

翻译软件	名词	英译	回译
GOOGLE	首品仿语	first	第一
DEEPL	首品仿语	first tithe the first product tithe first tidings	第一次十一奉献 第一个产品的什一税 第一手消息，第一手资料，第一手的消息，第一手信息

翻译软件	名词	英译	回译
DEEPL	首品仂语	first tithe language	第一次十一奉献的语言
百度	首品仂语	first	第一
有道	首品仂语	the first Le	第一个勒

在国家标准方面，术语在线没有收录"首仂"。

我们在翻译时，根据系统性原则，采用翻译对"首品—primary"和"仂语—phrase"，最后形成"首品仂语"的翻译 primary phrase。

6.35 "异平同入"的翻译

异平同入指上古韵中不同的平声与同一入声相配的现象。清人江永主张古有四声，入声独立分八部，而入声与去声接近。江永"合二、三韵而共一入"的观点被称为"数平同入"，即"异平同入"。该观点为后期的"阴阳对转"学说的出现铺平了道路，同时，从一个侧面解释了汉语韵母的系统性。

从表 6.86 的结果可以看出，没有专有知识库支持机器翻译，系统无法提供有效翻译项。

表 6.86　四个翻译软件对"异平同入"的机器翻译及回译结果

翻译软件	名词	英译	回译
GOOGLE	异平同入	same entry	相同的条目
DEEPL	异平同入	different level and same entry	不同级别，相同条目
百度	异平同入	different levels enter at the same time	不同级别同时进入
有道	异平同入	in the different level	在不同的层面

在国家标准方面，术语在线没有收录"异平同入"，但是收录了"平声"和"入声"，并将前者翻译为 level or even tone，后者翻译为 entering tone。我们在翻译时，根据异平同入的释义，需要侧重的是不同平声共享一个

入声的特点，所以"异平同入"可翻译为 same entering tone shared by different level or even tones。

6.36 "双"相关项的翻译

在我们所使用的传统语言学术语库中，涉及"双"字的名词包括双叠字法、双拼法、双声词、双声叠韵、双声假借。

双叠字法指两单字重叠所形成的双叠形式，多用于双音节形容词和一些象声词。例如唐代寒山《诗三百三首·其一四七》"独坐常忽忽，情怀何悠悠。山腰云缦缦，谷口风飕飕。猿来树袅袅，鸟入林啾啾。时催鬓飒飒，岁尽老惆惆。"中的"忽忽、悠悠、缦缦、飕飕、袅袅、啾啾、飒飒、惆惆"等。

从以上释义可以看出，双叠字法是一种重复使用单字的正字法，此处的"叠"不是堆积，也不是堆叠，而是"复制、重复"的意思。

请见"双叠字法"的机器翻译及回译结果，如表 6.87 所示。

表 6.87 四个翻译软件对"双叠字法"的机器翻译及回译结果

翻译软件	名词	英译	回译
GOOGLE	双叠字法	double doubling	双倍
DEEPL	双叠字法	double stacking method	双层叠加法，双层堆积法，双层堆叠法，双层堆放法
		double stacking	双层叠加，双层堆叠，双重叠加，双层堆积
百度	双叠字法	double-stacked orthography	双堆叠正字法
有道	双叠字法	double fold words	双叠字

从表 6.87 的结果可以看出，机器翻译系统只是从表面将"叠"翻译为"堆积、堆叠"，没有提供正确的翻译项。在"法"的翻译方面，百度将其翻译为"正字法 orthography"，这是较为正确的翻译项。在"双"的翻译方面，四个机器翻译系统都提供了 double 的翻译项。

在国家标准方面，术语在线没有收录"双叠字法"。

我们在翻译时，需要分别确定英语的对应词，请见《朗文当代英语词典》释义①。

orthography: the way in which words are spelled.

duplication: to copy something exactly; to repeat something in exactly the same way.

double: consisting of two parts that are similar or exactly the same; combining or involving two things of the same type.

从上面的释义可以看出，"双"可翻译为 double，"叠字"可翻译为 duplication，"法"可翻译为 orthography，最后可形成"双叠字法"的翻译项为 double duplication orthography。

双拼法指把两个拼音字母音素合成一个音节的方法。古代的反切不讨论韵母有几个音素而是用两个字直接拼切成一个字音，这是整体双拼法。例如，"冬（dōng），都（dōu）宗（zōng）切"中，被切字是"冬（dōng）"，反切上字是"都（dōu）"，反切下字是"宗（zōng）"。取"都（dōu）"字的声母 d 和清浊，取"宗（zōng）"字的韵母 ong 和声调，便构成"冬（d+ōng=dōng）"。这样，就通过双拼法形成了一个新的音节。

从以上释义可以看出，反切和双拼异曲同工，其所指是一致的，都可以通过上切字和下切字的不同取舍形成新的字音。从前面讨论的国家标准可以看出，术语在线将反切翻译为 sinigraphic spelling，也证明了反切是一种字音形成的拼写方法。

请见"双拼法"的机器翻译及回译结果，如表 6.88 所示。

表 6.88　四个翻译软件对"双拼法"的机器翻译及回译结果

翻译软件	名词	英译	回译
GOOGLE	双拼法	double spelling	双拼
DEEPL	双拼法	double spelling	双重拼写，双拼，双层拼写，双拼法
		double spelling method	双重拼写法，双拼法，双重拼写方法，双层拼写法

---

① https://www.ldoceonline.com/dictionary/orthography; https://www.ldoceonline.com/dictionary/duplicate#duplicate__3; https://www.ldoceonline.com/dictionary/double.

翻译软件	名词	英译	回译
百度	双拼法	double spelling	双重拼写
有道	双拼法	double spelling	双拼

根据表 6.88 的机器翻译可以看出，系统较好地翻译"双拼"为 double spelling，但对正字法的翻译欠缺。从前面的释义可知，"双拼"是正字法的一种，所以，翻译项应该体现正字法。

在国家标准方面，术语在线没有收录"双拼法"。

我们在翻译时，根据系统性原则并参照"双叠字法—double duplication orthography""反切—sinigraphic spelling"的翻译项，最后形成"双拼法"为 double spelling orthography。

双声词指声母相同的双音节词，如淋漓（línlí）、踌躇（chóuchú）、犹豫（yóuyù）、流利（liúlì）、慷慨（kāngkǎi）等。这些双音节中都具有声母相同的特点。

请见"双声词"的机器翻译及回译结果，如表 6.89 所示。

表 6.89　四个翻译软件对"双声词"的机器翻译及回译结果

翻译软件	名词	英译	回译
GOOGLE	双声词	two-syllable word	两个音节的词
DEEPL	双声词	diphthong	双元音，二重奏，双元音符，双元组
		diphthongs	双元音，双音词，二元音，双音节
		diphthong (linguistics)	双元音（语言学），双元音符（语言学），双元音（语言学），双元音（语言学）
		bilingual (linguistics)	双语，双重性，双语种，双语（语言学）
百度	双声词	disyllabic words	双音节单词
		a phrase consisting of two or more characters with the same initial consonant	由两个或多个具有相同初始辅音的字符组成的短语
		alliteration	头韵
有道	双声词	double sound words	双重声音的话

第六章　汉语传统语言学名词机器翻译实例分析　209

从表 6.89 的机器翻译结果可以看出，百度的释义是比较到位的 "a phrase consisting of two or more characters with the same initial consonant"。尽管如此，百度的释义没有考虑到英语的对应词 "头韵 alliteration"，而仅仅提供了较为烦琐的释义，所以需要借助英语对应词找寻到更好的翻译项。

在国家标准方面，术语在线①没有收录"双声词"，但收录了"双声叠韵词"，具体如下。

> 双声叠韵词：两个音节的声母或韵母相同或相近的单纯词。例如，"仿佛（fǎngfú）""玲珑（línglóng）"是双声联绵词，"窈窕（yǎotiǎo）""彷徨（pánghuáng）"是叠韵联绵词，"辗转（zhǎnzhuǎn）""尴尬（gāngà）"是既双声又叠韵的联绵词。英译为 alliterative or rhyming twin simple word。

从上面的"双声联绵词""叠韵联绵词""双声叠韵联绵词"的注音可以看出，"双声联绵词"的声母是一致的，"叠韵联绵词"的韵母是一致的，"双声叠韵联绵词"的声母和韵母都是一致或相近的。国家标准的术语在线收录的"双声叠韵词"实际上是"双声词"和"叠韵词"的合成，其英语翻译 alliterative or rhyming twin simple word 也体现了这一特点。所以，根据国家标准"双声词"和"叠韵词"可以分别拆分为 alliterative twin simple word 和 rhyming twin simple word。

需要指出的是：国外的机器翻译系统有时候也会出现汉字注音错误，例如，GOOGLE 翻译系统就将"辗转"注音为 niǎnzhuǎn，估计系统错误地将"辗"和"碾"混淆了。另外，GOOGLE 翻译系统还将"彷徨"注音为 fǎnghuáng，也出现了明显的错误，但 GOOGLE 翻译系统提供的读音没有错误。国外的 DEEPL 没有提供"辗转"和"彷徨"的汉字注音，但提供了录制的读音，读音没有错误。国内的百度翻译系统在汉字注音和读音方面"辗转"和"彷徨"都非常正确。国内的有道翻译系统没有提供汉字注音。

双声叠韵指"双声"和"叠韵"两个术语，常在诗词中联合起来使用。相邻两个字声母相同或相近则是双声，韵母相同或相近则是叠韵。例如先秦

---

① https://www.termonline.cn/search?k=%E5%8F%8C%E5%A3%B0%E5%8F%A0%E9%9F%B5%E8%AF%8D&r=1669833242638.

《关雎》"参差荇菜，左右流之。窈窕淑女，寤寐求之。求之不得，寤寐思服。悠哉悠哉，辗转反侧。"中的"参差（cēncī）"是双声、"窈窕（yǎotiǎo）"是叠韵。由于语音变化，古音和今音会不同。

从表 6.90 的机器翻译结果来看，百度的翻译是准确的。百度成功地将"双声"翻译为 alliteration，而且将"叠韵"翻译为 repetition in rhyme。这个翻译项是符合我们的翻译要求的。

表 6.90　四个翻译软件对"双声叠韵"的机器翻译及回译结果

翻译软件	名词	英译	回译
GOOGLE	双声叠韵	two-tone rhyme	两声韵
DEEPL	双声叠韵	double hyphenated rhyme	双连音韵，双连韵，双连字韵，双连音符
		double vowel and stacked rhyme	双声母和叠韵，双元音和叠韵，双韵母和叠韵，双韵母和叠韵母
		double hyphenation	双连字符，双重连词，双重连字符，双重连字法
百度	双声叠韵	alliteration and repetition in rhyme	押韵中的全称和重复
有道	双声叠韵	alliteration and assonance	头韵谐音，头韵半韵

在国家标准方面，术语在线没有收录"双声叠韵"，但收录了"双声叠韵词"，英译为 alliterative or rhyming twin simple word。

我们在翻译时，需要参照机器翻译结果，并遵守术语在线的国家标准。由于双声叠韵指的是一种现象，而双声叠韵词是指这种现象所产生的词。双声叠韵核心意义是现象，而双声叠韵词核心部分是词，所以，不能完全将双声叠韵词的英语翻译用于指称双声叠韵这种现象。但是，我们的翻译也不能脱离国家标准太远，便于读者理解的同时遵循系统性原则。请见《朗文当代英语词典》的释义[①]。

    alliteration: the use of several words together that begin with the same sound or letter in order to make a special effect, especially in poetry.

---

① https://www.ldoceonline.com/dictionary/alliteration; https://www.ldoceonline.com/dictionary/repetition; https://www.ldoceonline.com/dictionary/rhyme.

repetition: doing or saying the same thing many times.

rhyme: words or lines of poetry that rhyme.

从上面释义可以看出，国家标准中 alliterative or rhyming 用于修饰后面的 twin simple word。百度翻译中 alliteration and repetition in rhyme 采用两个并列名词解释了双声叠韵现象。我们在翻译时，采用"如无必要，勿增实体"的系统性原则，部分采用百度翻译，部分采用术语在线的核心翻译，将"双声叠韵"翻译为"alliterative or rhyming (phenomenon)"。其中，rhyming 既对应百度翻译的 repetition in rhyme，也对应了术语在线中的 rhyming。

双声假借指两个声母相同的字之间的假借。清代钱大昕认为古音有正音和转音，上古押韵字有时因双声而假借，如"民（mín）、冥（míng）"双声，所以有时候将"民"读为"冥"[①]。

请见"双声假借"的机器翻译及回译结果，如表 6.91 所示。

表 6.91　四个翻译软件对"双声假借"的机器翻译及回译结果

翻译软件	名词	英译	回译
GOOGLE	双声假借	two-tone guise	两声伪装
DEEPL	双声假借	double vocal falsetto	双声部假声，双声道假声，双人声假声，双声道假声唱
		bilingual phonetic loan	双语音译贷款，双语注音贷款，双语拼音贷款，双语音译
		bilingual pseudophonetic	双语假音，双语假音符，双语伪音，双语假音译
		bilingual pseudonym	双语假名，双语化名，双语笔名，双语的假名
百度	双声假借	double tone loan	双音贷款
有道	双声假借	double under the guise of	在……的幌子下加倍

表 6.91 的机器翻译系统无法提供正确释义的译项，不予采纳。

[①] 部分音韵学家认为这种观点不一定正确。因为押韵主要是韵母方面的问题，原则上与声母无关；而通假字可能有这种情况。

在国家标准方面，术语在线①没有收录"双声假借"，但收录了"假借"，具体如下。

  通假：又称假借、通借、同音通假。古代文献中借用一个音同或音近（双声或叠韵）的汉字来代替本字或另一个通常使用的字的用字现象。英译为phonological borrowing。

此外，国家标准还提供了翻译对"双声叠韵词—alliterative or rhyming twin simple word"。从这个翻译项可以看出，"双声"对应的是alliterative，"叠韵"对应的是rhyming。在英语中头韵alliteration是与"双声"相对应的，如"For alliteration it ought to be Pablo or Picauo."。这种处理模式强调了头韵双声的使用。

根据释义可见，双声假借指两个声母相同的字之间的假借，即双声字假借。我们在翻译时，将"双声字"翻译为alliterated character，"假借"采用国家标准phonological borrowing。由此，"双声假借"可翻译为phonological borrowing of alliterated character②。

综上所述，可以形成多个与"双"相关的翻译对："双叠字法—double duplication orthography""双声假借—phonological borrowing of alliterated character""双声叠韵—alliterative or rhyming (phenomenon)""双声词—alliterative twin simple word""双声字—alliterated character""叠韵词—rhyming twin simple word""双拼法—double spelling orthography"。

6.37 "匣喻互用"的翻译

《汉典》对"互用"的解释如下：①交错运用。②相互代替使用。

匣喻互用指汉语的中古音中匣母一二四等与喻母三等在反切中相互配合使用。匣母一二四等可以做反切上字，切喻母三等，如"户归（hù guī）"切"帏（wéi）"。反过来，喻母三等可以做反切上字，切匣母一二四等，如

---

① https://www.termonline.cn/search?k=%E9%80%9A%E5%81%87&r=1669833467255。
② 部分音韵学家认为古人的通假原则必须是同音或音近，如果只是声母相同或者韵母相同，一般是不能够通假的。

"于古（yú gǔ）"切"户（hù）"。

从释义可以看出，匣喻互用就是中古音中在匣母与喻母之间的反切上字互用。

从表 6.92 结果可以看出，机器翻译系统对于专业性很强的"匣喻互用"无法提供正确的翻译项。

表 6.92　四个翻译软件对"匣喻互用"的机器翻译及回译结果

翻译软件	名词	英译	回译
GOOGLE	匣喻互用	box metaphor	盒子隐喻可互换使用
DEEPL	匣喻互用	box metaphors used interchangeably	盒子的比喻可以互换使用 盒子的隐喻可以互换使用 盒子的比喻可以互换使用 盒子的比喻可以互换着使用
百度	匣喻互用	box metaphor interoperability	盒子隐喻互操作性
有道	匣喻互用	cartridge interoperability	墨盒的互操作性

在国家标准方面，术语在线没有收录"匣喻互用"。

我们在翻译时，首先需要确定匣喻互用是"反切 sinigraphic spelling"中的一种；其次，"互用"就是交叉使用，即 cross-usage；最后，"匣母"与"喻母"可分别翻译为 Xia group 和 Yu group。

所以，"匣喻互用"可翻译为 cross-usage of sinigraphic spelling between groups of Xia and Yu[①]。

6.38　"通训"和"通押"的翻译

《汉典》对"训"的释义如下：解释词的意义。"通训"解释为：①普遍的训诫。②训诂学名词。在字书或古书的注释中对多义字根据通常使用的

[①] 部分音韵学家将匣喻互用翻译为 mixed-usage of fanqie spelling between initials of Xia and Yu in Middle Chinese。此处不采用该翻译，以本书的系统翻译为准。

意义所加的解释。例如，"庸"字训"用"，训"常"，训"众"，其中在古书中训"用"者为常见的训释，"用"就是通训。

通训是指对古书中多义字（词）常用义进行的解释。例如，多义字"端"字可以解释为"正、始、本"等，而"正"义为常见的训释，"正"就是通训。所以说，通训可以理解为指代同义字符的字典定义，而这种字典定义通常使用的是常用义。

从表 6.93 的机器翻译结果可以看出，除百度外其他三个翻译软件均将"训"翻译为"训练"，其释义出现了较大差异。百度翻译则将"通训"翻译为 synonymity，虽然比其他三个系统有了更好的理解，但无法覆盖"对多义字词常用义进行解释"的释义。

表 6.93　"通训"的机器翻译及回译结果

翻译软件	名词	英译	回译
GOOGLE	通训	general training	一般训练
DEEPL	通训	general training generic training	一般培训，普通培训，一般训练，一般性培训 通用培训，普通培训，通用训练，一般性培训
百度	通训	synonymity	同义词
有道	通训	through training	通过培训，直达快车

在国家标准方面，术语在线没有收录"通训"，但收录了相关名词，具体如下。

递训：又称迭训。两个以上的词递相训释的直训。例如"语，论也""论，议也""议，语也"。英译为 dixun。

增字解经：又称增字为训。在注释中主观地添加与原义无关的字词来生成训条，造成曲解原文意义的错误做法。英译为 add a word(s) to explain classics。

反训：又称反相训、相反为训、正反同辞。传统训诂学术语。原指训释词与被训释词意义相反或用两个反义词训释同一个词的现象。实际上前人所谓"反训"并非训释方式，它反映了因引申形成的词义的对立而相通的现象，其存在是有条件的。例如"副"有"分""合"二义，它的本义是把一物剖成两半，然后再合起来。所以，"分"和"合"看似对立，却是相通的。英译为 fanxun。

望文生训：又称望形生训、望文生义。根据已经脱离原始造意的后代演变的字形或以假借字的字形来解释意义的错误做法。英译为 literal interpretation。

随文释义：又称随文立训、隶属之训诂。附在典籍原文中，来解释字、词、句以及篇章等意义的训释。例如"关关雎鸠"，《毛诗故训传》："关关，和声也。"英译为 explanation in the context。

从上面术语在线收录的名词可以看出，"训"有三种翻译方式：①拼音；②explanation；③interpretation。考虑到拼音在对外译介中承载信息量的低赋值现象，不宜采用。这样，需要在后两者中确定哪个英语词更适合作为"通训"中"训"的释义。请见《朗文当代英语词典》的释义[①]。

interpretation: the way in which someone explains or understands an event, information, someone's actions etc;

explanation: the reasons you give for why something happened or why you did something; a statement or piece of writing intended to describe how something works or make something easier to understand.

从上面的释义可以看出，explanation 和 interpretation 都具有解释和阐释之意，也都有将复杂事物简单化、条理化的功能。要对这两个同义词进行区分还需要引入 BNC 中的信息。

我们在进行"通训"翻译时，主要是对古代韵书进行阐释，类似于对"经书 Scripture"的解经释义，我们采用"interpretation of scripture"和"explanation of scripture"进行概率统计，看哪个同义词更适合出现在与古书、经书相搭配的语义场中。请见 BNC 的检索结果。

interpretation of scripture: Your query "interpretation of scripture" returned 7 hits in 6 different texts (98,313,429 words [4,048 texts]; frequency: 0.07 instances per million words).

explanation of scripture: There are no matches for your query.

[①] https://www.ldoceonline.com/dictionary/interpretation; https://www.ldoceonline.com/dictionary/explanation.

从上面的检索结果可以看出，interpretation 更适合与古书、经书类的阐释相匹配，在 BNC 中出现了 7 次检索，而 explanation 没有出现于古书、经书类的阐释检索。这说明，前者具有解经释义的语义附加义，而后者只具有一般的解释说明的附加义。因此，我们将通训的"训"翻译为 interpretation。

"通"的英语对应词一般包括三个：common、general、basic。我们将 common interpretation、general interpretation、basic interpretation 分别代入 BNC 中检索并对比三个选项的检索概率，具体如下。

Your query "common interpretation" returned 3 hits in 3 different texts (98,313,429 words [4,048 texts]; frequency: 0.03 instances per million words).

Your query "general interpretation" returned 10 hits in 9 different texts (98,313,429 words [4,048 texts]; frequency: 0.1 instances per million words).

Your query "basic interpretation" returned 1 hit in 1 text (98,313,429 words [4,048 texts]; frequency: 0.01 instances per million words).

从上面的检索概率可以发现 common interpretation、general interpretation、basic interpretation 三个选项的检索概率比是：3∶10∶1。具有最高检索概率的是 general interpretation。所以，通训中的"通"采用 general 更适合。

这样就完成了翻译对"通—general""训—interpretation"的选定，根据"通训"的释义可知，通训是对古书中多义字词常用义的解释，所以，具体翻译中需要补充多义字信息。最后，形成"通训"的翻译为 general interpretation of polysemy。

从"通训"的翻译可以看出，"通"翻译为 general。对比前面讨论的"古音通假"和"古韵通转"可以看到，"（音）通假"作为一个整体出现，翻译为 phonological borrowing。"通转"中的"通"单独翻译为 resemblance。同样的"通"在不同的名词中具有不同的翻译方法，这与释义的不同紧密相连的。下面来看"通押"的翻译。

通押指押韵不限于同韵部的字，有时用临近韵部字相押的现象。相邻韵部字的押韵是邻韵通押，同韵不同声调字的押韵是异调通押。例如，唐代李商隐的《茂陵》"汉家天马出蒲梢，苜蓿榴花遍近郊。内苑只知含凤嘴，属车无复插鸡翘。玉桃偷得怜方朔，金屋修成贮阿娇。谁料苏卿老归国，茂陵松柏雨萧萧。"中就有多处使用了通押。"梢、郊"属"肴"韵，"翘、娇、萧"属"萧"韵，"肴""萧"邻韵通押。

从释义可以看出，通押是指跨韵部的押韵。"通"指的是"通用的"，"押"是指"押韵"，"通押"详细解释应该为"通用的（跨韵部之间的）押韵"。这种释义与"通训"中的"通"具有一致性。

请见"通押"的机器翻译及回译结果，如表 6.94 所示。

表 6.94　四个翻译软件对"通押"的机器翻译及回译结果

翻译软件	名词	英译	回译
GOOGLE	通押	pass bet	过关
DEEPL	通押	passwords	密码，字母，口令，字母密码
百度	通押	pass charge	通票费用
		cross-rhyming	交叉押韵
有道	通押	tong bet	无翻译项

表 6.94 的机器翻译结果显示，百度的翻译较好，部分解释了"通押"交叉押韵的特征。

在国家标准方面，术语在线没有收录"通押"，但是收录了"韵部"的释义[①]，具体如下。

> 韵部：①在归纳韵文押韵字的基础上经音韵分析而归纳出的部类。②韵书中的韵，如《广韵》的二百零六韵也有人称为二百零六韵部，《中原音韵》的十九韵也称十九韵部。英译为 rhyme group。

我们在翻译时，根据系统性原则，将"通"翻译为 general，"押"翻译为 rhyming，并通过括号补足限定信息"跨韵部的"，最后形成的翻译项为：通押—general rhyming (cross rhyme groups)[②]。

---

① https://www.termonline.cn/search?k=%E9%9F%B5%E9%83%A8&r=1670248207244.
② 部分音韵学家将"通"翻译为 mixed，将"通押"翻译为 mixed rhyming (cross rhyme groups)。此处不采用该翻译，以我们的系统性翻译为准。

6.39 "细音"的翻译

细音是指发音时口腔开口度较小,即舌与上颚间所共鸣空间较小,缝隙较窄的音,通常指发音时舌位较高者,在音韵学中与洪音相对。宋元韵图中的开口三四等韵和合口三四等韵与清代等韵家所说的齐齿呼和撮口呼大体相当,据此可分为开口细音和合口细音。

从表 6.95 的结果可以看出,翻译系统对专有名词"细音"无法提供有效的专业翻译。

表 6.95　四个翻译软件对"细音"的机器翻译及回译结果

翻译软件	名词	英译	回译
GOOGLE	细音	thin tone	细调
DEEPL	细音	tone	音色,音调,语气,语调
百度	细音	fine tone	精细的色调
		fine sound	精细的声音
		front-open vowels	前开元音
有道	细音	fine sound	好声音,没关系

在国家标准方面,术语在线没有收录"细音",但收录了相关名词,具体如下。

尖音:与"团音"相对。中古精组字今读为细音的字音。例如青岛话"精""清""星"等字声母分别是[ts][ts'][s]。英译为 sharp initial。

团音:与"尖音"相对。中古见晓组字今读为细音的字音。①

齐齿呼:明清四呼的一种。有[i]介音或以[i]作韵腹的韵母。英译为 articulation with [i] as medial or main vowel。

撮口呼:明清四呼的一种。有[y]介音或以[y]作韵腹的韵母。英译为

---

① 此句后面对于青岛话"经""轻""兴"等字声母的举例显示乱码。

articulation① with [y] as medial or main vowel。

从上面的释义可以看出，国家标准的术语在线提供了与"细音"相关的尖音、团音、齐齿呼和撮口呼的释义以及英语翻译项。请见《朗文当代英语词典》对 articulation、gap、resonance 的释义。

>articulation: the act of making a sound or of speaking words.
>gap: a space between two objects or two parts of an object, especially because something is missing.
>resonance: the resonance of a sound is its quality of being deep and loud and continuing for a long time.

在"细音"的释义中，最显著特征是发音时共鸣空间小、缝隙窄，而这个发音特征也是尖音和团音的发音特点。齐齿呼和撮口呼在翻译方面强调了核心词 articulation。在《朗文当代英语词典》中，"共鸣"对应词是 resonance，"缝隙"对应词是 gap，"发音"对应词是 articulation。这样，我们在翻译"细音"时将重点关注发音特征的陈述，并采用齐齿呼和撮口呼的翻译模式，最后形成"细音"的翻译项为 articulation with small resonance space and narrow gap vowel。根据"细音"的翻译，也可以按照系统性原则直接推导出"洪音"的翻译项，即 articulation with big resonance space and wide gap vowel。

综上所述，可以得到与细音相关的翻译对：尖音—sharp initial、团音—round initial、齐齿呼—articulation with [i] as medial or main vowel、撮口呼—articulation with [y] as medial or main vowel、细音—articulation with small resonance space and narrow gap vowel、洪音—articulation with big resonance space and wide gap vowel。

6.40 "一声之转"的翻译

一声之转指声母相同仅韵母发生转变的多个词的语义相通，如"鳏

---

① 术语在线只显示了"ticulation"，本书在本书中进行了修正。

(guan)、寡(gua)、孤(gu)"三个词声母相同,语义均与"独"一致,可用于不同的场合,这三个词就是一声之转。

从释义来看,一声之转的核心是声母相同、语义相通、韵母不同。请见"一声之转"的机器翻译及回译结果,如表6.96所示。

表6.96　四个翻译软件对"一声之转"的机器翻译及回译结果

翻译软件	名词	英译	回译
GOOGLE	一声之转	turn of sound	转音
DEEPL	一声之转	the turn of a voice	一个声音的转折,声音的转折,声音的转动,声音的转变
百度	一声之转	turn with a sound	发出声音转弯
有道	一声之转	the turn of a sound	声音的转动

从表6.96的机器翻译结果可以看出,"一声之转"作为专有名词,无法实现有效的翻译。

在国家标准方面,术语在线没有收录"一声之转"。

我们在翻译时,需要根据系统性原则确定"转"的翻译。前面讨论了如下的翻译对:"从转—subordinate transfer""正转—primary transfer""隔越转—separated transfer (between YU group and YANG group)""交纽转—cross-rhyme transfer"。所以,可以将"转"翻译为 transfer。

在"声"的翻译方面,国家标准的术语在线将"声母"翻译为 initial。所以可以将"一声之转"翻译为 one initial transfer[1]。

6.41　"异切"的翻译

异切指在反切中读音相同但使用不同反切用字的情况。与"同韵而分两切者"的凭切不同,异切是"同音而分切"。

其他异切也包括同一字的不同反切,即反切上字和反切下字都不同的情

---

[1] 部分音韵学家将"一声之转"翻译为 initial mutation。此处不采用该翻译,以本书的系统性翻译为准,即翻译为 one initial transfer。

况。以"数"为例："数"字有多个异切，包括"所矩切""趋玉切"等（部分上古音发生了改变，与今音不同）。

请见"异切"的机器翻译及回译结果，如表 6.97 所示。

表 6.97　四个翻译软件对"异切"的机器翻译及回译结果

翻译软件	名词	英译	回译
GOOGLE	异切	excision	切除
DEEPL	异切	different cut	不同的剪裁
		iso-cut	等距切割
		hetero-cut	异型切割
百度	异切	heterotangent	异切线
有道	异切	different cutting	不同的切割

从表 6.97 结果可见，机器翻译系统无法有效翻译专有名词"异切"。

在国家标准方面，术语在线没有收录"异切"。

在翻译时，需要对照"凭切"和"凭韵"展开对"异切"的讨论。具体的区分如下。

凭切是反切的一种，指同韵而分两切者，并在韵图中以反切上字为辨等标准。在前面的讨论中已形成翻译对"凭切—sinigraphic spelling based on first sinigram for discrimination"。

凭韵也是反切的一种，指同音而分两韵者，并在韵图中根据反切下字来决定其读音。在前面的讨论中已形成翻译对"凭韵—sinigraphic spelling based on second sinigram for discrimination"。从"凭切"和"凭韵"的辨析可以看出，这两个反切名词都涉及韵图的分等问题，"凭切"因同韵而分两切，所以根据不同的反切上字确定韵图中的分等位置；"凭韵"因同音而分两韵，所以根据不同的反切下字确定韵图中的分等位置。"凭切"即根据切上字辨等；"凭韵"即根据韵（切下字）辨等。

从"异切"释义可以看出，异切也是反切的一种，但不涉及韵图的分等问题，也不涉及根据切上字还是切下字确定分等标准的问题。或者说，"异切"既不关注同韵而分两切（凭切）也不关注同音而分两韵（凭韵），只关注同音情况下切字的不同。只要发音相同，不管切上字不同还是切下字不同，或者是两者都不同，都称为"异切"。所以，"异切"的核心意义是"具有不同切字、相同发音的反切"。

在国家标准方面，术语在线提供了多个翻译项："反切上字——first sinigram in a fanqie""反切下字——second sinigram in a fanqie""反切——sinigraphic spelling"。根据系统性原则，"切字"可翻译为 sinigram。最后，可以将"异切"的释义"具有不同切字、相同发音的反切"翻译为 sinigraphic spelling of same pronunciation with different sinigrams[①]。

综上所述，可以形成如下由"凭切""凭韵""异切"组成的反切相关语义场："凭切——sinigraphic spelling based on first sinigram for discrimination""凭韵——sinigraphic spelling based on second sinigram for discrimination""异切——sinigraphic spelling of same pronunciation with different sinigrams"。

6.42　"阴"相关项的翻译

在汉语古韵中，"阴"有两个含义，一指声母，一指声调，指声母时通常指的是不发声（voiceless）的状态。翻译时可用于词缀。这在如下术语的翻译中可以得到体现。

阴平指普通话字调的第一声，高平调，多由古汉语平声清声母所发。

请见"阴平"的机器翻译及回译结果，如表 6.98 所示。

表 6.98　四个翻译软件对"阴平"的机器翻译及回译结果

翻译软件	名词	英译	回译
GOOGLE	阴平	Yinping	Yinping
DEEPL	阴平	Yinping	尹平
百度	阴平	level tone high and level tone the first of the four tones in modern standard Chinese pronunciation	平声，平调，阴平，阳平，平板调 阴平 现代普通话四声调中的第一声调

---

① 部分音韵学家将"异切"翻译为 different spelling of fanqie。此处不采用该翻译，以本书的系统性翻译为准，即翻译为 sinigraphic spelling of same pronunciation with different sinigrams。

第六章　汉语传统语言学名词机器翻译实例分析　　**223**

续表

翻译软件	名词	英译	回译
有道	阴平	level tone	平均声调；平调，阴平
		阴平	
		high and level tone	音调高而平顺
		the first of the four tones	第一个音四个音调中的第一个

从表 6.98 结果可以看出，国内的机器翻译系统由于对汉语的"阴平"具有较好的知识库支持，所以百度和有道都将阴平翻译为 level tone。

在国家标准方面，术语在线收录了"平声阴（阴平）"，英译为 level tone with a voiceless consonant。所以，我们按照国家标准，将"阴平"翻译为 level tone with a voiceless consonant。

对比机器翻译系统的翻译和国家标准的翻译可以看出，机器翻译系统只翻译了"平声"而没有翻译出"阴"的内涵，所以术语在线通过附加"with a voiceless consonant"使其翻译项更到位、更准确，我们予以采纳。

根据系统性原则，术语在线还提供了"平声阳（阳平）"的翻译项 level tone with a voiced consonant，我们也予以采纳。这样就形成了翻译对："阴平—level tone with a voiceless consonant""阳平—level tone with a voiced consonant"。

除了"阴平"之外，与"阴"相关的语义场还包括"阴去"。

"阴去"是指汉语声调中的清音去声。汉语五声"阴阳上去入"中，有很多方言（如苏州、厦门、广州等地的方言）去声分为清音去声（阴去）和浊音去声（阳去）。请见"阴去"的机器翻译及回译结果，如表 6.99 所示。

表 6.99　四个翻译软件对"阴去"的机器翻译及回译结果

翻译软件	名词	英译	回译
GOOGLE	阴去	Yin to go	尹去
DEEPL	阴去	shade to	阴凉处
		go to the shade	去阴凉处
		Yin goes	阴去
		shade to go	阴凉处

翻译软件	名词	英译	回译
百度	阴去	Yin go	尹去
有道	阴去	Yin to	无

从表 6.99 可见，机器翻译系统无法准确翻译专有名词"阴去"。

在国家标准方面，术语在线没有收录阴去，但收录了"去声"，英译为 departing or going tone。

我们在翻译时，按照系统性原则并参照翻译对"阴平—level tone with a voiceless consonant""阳平—level tone with a voiced consonant"，可以将"阴去"和"阳去"分别翻译为 departing or going tone with a voiceless consonant 和 departing or going tone with a voiced consonant。

前面讨论了"阴平"和"阴去"，根据系统性原则，下面来讨论"阴入"。

阴入指汉语声调中的清声母入声。汉语五声"阴阳上去入"中，有很多方言入声分为清声母入声（阴入）和浊声母入声（阳入）。请见"阴入"的机器翻译及回译结果，如表 6.100 所示。

表 6.100　四个翻译软件对"阴入"的机器翻译及回译结果

翻译软件	名词	英译	回译
GOOGLE	阴入	vaginal penetration	阴道渗透
DEEPL	阴入	feminine penetration	女性的渗透
		Yin in	阴在
		Yin into	阴入
		feminine entry	阴性条目
百度	阴入	Yinru	尹汝
有道	阴入	Yin into	阴到

表 6.100 的机器翻译结果对"阴入"无法深度解读，不予采纳。

在国家标准方面，术语在线没有收录"阴入"，收录了"阴入对转"[1]，

---

[1] https://www.termonline.cn/search?k=%E9%98%B4%E5%85%A5%E5%AF%B9%E8%BD%AC&r=1675172869558.

具体释义如下。

阴入对转：韵腹相同或相近的阴声韵和入声韵之间的通转。英译为 duizhuan between rhymes with vowel and stop endings。

从"阴入"的释义可以看出，阴入是指汉语声调中的清音入声，此处的"阴"是指"清音的"，"入"指的是"入声"。在"阴入对转"中的"阴"是指阴声韵，"入"指的是入声韵。

国家标准中，术语在线提供了"入声 entering tone"的翻译。根据同场同模式的翻译原则，我们参照"阴平—level tone with a voiceless consonant""阳平—level tone with a voiced consonant""阴去—departing or going tone with a voiceless consonant""阳去—departing or going tone with a voiced consonant"，将"阴入"和"阳入"分别翻译为 entering tone with a voiceless consonant 和 entering tone with a voiced consonant。

在"平上去入"的语义场系统中，我们已经讨论了"平去入"的翻译，下面来分析"上"的翻译。

阴上指汉语声调中的清声母上声。汉语四声"平上去入"中，有很多方言（如广州等地的方言）上声分为清声母上声（阴上）和浊声母上声（阳上）。在部分方言中（如苏州和厦门等地的方言），后期浊音上声变为去声，阳上缺失，仅存留了阴上。请见"阴上"的机器翻译及回译结果，如表 6.101 所示。

表 6.101　四个翻译软件对"阴上"的机器翻译及回译结果

翻译软件	名词	英译	回译
GOOGLE	阴上	vagina	阴道
DEEPL	阴上	Yin on	阴上 寅上 尹志强上 尹志强
百度	阴上	suprayin	超音
有道	阴上	Yin on	在阴

表 6.101 中，机器翻译系统只能根据名词的常规意义进行翻译，而无法提供有效的专有名词翻译，再次证明没有专有知识库支持的情况下，翻译系统的结果是不准确的。

在国家标准方面，术语在线没有收录阴上，但收录了上声，提供的英译为 rising tone。

这样，根据前面对"阴平—阳平""阴去—阳去""阴入—阳入"的系统性翻译，可以采用同场同模式的翻译原则，将"阴上"和"阳上"分别翻译为"rising tone with a voiceless consonant""rising tone with a voiced consonant"。

综上所述，通过"阴"和"阳"的对立分析，并根据"平上去入"的语义场系统，我们完成了同场同模式的翻译，请见表 6.102 所列的包含了"阴平—阳平""阴去—阳去""阴入—阳入""阴上—阳上"的系统性翻译项。

表 6.102　"平上去入"与"阴阳"的系统性翻译

分类	平	上	去	入
阴	level tone with a voiceless consonant	rising tone with a voiceless consonant	departing or going tone with a voiceless consonant	entering tone with a voiceless consonant
阳	level tone with a voiced consonant	rising tone with a voiced consonant	departing or going tone with a voiced consonant	entering tone with a voiced consonant

6.43　"喻下凭切"的翻译

喻下凭切指反切中喻母三等（即喻三声母字）和喻母四等（即喻四声母字）充当切上字时，不关注反切下字的等次，仅根据喻母在韵图上的等次确定被切字等次。喻母三等为切上字，被切字则在韵图三等。喻母四等为切上字，被切字则在韵图四等。例如"遥（yáo），余招（yú zhāo）切"中，反切上字"余（yú）"为喻母四等字，反切下字"招（zhāo）"为三等字，确定"遥（yáo）"字所属韵图等次时，仅参照反切上字的喻母等次确定，即"遥"字为韵图四等字。

从释义来看，"喻下凭切"中的"喻"为喻母，"下"为视域下，"凭切"为"同韵而分两切的反切，并在韵图中以反切上字为辨等标准"。

请见"喻下凭切"的机器翻译及回译结果，如表 6.103 所示。

表 6.103　四个翻译软件对"喻下凭切"的机器翻译及回译结果

翻译软件	名词	英译	回译
GOOGLE	喻下凭切	under the premise	前提下
DEEPL	喻下凭切	analogy under the cut	类比下切
百度	喻下凭切	Yu Xiabi Che	车玉霞
有道	喻下凭切	next by cutting	接下来通过削减

从表 6.103 中的结果可以看出，机器翻译系统对专业性很强的"喻下凭切"无法完成有效翻译。

在国家标准方面，术语在线没有收录"喻下凭切"。

我们将按照系统性翻译原则进行翻译。根据前面的讨论，我们确定了如下翻译对："凭切—sinigraphic spelling based on first sinigram for discrimination""凭韵—sinigraphic spelling based on second sinigram for discrimination""异切—sinigraphic spelling of same pronunciation with different sinigrams""匣喻互用—cross-usage of sinigraphic spelling between groups of Xia and Yu"。从这些翻译对可以看出，"喻母"可系统性翻译为 Yu group，"凭切"可翻译为 sinigraphic spelling based on first sinigram for discrimination，最终形成"喻下凭切"的翻译：sinigraphic spelling based on first sinigram of Yu group for discrimination。从翻译项可以看出，"喻下凭切"是反切的一种，可根据"喻母"切上字的等级确定反切的韵书等级。

综上，"喻下凭切"可翻译为 sinigraphic spelling based on first sinigram of Yu group for discrimination[①]。

6.44　"正音凭切"的翻译

正音凭切指反切上字属照组声母二等字时，反切下字不论是照组声母二

[①] 部分音韵学家将喻下凭切翻译为 sinigraphic spelling based on first sinigram of Yu initial in Middle Chinese。此处不采用该翻译，以本书的系统翻译为准。

等、三等或四等，韵图均列被切字为二等。例如"初，楚居切"中反切上字"楚"为照组声母二等字，反切下字"居"为三等，以反切上字为辨等的标准，将被切字"初"在韵图中列为二等。再如"邹，侧鸠切；愁，士尤切"中反切上字"侧、士"都是照组声母二等字，那么无论反切下字"鸠、尤"为几等，均将被切字"邹、愁"在韵图中划为二等。

从以上释义可以看出，"正音凭切"是反切的一种，符合"凭切"的基本特征，即"同韵而分两切，并在韵图中以反切上字为辨等标准"。"正音"指的是照组声母。

请见"正音凭切"的机器翻译及回译结果，如表 6.104 所示。

表 6.104　四个翻译软件对"正音凭切"的机器翻译及回译结果

翻译软件	名词	英译	回译
GOOGLE	正音凭切	right sound	正确的声音
DEEPL	正音凭切	orthodox vowel cut	正统的元音切割
百度	正音凭切	orthographic syncopation	正字切分
有道	正音凭切	tuned by cutting	调通过削减

从表 6.104 可见，机器翻译系统没有提供"正音凭切"的有效翻译。

在国家标准方面，术语在线没有收录"正音凭切"。

我们在翻译时，根据"正音凭切"的释义，将"正音"翻译为"照组—Zhao group"，将"凭切"翻译为 sinigraphic spelling based on first sinigram for discrimination，并参考"喻下凭切—sinigraphic spelling based on first sinigram of Yu group for discrimination"，最终将"正音凭切"翻译为 sinigraphic spelling based on first sinigram of Zhao group for discrimination。

本 章 小 结

本章主要讨论了机器辅助翻译背景下汉语传统语言学名词的英译，主要涉及三个方面内容：国家标准术语在线的名词释义、机器翻译系统的辅助翻译、英语词典和英语语料库的知识检索。

在国家标准的名词释义方面，我们遵循名词审定原则，并参照全国名词委术语在线提供的释义进行汉语传统语言学名词外译。一般情况下，术语在线均提供了有效的英语翻译项。我们在具体翻译过程中发现，术语在线的英语翻译项总体分为三类，我们分别采用如下三种不同的翻译方法。

（1）符合汉语释义的英语翻译项。此类翻译项在术语在线中占主流，术语在线提供的英语翻译准确到位，能够非常清楚地将汉语传统语言学名词释义实现英译化。对于此类翻译项，我们在翻译时直接采用，不另外进行新的翻译。

（2）符合汉语释义的拼音翻译项。此类翻译项由于使用拼音作为英译项，在外译过程中所载信息是有限的。对于此类翻译项，我们在翻译时一般不采用术语在线拼音标准，而采用英语翻译项，以便最大限度提升在对外译介中的信息承载量。例如，术语在线提供的"反切—fanqie"拼音项外译时信息承载量低，而术语在线提供的"反切—sinigraphic spelling"则能更好地表达反切的内涵。我们以非拼音项作为翻译备选项予以采用。

（3）具有明显拼写错误或乱码的翻译项。由于系统原因或其他原因，术语在线系统中有时会出现较为明显的拼写错误或乱码现象。拼写错误多是由于首字母被截断所致（估计是在数据导入系统时出现了问题）。对于此类错误或乱码现象，我们在此书中进行了修正并以脚注形式进行了说明。

在机器翻译系统的选择方面，考虑到汉语传统语言学名词源语是汉语而译出目标语是英语，所以，我们采用国外和国内使用频率最高的四个翻译系统，国外选用的是 GOOGLE 和 DEEPL，国内选用百度和有道。通过国内外机器翻译系统对汉语传统语言学名词的翻译可以看出，机器辅助翻译具有如下特点。

第一，在英语的词汇选择和语义搭配方面，国外的 GOOGLE 和 DEEPL 具有较好的检索效果。尤其在蕴含普通名词的汉语传统语言学名词翻译时，国外机器翻译系统通常都能为普通名词提供较为妥切的翻译项。GOOGLE 和 DEEPL 系统中的知识库是源于英语知识库的，所以，国外机器翻译系统在普通名词项的英语处理方面具有优势。但是，如果涉及较为专业的汉语传统语言学名词翻译（例如"读破"等），国外翻译系统由于缺少汉语传统语言学专有知识库的支持，提供的翻译项多逊色于国内的机器翻译系统。

第二，在汉语源语的理解和分析方面，国内机器翻译系统优于国外系统。

汉语传统语言学名词具有较为明显的汉字表意功能，有时候一个字就能代表完整的词义，国内机器翻译系统多数情况下能够在普通名词释义范围内完成较为准确的翻译。与国外机器翻译系统一样，当涉及专业性非常强的汉语传统语言学名词翻译时（例如正音凭切等），国内机器翻译系统也难以提供有效的翻译项。这也从侧面验证了"以人为主、机器翻译为辅"的翻译理念，机器翻译系统只能作为辅助工具存在，而不能成为翻译主导。

第三，在未收录词的处理方面，国内外机器翻译系统均存在短板。通常情况下，机器翻译系统根据系统内置的知识库内容来支持机器翻译，如果系统中没有内置相关的专业知识库，翻译中只能采用靠近原则从其他知识库中调取相关知识并给出检索项，系统翻译的准确性就会极大降低，甚至会出现让人啼笑皆非的结果。例如"阴入"是专业性很强的汉语传统语言学名词，表示汉语声调中的清音入声。四个翻译系统根据自身系统的知识库内容给出了如下不同的翻译结果：GOOGLE 翻译得出"vaginal penetration—阴道渗透"，DEEPL 翻译得出"feminine penetration—女性的渗透"，百度翻译得出"Yinru—尹汝"，有道翻译得出"Yin into—阴到"。

在英语词典和英语语料库的知识检索方面，我们采用英英模式而不采用英汉模式，以期将翻译中的释义偏差降至最低。在具体操作中，践行"国家标准释义为主、机器翻译选项为辅"的翻译原则，并采用英英词典为多词项语义提供辨析，采用英语国家语料库为多词项提供概率。从翻译实践过程可以看出，英英词典和英语国家语料库均提供了原汁原味的英语语境，为翻译过程中多翻译词项的选择提供了依据。

综上所述，从本章汉语传统语言学名词的英译实例研究中可以看出，术语在线作为术语审定的国家标准，提供了准确到位的汉语释义和英语翻译项。我们在处理此类名词的翻译时以国家标准为准。对于术语在线没有收录的名词，可参照使用国内外的机器翻译系统进行辅助翻译，并将备选翻译项进行英英词典查询以厘清语义，同时进入英语国家语料库进行多词项概率检索，最后给定符合英语国家使用习惯和语义表达的高概率翻译项。

第七章

结　　语

7.1　本书的主要发现

在术语的翻译中，汉源性术语的外译是非常薄弱的一个环节，这是术语翻译方向性失衡的一个表现，与我国软实力的提升是不相匹配的。因此，汉源性术语的外译，尤其是英译工作需要加强。

通过对 CNKI 中相关术语英译结果的个案调查分析发现，汉语语言学名词在对外译介中存在的首要问题是准确性不足，错误率很高。其他方面还包括如下这些：汉英"对应词（组）"之间存在着非对应性关系；源术语与目标术语之间的信息量缺损；汉语术语英译形式之间的概念区分度不够；等等。因此，汉语传统语言学名词的外译需要在尊重翻译学科自身特点的基础上，综合考虑术语特性、术语翻译中的约定俗成性、源术语与目标术语之间的学科共通性、源术语的民族特异性以及术语来源多样性等方面，系统地进行传统语言学术语翻译的标准化和规范化工作。

我们认为，汉语传统语言学术语的翻译前提之一是了解汉语传统语言学术语的特点，包括术语的概念内涵、语符特征和交际语境。汉语传统语言学术语的基本特点包括系统性、变异性、模糊性和民族性。其中，汉语传统语言学名词的体系性特征要求个体术语的翻译需要在系统内进行；变异性关注的是汉语传统语言学术语在使用过程中各种因素引起的能指或所指上的多样性，因此翻译者应该根据交际语境的需要，选择最为适切的翻译形式。术语的模糊性要求对术语的翻译不可避免地要有描写因素；术语的民族性强调的是术语与其所植根的社会语言文化有关，在其释义中需要适度呈现。因此，对汉语传统语言学名词外译的策略和方法的选择，必须多维度考虑其相关特点。

我们认为，汉语传统语言学名词的特点之所以包括共时层面的意义是其历时发展的结果。历时性的语言学术语规定性较弱，描述性较强，在术语的界定中，则表现为学界对汉语传统语言学名词的界定既有定义法，也有描写法。

总体而言，采用内涵式定义的术语较少见。汉语传统语言学名词的定义一般不是严格意义上的科学定义，描写性成分占据了很大的比重。在翻译过程中，汉语传统语言学术语的这一特点对其翻译方式的使用产生了较大影响。

从传播的角度看，术语翻译的目的是让读者了解源文本术语的内涵，在保证内容无损传递的同时争取实现形式上的匹配。因此，术语的翻译需要关注术语所表征的概念，并通过适当的目的语形式予以表示。这个过程中，所指称的概念及对此概念的定义需要保持不变，源文本和目标文本的匹配内容才可能近乎等量。术语翻译的信息等值需要满足以下三个条件。

第一，对术语的内涵与外延进行充分的了解和准确的把握。

第二，在充分掌握术语所指称概念的基础上并在合适的翻译策略指导下，采用尽可能术语化的方法对相关术语翻译内容进行形式上的匹配。

第三，在汉语传统语言学名词对外译介中，除了传统的直译法之外，还包括少量的翻译创造。

我们认为，考虑到汉语传统语言学术语的特点，更能准确表达其具体内涵的是释译法，即使用目的语中相对中性的语言将源术语的内涵通过拓展性的描写法表达出来，解决两种语言的语言学术语系统所联系的概念框架不一致而导致缺少确切对等词的问题，让目的语读者更好地理解源术语的准确含义。当然，随着中外语言学学术交流的深化，我国传统语言学术语的特殊性有可能被国外学界进一步充分认知，其概念内涵的语符表现形式有可能术语化的程度会加强，即实现民族性术语概念跨语言的有效二次命名。这也体现了术语翻译结果动态优化的过程性特点，需要译者的不断努力。

7.2　本书的意义与价值

本书以汉语传统语言学名词（术语）为封闭域，通过个案调查法，分析了其英译过程中存在的主要问题。在此基础上，从描写术语学的视角出发，分析了汉语传统语言学名词自身的特点，并根据其特点，对 300 个左右汉语传统语言学名词进行了翻译。在翻译过程中，充分考虑到汉语传统语言学术语的历时性发展，以释译法为主，尽量注意平衡术语的国际通用性与本土性、术语的学科专业性与读者的可理解性之间的关系。在理论上，本书对汉语传统语言学术语的特点及其翻译方法进行了系统性的探讨，选定了特定的封闭域并对相关术语进行了尝试性的翻译，践行了书中所论述的相关翻译策略。

7.3 本书的局限及对后续研究的建议与展望

汉语传统语言学名词类型多样，来源不一，特点迥异，这对外译方法的采用以及译出的最终结果都会有一定程度的影响。翻译策略面向的是翻译对象的整体，但是在翻译过程中，译者面对的总是一个个单独的个体。在翻译过程中，同类术语的释义并不总是遵循"同场同模式"的翻译原则，这个特点常导致翻译系统性偏弱。另外，因为部分汉语传统语言学名词自身具有的前科学性特点，学界对其相关内涵的诠释并不一致，有时甚至有相互矛盾之处，尤其是音韵学术语，时间跨度非常大，不同时代的研究者对同一术语的理解和诠释差异较大，这也会导致翻译系统性偏弱。音韵学属于口耳之学，对其进行研究的难度超出想象，术语的模糊性特点会增加译者准确理解术语的难度，自然也会影响术语翻译的准确度。在后续研究中，我们将与相关专家学者密切合作，在准确把握汉语传统语言学名词内涵的基础上，采用更适当的方法，扩大翻译范围，将更多的汉语传统语言学名词译介给国外语言学界，以更好地服务于汉语传统语言学名词在国际交流中的进一步传播。

参考文献

安乐哲, 郝大维, 彭国翔. 2003. 《道德经》与关联性的宇宙论——一种诠释性的语脉. 求是学刊, (2): 5-12.
安乐哲, 罗思文. 2003. 《论语》的哲学诠释: 比较哲学的视域. 北京: 中国社会科学出版社.
安小米, 徐明月. 2021. 文件管理术语国际标准的演进: 基于 ISO 30300: 2011 和 ISO 30300: 2020 的比较. 档案学通讯, (1): 37-43.
白乐桑, 张朋朋. 1990. 法国国家教学研究院关于法国汉语教学中的语法术语法文翻译的意见. 世界汉语教学, (1): 37-40.
包通法. 2007. 文化自主意识观照下的汉典籍外译哲学思辨——论汉古典籍的哲学伦理思想跨文化哲学对话. 外语与外语教学, (5): 60-65.
包通法. 2008. 论汉典籍哲学形态身份标识的跨文化传输. 外语学刊, (2): 120-126.
卞彩霞, 杜莹莹. 2019. 中国文化"走出去"战略下非遗术语外宣翻译的异化策略——河南省非物质文化遗产术语翻译研究. 海外英语, (9): 118-119.
卜玉坤. 2011. 认知视阈下科技英语喻义汉译研究. 东北师范大学博士学位论文.
操睿. 2020. 语言学转向: 库恩"不可通约性"论题的嬗变. 西部学刊, (20): 157-160.
曹明伦. 2021. 外来术语翻译和译名统一问题——以 categorical imperative、lost generation 和 trace 的汉译为例. 上海翻译, (1): 83-88.
曹智博. 2021. 医学论文的术语翻译策略研究. 上海外国语大学硕士学位论文.
柴改英. 2010. 从"天人合一"的英译看中国传统哲学术语外译的多重视域融合. 外语教学, (2): 93-96.
陈楚祥. 1994. 词典评价标准十题. 辞书研究, (1): 12.
陈海燕. 2015. 浅析中华思想文化术语翻译中的难点. 中国翻译, (5): 13-17.
陈柯, 兰珊. 2020. 新型冠状病毒感染肺炎战役中的术语翻译. 重庆交通大学学报(社会科学版), 20(3): 104-112.
陈满华, 贾莹. 2014. 乔姆斯基《句法结构》若干概念、术语的翻译问题. 当代语言学, 16(2): 8.
陈萍. 2010. 论"规范与统一"原则在经贸术语翻译中的具体化. 重庆科技学院学报, (24): 130-132.

陈香美. 2017. 交际术语学理论主张、特点及研究对象. 中国科技术语, (5): 17-22.

陈新仁. 2003. 语用学术语汉译问题刍议. 中国翻译, (5): 88-90.

陈雪. 2014. 认知术语学核心术语研究. 黑龙江大学博士学位论文.

陈雪. 2017. 认知术语学概论. 北京: 商务印书馆.

崔昶旭, 朱建平, 洪梅. 2020. 中医学主要术语部件的英译研究——以中医内科学为例. 中国科技术语, (4): 39-43.

戴拥军, 董晓波. 2020. 以典籍术语翻译助推中国国家形象塑造——以《吕氏春秋·劝学》篇核心术语英译为例. 译苑新谭, 1(2): 39-45.

丁飞, 郭本禹. 2016. 术语的转变: 精神分析理论的后现代转向. 安徽师范大学学报(人文社会科学版), (5): 655-660.

丁一. 2007. 术语命名须应对汉语环境. 中国科技术语, (6): 39-40.

董琨. 2003. 术语三难. 社会科学管理与评论, (2): 38-39.

窦卫霖. 2016. 如何提高中国时政话语对外传译效果——基于认知心理学角度. 探索与争鸣, (8): 127-130.

杜家利, Christina Alexandris. 2020. 欧洲术语运行机制研究. 术语-知识-话语, (1): 474-492.

杜家利, 于屏方. 2011. 花园幽径现象顿悟性的认知解读. 外语与外语教学, (6): 26-29.

杜家利, 于屏方. 2015a. 花园幽径模式行进错位的量化研究. 中文信息学报, (5): 31-38.

杜家利, 于屏方. 2015b. 花园幽径现象理解折返性的数据结构分析. 中文信息学报, (1): 28-37.

杜家利, 于屏方. 2016. 中国英语学习者花园幽径句错位效应强度研究. 中文信息学报, (6): 100-116.

杜家利, 于屏方. 2017. 汉语语言学术语翻译的规范化与标准化研究. 中国辞书学报: 99-107.

杜家利, 于屏方. 2018a. "不+X"结构的极性特点及其词典立目分析——以《现代汉语词典》第7版为例. 辞书研究, (2): 18-28.

杜家利, 于屏方. 2018b. 花园幽径句解码效果与反应时的关联性研究. 中文信息学报, (4): 13-23.

方梦之. 2003. 20世纪下半叶我国翻译研究的量化分析. 外语研究, (3): 50-56.

方梦之. 2011. 译学术语的演变与创新——兼论翻译研究的走向. 中国外语, (3): 99-104.

房印杰, 梁茂成. 2020. 中国英语学习者关系代词取舍研究——语料库与实验法的交叉验证. 外语与外语教学, (3): 34-43.

冯佳, 王克非, 刘霞. 2014. 近二十年国际翻译学研究动态的科学知识图谱分析. 外语电化教学, (1): 11-20.

冯蒸. 1984. 《圆音正考》及其相关诸问题. 古汉语研究论文集（二）. 北京: 北京出版社: 83-102.

冯志伟. 2008. 一个新兴的术语学科——计算术语学. 术语标准化与信息技术, (4): 4-9.

冯志伟. 2010. 术语形成的经济律——FEL 公式. 中国科技术语, (2): 9-15.

冯志伟. 2011. 现代术语学引论. 北京: 商务印书馆.

冯志伟. 2012. 语言学中一个不容忽视的学科: 术语学. 山东外语教学, (6): 31-39.

冯志伟. 2018a. 机器翻译与人工智能的平行发展. 外国语（上海外国语大学学报）, (6): 35-48.

冯志伟. 2018b. 人工智能领域: 得语言者得天下. 语言战略研究, (5): 1.

冯志伟. 2019. 中国术语学研究的八大特点. 中国科技术语, (2): 8-10.

冯志伟. 2020. 我对于"新冠肺炎"译名的建议. 中国科技术语, 22(2): 11-13.

冯志伟. 2021a. 神经网络、深度学习与自然语言处理. 上海师范大学学报（哲学社会科学版）, (2): 110-122.

冯志伟. 2021b. 生成词向量的三种方法. 外语电化教学, (1): 18-26.

冯志伟, 周建. 2019. 布拉格学派的功能生成描述理论. 现代语文, (7): 124-127.

高本汉. 1940. 中国音韵学研究. 赵元任, 罗常培, 李方桂译. 上海: 商务印书馆.

高名凯. 1962. 论语言系统中的词位. 北京大学学报（人文科学）, (1): 31-44.

高名凯. 1963. 汉语语法研究中的词类问题. 安徽大学学报, (1): 35-52.

高淑芳. 2005. 科技术语的翻译原则初探. 术语标准化与信息技术, (1): 46-47.

高晓薇, 赵玉闪. 2011. 科技英语的语言特性及翻译技巧辨析. 中国电力教育, (17): 182-185.

辜正坤. 1998. 外来术语翻译与中国学术问题. 中国翻译, (6): 17-22.

顾春辉, 温昌斌. 2017. 联合国术语库建设及其对中国术语库建设的启示. 中国科技术语, (3): 5-9.

顾建安. 2008. 中医术语翻译中的文化因素及翻译对策. 渤海大学学报（哲学社会科学版）, (3): 146-148.

桂诗春. 2000. 新编心理语言学. 上海: 上海外语教育出版社.

何刚强. 2015. 自家有富矿，无须效贫儿——中国的翻译理论应当独树一帜之理据. 上海翻译, (4): 1-8.

何家弘. 2009. 论法律语言的统一和规范——以证据法学为语料. 中国人民大学学报, (1): 72-81.

何哲. 2016. 通向人工智能时代——兼论美国人工智能战略方向及对中国人工智能战略的借鉴. 电子政务, (12): 2-10.

侯国金. 2009. 语言学术语翻译的系统—可辨性原则——兼评姜望琪(2005). 上海翻译, (2): 69-73.

侯国金. 2011. 语言学术语翻译的原则和"三从四得"——应姜望琪之"答". 外国语文, 27(3): 94-99.

胡庚申. 2009. 生态翻译学: 译学研究的"跨科际整合". 上海翻译, (2): 3-8.

胡庚申. 2014. 生态翻译学的"异"和"新"——不同翻译研究途径的比较研究并兼答相关疑问. 中国外语, (5): 104-111.

胡兰西. 2020. "世界英语""作为通用语的英语"与"作为国际语的英语"术语辨析. 中国科技术语, (2): 54-58.

胡叶. 2015. 汉语语言学术语英译研究. 南京大学博士学位论文.

胡叶, 魏向清. 2014. 语言学术语翻译标准新探——兼谈术语翻译的系统经济律. 中国翻译, (4): 16-20.

胡叶, 魏向清. 2019. 基于 NUTERM 术语数据库的语言学术语翻译系统研究. 西安外国语大学学报, 27(4): 76-80.

胡智鹏, 李瑶, 宋绍成, 等. 2020. 突发公共卫生事件大数据分析与防控策略研究. 情报科学, 38(11): 104-109.

黄兵. 2016. 英语术语的汉语定名研究. 华中师范大学博士学位论文.

黄典诚. 1980. 关于上古汉语高元音的探讨. 厦门大学学报(哲学社会科学版), (1): 92-100.

黄典诚. 1982. 《切韵》性质的探讨. 厦门大学学报(哲学社会科学版), (3): 151-160.

黄典诚. 1985. 闽南方言中的上古汉语单词残余. 厦门大学学报(哲学社会科学版), (S1): 134-148.

黄典诚. 1986a. 汉语四个历史时期的语音系统. 龙岩师专学报, (2): 1-12.

黄典诚. 1986b. 《切韵》图表化(上). 华侨大学学报(哲学社会科学版), (0): 64-76.

黄典诚. 1987. 《切韵》图表化(下). 华侨大学学报(哲学社会科学版), (1): 76-96.

黄光惠, 岳峰, 余传星. 2019. 中医阴阳学说术语的英译研究. 中国科技翻译, (1): 1-4.

黄家英. 2021. 世界卫生组织疾病治疗管理指南汉译实践报告. 上海师范大学硕士学位论文.

黄行, 王一茹. 2019. 中国传统语言学术语英译策略与认知度. 语言政策与规划研究, (2): 1-11.

黄建华. 2004. 再议拉鲁斯. 辞书研究, (1): 121-127.

黄建华. 2014. 巨璧微瑕——简评《利氏汉法辞典》. 辞书研究, (4): 72-75.

黄建华. 2016. 对修订《汉法大词典》的期许. 辞书研究, (5): 1-6, 93.

黄建华, 王南方, 余秀梅. 2014. 汉法大词典. 北京: 外语教学与研究出版社.

黄威. 2021. 同书异名、同名异书现象新探. 古籍整理研究学刊, (3): 6-12.

黄欣荣. 2018. 人工智能与人类未来. 新疆师范大学学报, (4): 101-108.

黄鑫宇, 魏向清. 2020. 认知术语学视角下中华思想文化核心术语翻译的概念建构模型——以"天"相关术语为例. 中国翻译, (5): 88-97.

黄友义. 2015. 中国站到了国际舞台中央, 我们如何翻译. 中国翻译, (5): 5-7.

黄忠廉. 2013. 应用翻译学名实探. 中国外语, (4): 93-98.

黄忠廉, 刘毅. 2021. 社科话语"中国制造": 术语创新与翻译传播——以"供给侧"翻译为例. 西北工业大学学报, (1): 56-64.

黄忠廉, 王小曼. 2020. 翻译学科双轨创建范式论. 中国翻译, 41(3): 23-30,187.

黄忠廉, 杨荣广. 2015. 译学本体的术语厘定问题——以"原语"与"源语"为例. 外国语, (5): 74-81.

姜望琪. 2005. 论术语翻译的标准. 上海翻译, (1): 80-84.

姜望琪. 2010. 再论术语翻译的标准——答侯国金(2009). 上海翻译, (2): 65-69.

蒋继彪. 2021. 文本类型理论下的中医术语翻译研究. 中国科技翻译, (2): 38-40.

蒋童. 2010. 韦努蒂的异化翻译与翻译伦理的神韵. 外国语, (1): 80-85.

蒋童. 2012. 术语链: 韦努蒂翻译研究的生成. 外国语, (1): 54-61.

蒋向勇, 邵娟萍. 2020. 认知术语学主要理论与术语生成——以新冠肺炎命名为例. 中国科技术语, 22(5): 15-23.

蒋勋, 苏新宁, 刘喜文. 2015. 突发事件驱动的应急决策知识库结构研究. 情报资料工作, (1): 25-29.

兰冬秀. 2017. 基于翻译适应选择视角下政治术语翻译分析. 哈尔滨学院学报, (1): 126-129.

黎难秋. 1996. 中国科学翻译史料. 北京: 中国科学技术大学出版社.

黎难秋. 1999. 民国时期中国科学翻译活动概况. 中国科技翻译, (4): 42-45.

李波. 2020. 口译情境化主题教学中术语表的功能——一项基于香港城市大学本科口译课堂的研究. 上海翻译, (6): 51-55.

李纲, 李阳. 2016. 智慧城市应急决策情报体系构建研究. 中国图书馆学报, (3): 39-54.

李海峰. 2010. 论经贸术语译名的统一与规范——一项基于经贸英汉词典的研究. 中国翻译, (2): 65-69.

李红满. 2014. 国际翻译学研究热点与前沿的可视化分析. 中国翻译, 35(2): 21-26, 27.

李军, 乔立民, 王加强等. 2019. 智慧政务框架下大数据共享的实现与应用研究. 电子政务, (2): 34-44.

李立丰. 2019. 本土化语境下的"被遗忘权": 个人信息权的程序性建构. 武汉大学学报, (3): 145-155.

李龙兴, 王宪. 2021. 应急语言服务视角下的新冠肺炎医学英语专题术语表开发. 中国科技术语, (2): 32-41.

李涛, 胡开宝. 2020. 基于语料库的等级趋弱级差资源口笔译对比研究. 浙江大学学报, (6): 180-190.

李文新. 2013. 世界英语的命名及常用术语辨析. 东莞理工学院学报, 20(2): 50-54.

李晓华, 王怡帆. 2020. 数据价值链与价值创造机制研究. 经济纵横, (11): 54-62.

李晓瑛, 蔡妙芝, 李军莲等. 2021. 面向文献组织的重大公共卫生事件知识图谱构建研究. 医学信息学杂志, (3): 8-13.

李亚舒, 黎难秋. 2000. 中国科学翻译史. 长沙: 湖南教育出版社.

李一涛. 2021. 我国医疗机构服务对象名称命名应规范统一. 中国卫生法制, (3): 113-116.

李有增, 曾浩. 2018. 基于学生行为分析模型的高校智慧校园教育大数据应用研究. 中国电化教育, (7): 33-38.

李宇明. 2007. 谈术语本土化、规范化与国际化. 中国科技术语, (4): 5-10.

李宇明. 2017. 术语规范与术语立法. 中国科技术语, (1): 5-6.

李宇明, 施春宏. 2017. 汉语国际教育"当地化"的若干思考. 中国语文, (2): 245-252.

李云新, 韩伊静. 2017. 国外智慧治理研究述评. 电子政务, (7): 57-66.

李兆国. 2017. 文学审美接受的期待视界与多维取向. 山东农业工程学院学报, 34(9): 144-147.

李照国. 1993. 中医翻译导论. 西安: 西北大学出版社.

李照国. 2008. 论中医名词术语英译国际标准化的概念、原则与方法. 中国翻译, (4): 63-70.

李哲罕. 2021. 大数据、晚期资本主义与全球正义. 华中科技大学学报, (1): 58-63.

李志江. 2010. 关于科技名词规范若干问题的思考. 中国科技术语, (1): 11-17.

李祖民, 张宇兴, 张涛. 2021. 基于诠释学的《伤寒论》"伤寒"名词术语研究. 吉林中医药, (6): 724-726.

厉平, 贾正传. 2010. 语言学术语翻译的系统化: 以 deixis 的汉译为例. 中州大学学报, (4): 70-73.

梁启超. 1984.《论译书》//中国翻译工作者协会《翻译通讯》编辑部编.《翻译研究论文

集(1894—1948)》. 北京: 外语教学与研究出版社: 8-20.

梁梓晖, 张亚丽, 陆泽源, 等. 2020. 新型冠状病毒肺炎暴发疫情下流行病学关键概念理解偏差及其对防控的影响. 热带医学杂志, (3): 289-291.

列福尔马茨基, 叶其松. 2017. 术语是语言词汇系统的要素. 中国科技术语, (5): 29-41.

刘成, 王小芳, 洪梅, 等. 2014a. 中医药术语英译规范之对应性原则初探. 中华中医药杂志, (12): 3877-3879.

刘成, 王小芳, 刘力力, 等. 2014b. 中医药术语英译规范之民族性原则初探. 中华中医药杂志, (11): 3394-3396.

刘川. 2020. 应急管理术语翻译辨析——以"紧急"概念为例. 海外英语, (13): 168-169.

刘春燕, 安小米, 侯人华. 2014. 术语标准研制方法及在信息与文献领域中的应用. 图书情报工作, (9): 91-95.

刘丹青, 石汝杰. 1993. 专名翻译规范化的两大课题——统一与保真度. 语言文字应用, (4): 9-17.

刘法公. 2000. 商贸中医术语汉英翻译规律. 中国翻译, (5): 45-50.

刘法公. 2013. 论实现法律法规术语汉英译名统一的四种方法. 中国翻译, (6): 82-86.

刘凤娟. 2014. 大数据的教育应用研究综述. 现代教育技术, (8): 13-19.

刘海鸥, 姚苏梅, 黄文娜, 等. 2018. 基于用户画像的图书馆大数据知识服务情境化推荐. 图书馆学研究, (24): 57-63.

刘海涛, 林燕妮. 2018. 大数据时代语言研究的方法和趋向. 新疆师范大学学报, (1): 72-83.

刘慧. 2017. 汉俄语术语翻译研究. 上海外国语大学博士学位论文.

刘宓庆. 1995. 关于中国翻译理论的美学思考. 青岛海洋大学学报, (1): 87-89.

刘佩佩, 刘小康. 2021. 基于交互验证的科技文本冷僻术语翻译. 科技传播, (8): 34-36.

刘炜, 林文娟. 2016. 中西思维差异在汉英意合形合医学术语中的映射. 医学争鸣, 7(4): 54-57.

刘小群. 2008. 论中国古典文论中关键术语英译. 宜宾学院学报, (4): 89-91.

刘晓洋. 2016. 思维与技术: 大数据支持下的政府流程再造. 新疆师范大学学报, (2): 118-125.

刘性峰. 2021. 中国古代科技术语翻译研究: 现状与前瞻. 燕山大学学报, (3): 78-83.

刘彦萍. 2011. 俄语医学术语的语义生成与派生研究. 哈尔滨师范大学硕士学位论文.

刘宇红. 2021. 语言学术语的理据类型研究. 中国科技术语, (1): 17-22.

刘宇红, 殷铭. 2021. 术语表研制的四个步骤——以英语语言学为例. 中国科技术语, (2):

11-19.

柳菁. 2017. "一带一路"背景下的敦煌文化术语翻译问题与对策研究. 中国科技术语, (6): 48-52.

柳菁, 罗珊珊. 2020. 敦煌文化术语翻译难点初探——以"数字敦煌"中的术语为例. 中国科技术语, (3): 48-53.

卢华萍, 吴明军. 2021. 不同句法结构对二语花园路径句重新分析的影响研究. 现代外语, (2): 233-245.

陆道夫. 1996. 试论严复的译名创新. 河南大学学报, (1): 37-40.

罗常培. 1963. 罗常培语言学论文集. 北京: 中华书局.

罗天华. 2012. 也谈语言学术语的翻译问题——以增译《语言共性和语言类型》为例. 当代语言学, (1): 73-79.

罗新璋. 1984. 翻译论集. 北京: 商务印书馆.

马莲, 温昌斌. 2019. 科学技术名词审定工作中专名英文大写问题刍议. 中国科技术语, 21(5): 10-15.

马炜娜. 2011. 精确性是法律术语翻译的目的和灵魂. 淮海工学院学报, (7): 26-27.

马祖毅. 1984. 中国翻译简史. 北京: 中国对外翻译出版公司.

孟令霞. 2007. 术语称名中的隐喻现象. 术语标准化与信息技术, (4): 16-19.

慕媛媛, 杨雯婷. 2020. 基于语料库的对外传播翻译受众经验识解研究——以地方文化译介为例. 中国外语, (2): 97-104.

宁海霖. 2021. 译者专业领域知识的多模态习得研究. 中国科技术语, (3): 42-48.

欧阳国亮. 2020. 缩略语"新冠肺炎"的由来. 语文建设, (7): 62-64.

潘莉. 2021. 法汉交替传译精力分配问题及处理策略. 上海外国语大学硕士学位论文.

潘书祥. 1998. 汉语科技术语的规范和统一. 科技术语研究, (1): 6-11.

潘悟云. 1983. "轻清, 重浊"释——罗常培《释轻重》《释清浊》补注. 社会科学战线, (2): 5.

裴亚军. 2018. 重视本土特色, 建立术语研究的中国学派. 中国科技术语, 20(4): 3.

裴亚军. 2019. 不忘初心 砥砺前行 努力做好我国科学技术名词规范工作. 中国科技术语, (4): 1.

裴亚军. 2020. 科技名词工作新的发展和延伸. 中国科技术语, 22(4): 1.

彭昌柳. 2015. 基于概念隐喻理论的中医隐喻术语翻译策略研究. 湖南中医药大学学报, (10): 63-65.

皮天雷, 赵铁. 2014. 互联网金融: 范畴、革新与展望. 财经科学, (6): 22-30.

钱锺书. 1985. 中国诗与中国画. 中国社会科学院研究生院学报, (1): 1-13.

郄浩. 2013. 传播学视域中的科学流言研究. 河北大学硕士学位论文.

邱碧华. 2013. 概述奥地利普通术语学中的对象客体. 中国科技术语, (1): 10-15.

邱碧华. 2017. 术语学和专业词典编纂学：两个相得益彰的领域. 中国科技术语, (4): 18-23.

邱碧华. 2019a. 术语本体编纂学：本体建造和术语描述的社会认知方法. 中国科技术语, (4): 24-29.

邱碧华. 2019b. 浅析西方术语学发展历程——介绍"术语学是一种'科学研究纲领'"的思想. 中国科技术语, (6): 29-38.

邱碧华, 阿戈陶. 2020. 匈牙利21世纪前10年的术语学理论和实践. 中国科技术语, (6): 30-32.

邱碧华, 费伯, 莱昂-阿劳斯. 2020. 基于框架术语学理论的北约术语管理. 中国科技术语, (3): 33-39.

邱扬. 2012. 阐释学(hermeneutics)译名之辨. 西南民族大学学报, (9): 206-209.

邱扬. 2014. 英译《论语》中的文化概念之争——兼谈文化意识与译文的文化趋向. 孔子研究, (2): 107-112.

屈哨兵, 张晓苏, 马喆, 等. 2020. 新冠肺炎疫情下语言应急与服务的实践及思考. 广州大学学报, (4): 19-28.

屈文生. 2010. 法律翻译研究的视角与思路——对法律翻译若干重要方面的梳理和理性评价. 江西社会科学, (2): 246-251.

屈文生. 2012. 中国法律术语对外翻译面临的问题与成因反思——兼谈近年来我国法律术语译名规范化问题. 中国翻译, (6): 68-75.

屈文生. 2013. 也谈《中国的司法改革》白皮书的翻译. 中国翻译, (3): 78-83.

任慧玲, 李晓瑛, 邓盼盼, 等. 2021. 国际医学术语体系进展及特色优势分析. 中国科技术语, 23(3): 18-25.

申茉莉. 2020. 中医术语翻译的"归化"和"异化". 中山大学硕士学位论文.

施麟麒, 桂双. 2020. 传染病命名问题纵谈. 中国科技术语, (5): 24-32.

时闻, 刘润泽, 魏向清. 2019. 政治话语跨文化传播中的"术语滤网"效应与术语翻译策略反思——以"一带一路"话语传播为例. 中国外语, (1): 79-88.

束婷婷. 2021. 浅析医学词汇术语翻译. 海外英语, (7): 168-169.

宋美琦, 陈烨, 张瑞. 2019. 用户画像研究述评. 情报科学, (4): 171-177.

宋颖. 2021. 英汉对比视阈下汉语词法思维之优势. 重庆科技学院学报, (3): 85-90.

苏杭, 卫乃兴. 2020. 语料库语言学视域下的局部语法研究：概述与展望. 外语电化教学,

(4): 40-45.

孙成岗, 吴宏. 2020. 中日应急对译词汇库的构建设想——以新冠疫情语境下的中日词汇对译为例. 日语学习与研究, (5): 1-12.

孙疆卫, 赵媛霞. 2020. 抗击新冠疫情中的语言服务探析. 喀什大学学报, (2): 38-44.

谭载喜. 1991. 西方翻译简史. 北京: 商务印书馆.

谭载喜. 1999. 新编奈达论翻译. 北京: 中国对外翻译出版公司.

谭载喜. 2004. 翻译研究词典的翻译原则与方法. 中国翻译, (6): 51-54.

汤思敏. 2009. 严复的翻译理论在中医术语翻译中的应用. 南京医科大学学报, (2): 172-175.

陶源, 赵浩. 2020. 论应急语言能力视角下的新型冠状病毒及新型冠状病毒肺炎术语命名. 北京第二外国语学院学报, (1): 45-56.

王宝勤. 2003. 中医术语翻译刍议. 山东外语教学, (4): 90-91.

王东风. 1997a. 文化缺省与翻译中的连贯重构. 外国语, (6): 56-61.

王东风. 1997b. 英汉词语翻译中的义素对比分析. 现代外语, (1): 29-32.

王东风. 2004. 解构"忠实"——翻译神话的终结. 中国翻译, (6): 5-11.

王凤兰, 于屏方, 许琨. 2017. 基于语料库的汉语语块分类研究. 语言与翻译, (3): 16-21.

王浩杰, 吴雨轩. 2021. 口译过程中术语翻译技巧研究. 中国科技术语, (3): 54-58.

王宏印, 李宁. 2009. 君王荣耀之镜: 典籍外译的福音——《福乐智慧》英译本及其导言汉译的若干问题. 民族翻译, (1): 3-9.

王华树, 李智. 2020. 人工智能时代的翻译技术研究: 内涵、分类与趋势. 外国语言与文化, (1): 86-95.

王华树, 王少爽. 2019. 翻译场景下的术语管理: 流程、工具与趋势. 中国科技术语, (3): 9-14.

王华树, 杨承淑. 2019. 人工智能时代的口译技术发展: 概念、影响与趋势. 中国翻译, (6): 69-79.

王华树, 张成智. 2018. 大数据时代译者的搜索能力探究. 中国科技翻译, (4): 26-29.

王力. 1957. 汉语史稿. 北京: 科学出版社.

王力. 1963. 汉语音韵. 北京: 中华书局.

王立非, 孙疆卫. 2020. 疫情引发的应急语言术语称名与英译. 天津外国语大学学报, (3): 14-23.

王立非, 王铭玉, 沈骑, 等. 2020. "应急语言问题"多人谈. 语言战略研究, (3): 75-79.

王弄笙. 2004. 十六大报告汉英翻译的几点思考. 中国翻译, (1): 58-61.

王千. 2014. 互联网企业平台生态圈及其金融生态圈研究——基于共同价值的视角. 国际金融研究, (11): 76-86.

王燕. 2014. 智慧校园建设总体架构模型及典型应用分析. 中国电化教育, (9): 88-92.

王晔. 2017. 陌生化视阈下政治文献术语翻译中的显异研究——基于近年来政府工作报告俄译本的实证分析. 天津外国语大学学报, (3): 7-12.

王一多. 2010. 当代译学术语研究概述. 上海翻译, (2): 6.

王雨梅. 2006. 英汉公安法律术语的规范化与翻译. 中山大学学报论丛, (9): 4-8.

王正青, 但金凤. 2021. 如何构建教育数据治理体系: 美国肯塔基州的成功经验. 现代远程教育研究, (1): 77-86.

王宗炎. 1987. 关于译名的三个问题. 外语教学与研究, (4): 38-43.

王佐良. 1984. 翻译中的文化比较. 中国翻译, (1): 2-6.

望丽影. 2021. 中医药隐喻性术语的英译原则与策略选择. 蚌埠学院学报, (3): 85-88.

魏玮, 安小米. 2021. 物联网和智慧城市数据处理与管理概念体系构建——以 ITU-T 数据处理与管理焦点组标准化项目为例(英文). 中国科技术语, (2): 70-80.

魏向清. 2010a. 国际化与民族化: 人文社科术语建设中的翻译策略. 南京社会科学, (5): 116-121.

魏向清. 2010b. 人文社科术语翻译中的术语属性. 外语学刊, (6): 165-167.

魏向清. 2016. 论大众翻译时代译者的术语意识与素养——从莫言诺贝尔文学奖评语中的术语翻译谈起. 外语学刊, (1): 150-153.

魏向清. 2018. 从"中华思想文化术语"英译看文化术语翻译的实践理性及其有效性原则. 外语研究, (3): 66-71.

魏向清. 2021. "中国术语学"的名实之辨与学理之思——兼议"中国术语学"建设的问题域确立. 中国科技术语, (2): 3-10.

魏向清, 冯雪红. 2021. 医学术语 ECMO 汉译探微与译名规范化再思考. 外语研究, (1): 69-75.

魏向清, 杨平. 2019. 中国特色话语对外传播与术语翻译标准化. 中国翻译, 40(1): 91-97.

魏向清, 张柏然. 2008. 学术摹因的跨语际复制——试论术语翻译的文化特征及研究意义. 中国外语, (6): 84-88.

魏星. 2020. 新型冠状病毒及其感染的疾病名称. 中国科技术语, (1): 60.

魏雪峰, 杨俊锋. 2014. 同步网络课堂的理念、应用及未来发展. 中国电化教育, (9): 93-99.

温斌斌, 常春. 2019. 基于词间关系的叙词表术语翻译. 中华医学图书情报杂志, (5): 6-10.

温昌斌. 2014. 略论人文社科名词术语审定工作. 新闻与传播研究, (10): 110-116.

温昌斌, 马莲. 2017. 我国科学技术名词审定理论研究初探. 中国科技术语, (6): 5-10.
吴汉江. 2021. 汉语异名同指物象词语初探. 苏州科技大学学报, (3): 88-95.
吴丽坤. 2005. 俄语术语研究: 术语的性质、语义与构成. 黑龙江大学博士学位论文.
吴思聪. 2018. 论二语习得研究的术语翻译问题与对策. 云南师范大学学报(对外汉语教学与研究版), 16(2): 18-25.
吴新祥, 李宏安. 1990. 等值翻译论. 南昌: 江西教育出版社.
吴旭莉. 2019. 大数据时代的个人信用信息保护——以个人征信制度的完善为契机. 厦门大学学报, (1): 161-172.
伍铁平. 1979a. 模糊语言初探. 外国语(上海外国语学院学报), (4): 41-46.
伍铁平. 1979b. 评高名凯《语言论》中的"位""素"理论. 语言教学与研究, (2): 135-151.
武小林, 张其成. 2021. 《黄帝内经》颜面术语考释及特点研究. 河南中医, (5): 656-660.
肖子华, 马长啸, 石力文. 2021. 卫生健康技术命名和标准化应用研究. 中国卫生信息管理杂志, (3): 336-340.
信娜. 2012. 俄语术语汉译方法论研究. 黑龙江大学博士学位论文.
徐广东. 2019. 跨文化传播中术语翻译策略解析——以"公义"释义为例. 外语学刊, (3): 123-126.
徐建国. 2021. 术语规定论与术语描写论的命名观对比研究. 中国科技术语, (1): 10-16.
徐嵩龄. 2010. 如何提高我国术语翻译的准确性. 中国科技术语, (2): 36-42.
许钧. 2009. 翻译概论. 北京: 外语教学与研究出版社.
许萍. 2011. 从文化转向看《论语》的术语翻译——以安乐哲译本为例. 济宁学院学报, (6): 110-114.
许晓东, 王锦华, 卞良, 等. 2015. 高等教育的数据治理研究. 高等工程教育研究, (5): 25-30.
薛欢, 王一川. 2020. 语言预测研究的过去、现在与未来. 外语学刊, (5): 121-126.
严复. 1968a. 《严复集》(第一册). 北京: 中华书局: 125-131.
严复. 1968b. 《严复集》(第二册). 北京: 中华书局: 27.
严复. 1986. 《普通百科新大辞典》序. 严复集(2). 北京: 中华书局.
严世清. 2020. 从"非典"到"新冠肺炎": 科技术语技术性与人文性的意义进化论解读. 当代外语研究, (4): 55-65.
杨可. 2014. 现代俄语中政治家名字的构词潜力——以人名 Дэн Сяопин(邓小平)为例. 俄语学习, (3): 32-35.
杨利芳. 2019. 傅兰雅科技翻译及其对近代科技术语翻译规范化的贡献. 浙江财经大学硕

士学位论文.

杨明星. 2014. 中国外交新词对外翻译的原则与策略. 中国翻译, (3): 103-107.

杨明星, 吴丽华. 2016. 医学文本 Trados 机辅翻译的质量与效率优势. 中国科技翻译, (3): 30-32.

杨威, 乔政, 晁燕丽. 2021. 国外医学术语数据库浅析及我国医学术语库发展建议. 中国继续医学教育, (17): 85-88.

杨晓波. 2015. 论《说文解字叙》中的术语英译——以 K. L. Thern 的评注式译本为例. 中国翻译, (3): 105-109.

杨一, 邹昀瑾. 2021. 以机器学习应对信息"爆炸"时代: 公共管理研究的降维可视化探析. 中国行政管理, (1): 105-113.

杨永龙, 吴福祥. 2018. 纪念: 吕叔湘先生与近代汉语研究. http://ling.cass.cn/xueren/xzfc/202110/t20211029_5370497.html[2018-05-10].

杨枕旦. 2001a. 从 spitz(dog) 的译名谈起. 中国科技术语, (1): 27.

杨枕旦. 2001b. 墨鱼非鱼——再谈意译的不足. 中国科技术语, (3): 26-27.

杨枕旦. 2001c. Karst——旧译名"喀斯特"为何被重新启用——科技术语翻译杂议(九). 外语教学与研究, (04): 313.

叶慧君, 陈双新. 2015. 典籍文献术语外译研究现状及思考. 河北大学学报, (6): 47-51.

叶玲. 2020. 哲学术语翻译. 北京外国语大学硕士学位论文.

叶其松. 2015. 术语学: 从方法向方法论的转变. 中国科技术语, (2): 10-14.

叶其松. 2020. "新型冠状病毒"命名的术语学思考. 中国科技术语, (3): 13-17.

叶晓青. 1983a. 西学输入和中国传统文化. 历史研究, (1): 7-24.

叶晓青. 1983b. 约翰·赫歇耳的《谈天》——记我国翻译出版的第一部近代天文学著作. 中国科技史料, (1): 85-87.

叶勇豪, 许燕, 朱一杰, 等. 2016. 网民对"人祸"事件的道德情绪特点——基于微博大数据研究. 心理学报, (3): 290-304.

伊海. 2018. 对推广中医汉西翻译国际标准的必要性的分析. 北京中医药大学硕士学位论文.

易绵竹, 刘伍颖, 刘万义, 等. 2013. 多语种国防缩略术语库研究. 中国科技术语, (5): 18-21.

殷健. 2020. 基于过程性特征的术语命名、翻译与传播的文化安全思考——以新冠肺炎相关术语为例. 中国科技术语, (2): 14-20.

殷健, 冯志伟. 2019. 基于知识本体的术语界定——冯志伟教授访谈录. 杭州师范大学学报(社会科学版), 41(4): 132-136.

殷健, 刘润泽, 冯志伟. 2018. 面向翻译的术语研究: "中国学派"的实践特征和理论探索——冯志伟教授访谈录. 中国翻译, (3): 74-79.

尹铂淳, 付蕾. 2021. 体认术语学视域下的中药转喻命名研究. 中国科技术语, (3): 75-80.

于浩. 2015. 大数据时代政府数据管理的机遇、挑战与对策. 中国行政管理, (3): 127-130.

于屏方, 杜家利. 2015. 《现代汉语词典》释义与配例的关联性与认知效果分析. 辞书研究, (3): 6-12.

于屏方, 杜家利. 2016. 近三十年来国外词典对比研究的现状与特点——以《国际词典学》为例. 辞书研究, (1): 65-72.

于屏方, 杜家利. 2020. 《现代汉语词典》中复杂词汇单位立目分析——词汇化视角. 辞书研究, (2): 10-19.

于屏方, 王凤兰. 2021. "×着"在《现代汉语词典》中的处理情况研究. 辞书研究, (1): 58-63.

于施洋, 王建冬, 童楠楠. 2016. 大数据环境下的政府信息服务创新: 研究现状与发展对策. 电子政务, (1): 26-32.

于伟昌. 2000. 汉译语言学术语标准化的必要性及原则. 上海科技翻译, (3): 9-13.

袁劲. 2021. 中国古代文体命名与释名中的"因情立体". 江西社会科学, (5): 93-101.

曾剑平. 2007. 人文社会科学术语译名的规范化问题. 外语与外语教学, (8): 51-53, 57.

曾剑平, 杨莉. 2004. 谈现代语言学中术语翻译的标准化. 南昌航空工业学院学报, (3): 62-65.

曾江霞. 2020. 多模态大数据语境下科技术语翻译标准分析——以新冠肺炎和新冠病毒术语翻译为例. 中国科技术语, (5): 33-41, 71.

詹继续. 2020. 跨语际司法中的翻译问题研究. 外语与外语教学, (6): 32-42.

张晨. 2019. 面向通信领域术语的命名实体识别. 中国科学院大学硕士学位论文.

张法连. 2016. 英美法律术语汉译策略探究. 中国翻译, (2): 100-104.

张继光. 2016a. 国内翻译研究动态的科学知识图谱分析(2005—2014)——基于12种外语类核心期刊的词频统计. 东北大学学报, (4): 429-435.

张继光. 2016b. 国内语料库翻译学研究状况的科学知识图谱分析(1993—2014). 上海翻译, (3): 34-40.

张金忠. 2015. 表示"酸奶制品"概念的俄语术语汉译方法刍议. 中国科技术语, (1): 38-41.

张景华. 2013a. 论严复的译名思想与翻译会通. 湖南科技大学学报, (5): 135-138.

张景华. 2013b. 庞德的翻译是东方主义吗?——兼论《神州集》的创造性翻译. 中国翻译, (5): 84-89.

张景华. 2015. 论"翻译暴力"的学理依据及其研究价值——兼与曹明伦教授商榷. 中国翻译, (6): 65-72.

张乐, 唐亮, 易绵竹. 2020. 融合多策略的军事领域中文术语抽取研究. 现代计算机, (26): 9-16.

张里安, 韩旭至. 2017. "被遗忘权": 大数据时代下的新问题. 河北法学, (3): 35-51.

张琳, 高秀雪. 2013. 从"悟"与"eidetic"看典籍英译中的术语对应翻译. 外语研究, (3): 64-68.

张琳瑜, 李彩霞. 2011. 多元系统理论视角评析《孙子兵法》术语英译. 哈尔滨学院学报, (1): 111-114.

张旭. 2004. 关于翻译研究术语汉译的讨论. 中国翻译, (4): 83-86.

张彦. 2008. 科学术语翻译概论. 杭州: 浙江大学出版社.

张韵斐. 2004. 现代英语词汇学概论(第3版). 北京: 北京师范大学出版社.

赵浩. 2020. 医学术命名及使用中的语言伦理考量. 江苏预防医学, (6): 701-703.

赵曙光, 吴璇. 2020. 大数据: 作为一种方法论的追溯与质疑. 国际新闻界, (11): 136-153.

赵颂歌, 张浩, 常宝宝. 2021. 基于自注意力机制的科技术语自动提取技术研究. 中国科技术语, (2): 20-26.

赵忠德. 2004. 关于语言学术语的统一译名问题. 外语与外语教学, (7): 51-53.

甄峰, 秦萧. 2014. 大数据在智慧城市研究与规划中的应用. 国际城市规划, (6): 44-50.

郑安文. 2021. 符号的片面化与术语翻译中的理据性问题. 中国科技术语, (3): 49-53.

郑述谱. 2005. 关于中国术语学建设的构想. 科技术语研究, (1): 10-13.

郑述谱. 2012a. 翻译·词典·术语. 中国科技翻译, 25(3): 33-37.

郑述谱. 2012b. 术语翻译及其对策. 外语学刊, (5): 102-105.

周流溪. 2000. 上古汉语的声调和韵系新拟. 语言研究, (4): 97-104.

周流溪. 2015. 谈语文学术语的翻译. 当代语言学, (3): 375.

周明伟. 2014a. 构建中国特色社会主义对外传播理论体系. 对外传播, (9): 12-13.

周明伟. 2014b. 建设国际化翻译人才队伍, 推动中国文化走出去. 中国翻译, (5): 5-6.

周亚祥. 2001. 科技术语译名的统一问题. 中国科技期刊研究, (4): 312-313.

周勇. 2020. 论冯友兰哲学术语翻译思想. 中国翻译, (5): 71-78.

周祖谟. 1982. 现代汉语词汇的研究. 语文研究, (2): 1-4.

周祖谟. 1985. 汉语骈列的词语和四声. 北京大学学报(哲学社会科学版), (3): 3-6.

周祖谟. 1989. 汉字的特性和作用. 语文学习, (3): 16-17.

周祖谟. 1991. 《新集古文四声韵》与《集古文韵》辨异. 古籍整理研究学刊, (1): 7-9.

朱建平. 2017. 中医药名词术语规范化的实践与思考. 中国科技术语, (6): 11-14.

祝朝伟. 2010. 译者职责的翻译伦理解读. 外国语文, (6): 77-82.

Adam, N. R., Wieder, R., & Ghosh, D. 2017. Data science, learning, and applications to biomedical and health sciences. *Annals of the New York Academy of Sciences*, 1387(1): 5-11.

Ahrens, K., & Gong, S. P. 2021. Contextual congruency and novel metaphor integration. *Cognitive Linguistic Studies*, 8(1): 109-132.

Aker, A., Gaizauskas, R., Pinnis, M., et al. 2015. Extracting bilingual terms from the web. *Terminology*, 21(2): 205-236.

Alexiev, B. 2004. Towards an experientialist model of terminological metaphorisation. *Terminology*, 10(2): 189-213.

Amjadian, E., Inkpen, D., Paribakht, T. S., et al. 2018. Distributed specificity for automatic terminology extraction. *Terminology*, 24(1): 23-40.

Antia, B. 2001. Terminological investigations into specialized knowledge and texts: A case study of legislative discourse. *Terminology*, 7(1): 5-29.

Antia, B. E. & Ivo, N. 2013. The interaction of text and visual in specialized dictionary definitions. *Terminology*, 19(2): 151-174.

Appiah, K. A. 1993. Thick translation. In Venuti, L. (Ed.), *The Translation Studies Reader* (pp. 389-401). London & New York: Routledge.

Arana-Fernández, B., Santamaría-Gadea, A., Mariño-Sánchez, F., et al. 2021. Truths and fakes in the smell terminology during the COVID-19 outbreak. *Journal of Internal Medicine*, 6(10): 1-2.

Araúz, P. L., Reimerink, A. & Aragón, A. G. 2013. Dynamism and context in specialized knowledge. *Terminology*, 19(1): 31-61.

Aspinall, P. J. 2021. "Black African" identification and the COVID-19 pandemic in Britain: A site for sociological, ethical and policy debate. *Sociology of Health & Illness*, 43(8): 1789-1800.

Baig, A. M. 2021. Chronic COVID syndrome: Need for an appropriate medical terminology for long-COVID and COVID long-haulers. *Journal of Medical Virology*, 93(5): 2555-2556.

Barona, J. L. 1998. Sciences, language and social interaction. *Terminology*, 5(1): 107-119.

Barrière, C. 2002. Hierarchical refinement and representation of the causal relation. *Terminology*, 8(1): 91-111.

Baxter, R. N. 2004. Terminology setting for "minority" languages within an ultra prescriptive framework: A case study of corpus planning in Galizan. *Terminology*, 10(2): 265-280.

Bergenholtz, H. & Nielsen, S. 2006. Subject-field components as integrated parts of LSP dictionaries. *Terminology*, 2(2): 281-303.

Bergenholtz, H. 2012. Concepts for monofunctional accounting dictionaries. *Terminology*, 18(2): 243-264.

Bernier-Colborne, G. & Drouin, P. 2014. Creating a test corpus for term extractors through term annotation. *Terminology*, 20(1): 50-73.

Bernth, A., McCord, M. & Warburton, K. 2003. Terminology extraction for global content management. *Terminology*, 9(1): 51-69.

Bertels, A. & Speelman, D. 2014. Clustering for semantic purposes exploration of semantic similarity in a technical corpus. *Terminology*, 20(2): 279-303.

Bonadonna, M. F. 2020. Using lexical functions to describe adjectives in terminography. *Terminology*, 26(1): 7-32.

Boulanger, J. C. 1995. Présentation: images et parcours de la socioterminologie. *Meta*, 40(2): 194.

Bowker, L. 1996. Towards a corpus-based approach to terminography. *Terminology*, 3(1): 27-52.

Bowker, L. 1997. You say "flatbed colour scanner", I say "colour flatbed scanner": A descriptive study of the influence of multidimensionality on term formation and use with special reference to the subject field of optical scanning technology. *Terminology*, 4(2): 275-302.

Bowker, L. 2002. An empirical investigation of the terminology profession in Canada in the 21st century. *Terminology*, 8(2): 283-308.

Bowker, L. & Hawkins, S. 2006. Variation in the organization of medical terms: Exploring some motivations for term choice. *Terminology*, 12(1): 79-110.

Bowker, L. & Marshman, E. 2009. Better integration for better preparation: Bringing terminology and technology more fully into translator training using the CERTT approach. *Terminology*, 15(1): 60-87.

Boz, E., Bozkurt, F. & Doğru, F. 2018. Corpus-based research on terminology of Turkish lexicography (CBRT-TURKLEX). *Lexikos*, 28(1): 428-439.

Brayne, S. 2017. Big data surveillance: The case of policing. *American Sociological Review*, 82(5): 977-1008.

Caballero, R. 2017. From the glass through the nose and the mouth: Motion in the description of sensory data about wine in English and Spanish. *Terminology*, 23(1): 66-88.

Cabré, C. & Teresa, M. 2003. Theories of terminology: Their description, prescription and explanation. *Terminology*, 9(2): 163-199.

Callaway, E. 2021. "A bloody mess": Confusion reigns over naming of new COVID variants. *Nature*, 589(7842): 339.

Cardenas, B. S. & Ramisch, C. 2019. Eliciting specialized frames from corpora using argument-structure extraction techniques. *Terminology*, 25(1): 1-31.

Carl, M., Rascu, E., Haller, J., et al. 2004. Abducing term variant translations in aligned texts. *Terminology*, 10(1): 101-130.

Casademont, A. J. 2014. On the elements activating the transmission of specialized knowledge in verbs. *Terminology*, 20(1): 92-116.

Castellví, C. & Teresa, M. 1995. On diversity and terminology. *Terminology*, 2(1): 1-16.

Castellví, C. & Teresa, M. 1998. Do we need an autonomous theory of terms? *Terminology*, 5(1): 4-19.

Catford, J. C. 1965. *A Linguistic Theory of Translation: An Essay in Applied Linguistics*. Oxford: Oxford University Press.

Chmutina, K., Sadler, N., Meding, J. V., et al. 2021. Lost (and found?) in translation: Key terminology in disaster studies. *Disaster Prevention and Management*, 30(2): 149-162.

Chung, T. M. 2003. A corpus comparison approach for terminology extraction. *Terminology*, 9(2): 221-246.

Clouet, E., Harastani, R., Daille, B., et al. 2015. Compositional translation of single-word complex terms using multilingual splitting. *Terminology*, 21(2): 505-527.

Collet, T. 2003. A two-level grammar of the reduction processes of French CTs in discourse. *Terminology*, 9(1): 1-27.

Collier, N., Nobata, C. & Tsujii, J. 2002. Automatic acquisition and classification of terminology using a tagged corpus in the molecular biology domain. *Terminology*, 7(2): 239-257.

Collins, A. M. & Loftus, E. F. 1975. A spreading-activation theory of semantic processing. *Psychological Review*, 82(6): 407-428.

Daille, B. 2005. Variations and application-oriented terminology engineering. *Terminology*, 11(1): 181-197.

Daille, B., Habert, B., Jacquemin, C., et al. 1996. Empirical observation of term variations and principles for their description. *Terminology*, 3(2): 197-257.

Dancette, J. E. 2007. Semantic relations in the field of retailing. *Terminology*, 13(2): 201-224.

Demaecker, C. 2017. Wine-tasting metaphors and their translation. *Terminology*, 23(1): 113-131.

Desmet, I. & Boutayeb, S. 1994. Terms and words: Propositions for terminology. *Terminology*, 1(2): 303-325.

Diez-Arroyo, M. 2015. From the atelier to e-commerce. *Terminology*, 21(1): 51-75.

Dirckx, J. H. 1997. Recurring errors in medical Latin. *Terminology*, 4(1): 35-53.

Dong, X. N., Wei, X. Q. & Liu, R. Z. 2023. A usage-based diachronic study of translated terminology: Exemplified by the translated term 资本化 (zibenhua, capitalisation/capitalise). *Terminology*, 29(1): 103-132.

Drouin, P., Grabar, N., Hamon, T., et al. 2018. Computational terminology and filtering of terminological information. *Terminology*, 24(1): 1-6.

Du, J. L, Alexandris, C., Pei, Y., et al. 2021. Meeting the growing needs in scientific and technological terms with China's terminology management agency – CNCTST. In Ahram, T., Taiar, R. & Groff, F. (Eds.), *Human Interaction, Emerging Technologies and Future Applications IV* (pp. 239-245). (Proceedings of the 4th International Conference on Human Interaction and Emerging Technologies: Future Applications). Strasbourg, France.

Du, J. L., Alexantris, C., Yu, P. 2021. Towards Chinese terminology application of TERMONLINE. In Ahram, T. Z., Karwowski, W., Kalra, J. (Eds.), *Advances in Artificial Intelligence, Software and Systems Engineering* (pp.190-198). (Proceedings of the AHFE 2021 Virtual Conferences on Human Factors in Software and Systems Engineering, Artificial Intelligence and Social Computing, and Energy). San Francisco, CA.

Dubois, D. 2017. How words for sensory experiences become terms: Expressing sensory experience in several languages. *Terminology*, 23(1): 9-37.

Durán-Munoz, I. 2016. Producing frame-based definitions: A case study. *Terminology*, 22(2): 223-249.

Durán-Munoz, I. & L'Homme, M. C. 2020. Diving into English motion verbs from a lexico-semantic approach: A corpus-based analysis of adventure tourism. *Terminology*, 26(1): 33-59.

Enright, J. & Kao, R. R. 2018. Epidemics on dynamic networks. *Epidemics*, (24): 88-97.

Erwin, K., Bond, M. & Jain, A. 2015. Discovering the language of data: Personal pattern languages and the social construction of meaning from big data. *Interdisciplinary Science Reviews*, 40(1): 44-60.

Even-Zohar, I. 1990. The position of translated literature within the literary polysystem. *Poetics Today*, 11(1): 45-51.

Faber, P. 2011. The dynamics of specialized knowledge representation: Simulational reconstruction or the perception–action interface. *Terminology*, 17(1): 9-29.

Faber, P. 2012. *Cognitive Linguistics View of Terminology and Specialized Language*. Berlin/Boston: De Gruyter.

Faber, P. & Claramonte, M. C. A. V. 2017. Food terminology as a system of cultural communication. *Terminology*, 23(1): 155-179.

Faber, P., Martínez, S. M., Prieto, M. R. C., et al. 2006. Process-oriented terminology management in the domain of coastal engineering. *Terminology*, 12(2): 189-213.

Farahani, M. V. & Amiri, Z. 2019. The impact of teaching specialized terminology on translation performance: A corpus-based inquiry on law texts translation from English into Persian. *Journal of Applied Research in Higher Education*, 11(3): 506-521.

Fernández, T., Colina, M. & Peters, P. 2009. Terminology and terminography for architecture and building construction. *Terminology*, 15(1): 10-36.

Filho, G., Teixeira, M., Filho, I., et al. 2021. The effects of spirituality and religiosity on better symptom control in patients with COVID-19. *Journal of Medical and Health Sciences*, 2(2): 49-53.

Floros, G. & Cirammcnidis, S. 2012. Secondary term formation in Greek. *Terminology*, 18(1): 86-104.

Freixa-Aymerich, J. 2006. Causes of denominative variation in terminology: A typology proposal. *Terminology*, 12(1): 51-77.

Fuertes-Olivera, P. A. & Tarp, S. 2014. *Theory and Practice of Specialised Online Dictionaries: Lexicography versus Terminography*. Berlin/Boston: De Gruyter.

Gagne, A. & L'Homme, M. C. 2016. Opposite relationships in terminology. *Terminology*, 22(1): 30-51.

Gambier, Y. 1991. Travail et vocabulaire spécialisés: Prolégomènes à une socio-terminologie. *Meta*, 36(1): 8.

Gamper, J. & Stock, O. 1998. Corpus-based terminology. *Terminology*, 5(2): 147-159.

Gaudin, F. 1993. Socioterminologie : Du signe au sens, construction d'un champ. *Meta Journal Des Traducteursmeta*, 38(2): 293.

Gentzler, E. 1993/2004. *Contemporary Translation Theories: Revised Second Edition*. Shanghai: Shanghai Foreign Language Education Press.

Ghazzawi, N., Robichaud, B., Drouin, P., et al. 2017. Automatic extraction of specialized verbal units. *Terminology*, 23(2): 207-237.

Gholaminejad, R. & Sarab, M. 2020. Academic vocabulary and collocations used in language teaching and applied linguistics textbooks: A corpus-based approach. *Terminology*, 26(1): 82-107.

Gidon, A. 1997. Towards a standardised presentation of compounds in Avot Yeshurun's later poetry (1974–1992): Applying terminological methods of description to compounding operations. *Terminology*, 4(2): 303-341.

Gillam, L., Tariq, M. & Ahmad, K. 2005. Terminology and the construction of ontology. *Terminology*, 11(1): 55-81.

Gilreath, C. T. 1995. Merons, taxons, and qualities: A taxonomy of aspects. *Terminology*, 2(1): 17-59.

Gomez-Moreno, J. M. U., Faber, P. & Castro, M. B. 2013. Frame blending in specialized language: Harmful algal bloom. *Terminology*, 19(2): 175-201.

González-Jover, A. G. 2006. Meaning and an isomorphism in modern lexicography. *Terminology*, 12(2): 215-234.

Graur, D. 2021. Stop using "master–slave" terminology in biology. *Nature*, 593(7858): 195.

Guo, P. & Yang, M. 2019. English translation of Chinese tea terminology from the perspective of translation ethics. *Open Journal of Modern Linguistics*, 9(3): 179-190.

Haas, S. W. & Hert, C. A. 2002. Finding information at the U. S. bureau of labor statistics: Overcoming the barriers of scope, concept, and language mismatch. *Terminology*, 8(1): 31-56.

Handzel, C. 2010. Contemporary theories of translation. *Teksty Drugie*, (3): 5.

Haque, R., Hasanuzzaman, M. & Way, A. 2019. Terminology translation in low-resource scenarios. *Journal of Information*, 10(9): 1-28.

Haque, R., Hasanuzzaman, M. & Way, A. 2020. Analysing terminology translation errors in statistical and neural machine translation. *Machine Translation*, 34(2): 149-195.

Hartmann, R. 2001. Dictionaries: The art and craft of lexicography. *Mendoza*, 38(1): 571-572.
Hatim, B. 2001. *Teaching and Researching Translation*. Beijing: Foreign Language Teaching and Research Press.
Hatim, B. & Mason, I. 1997. *The Translator as Communicator*. London & New York: Routledge.
Heid, U. 1998. A linguistic bootstrapping approach to the extraction of term candidates from German Text. *Terminology*, 5: 161-182.
Hendricks, K. J., Temples, H. S. & Wright, M. E. 2020. JUULing epidemic among youth: A guide to devices, terminology, and interventions. *Journal of Pediatric Health Care*, 34(4): 395-403.
Hisamitsu, T., Niwa, Y., Nishioka, S., et al. 2001. Extracting terms by a combination of term frequency and a measure of term representativeness. *Terminology*, 6(2): 211-232.
Hoste, V., Vanopstal, K., Lefever, E., et al. 2010. Classification-based scientific term detection in patient information. *Terminology*, 16(1): 1-29.
Hourani-Martín, D. & Tabares-Plasencia, E. 2020. Morphosyntactic and semantic behaviour of legal phraseological units: A case study in Spanish verb-noun constructions about money laundering. *Terminology*, 26(1): 108-131.
Hull, D. A. 1997. Automating the construction of bilingual terminology lexicons. *Terminology*, 4(4): 225-244.
Humbley, J. & Palacios, J. G. 2012. Neology and terminological dependency. *Terminology*, 18(18): 59-85.
Ibáñez, M. S. & Palacios, J. G. 2014. Semantic characterization of terms as a trace of terminological dependency. *Terminology*, 20(2): 171-197.
Ibekwe-Sanjuan, F. 1998a. A Linguistic and mathematical method for mapping thematic trends from texts. Brighton. 13th European Conference on Artificial Intelligence: 170-174.
Ibekwe-Sanjuan, F. 1998b. Terminological variation, a means of identifying research topics from texts. Annual Meeting of the Association for Computational Linguistics.
Ibekwe-Sanjuan, F. & Sanjuan, E. 2002. From term variants to research topics. *Knowledge Organization*, 29(3/4): 181-197.
Igboanusi, H., Odoje, C. & Ibrahim, G. 2017. The modernisation of HIV and AIDS' nomenclatures in Nigeria's major languages. *Terminology*, 23(2): 238-260.
Jacobsen, E. 1958. *Translation, A Traditional Craft : An Introductory Sketch with a Study of*

Marlowe's Elegies. St. Olavs: Gyldendal.

Jacquemin, C. 1997. Recognition and acquisition: Two inter-related activities in corpus based term extraction. *Terminology*, 4(2): 245-273.

Jai, J., Chen, H. & Fujiwara, Y. 1996. An information-base system based on the self-organization of concepts represented by terms. *Terminology*, 3(2): 313-334.

Jenkins, A. D. 1995. Problems in composing definitions of terms for polymer chemistry. *Terminology*, 2(2): 351-364.

Jousse, A. L. & Bouveret, M. 2003. Lexical functions to represent derivational relations in specialized dictionaries. *Terminology*, 9(1): 71-98.

Kageura, K. 1994. Differences in linguistic representations of concepts in Japanese and English complex noun terms. *Terminology*, 1(1): 103-119.

Kageura, K. 1995. Toward the theoretical study of terms: A sketch from the linguistic viewpoint. *Terminology*, 2(2): 239-257.

Kageura, K. 1997. A preliminary investigation of the nature of frequency distributions of constituent elements of terms in terminology. *Terminology*, 4(2): 199-223.

Kageura, K. 1998. Theories "of" terminology: A quest for a framework for the study of term formation. *Terminology*, 85(85): 115-116.

Kageura, K. 2010. Analysing the status of borrowed morphemes in terminological structure: The case of Japanese terminologies. *Terminology*, 16(2): 181-216.

Kageura, K. & Umino, B. 1996. Methods of automatic term recognition: A review. *Terminology*, 3(2): 29-35.

Kageura, K., Yoshioka, M., Takeuchi, K., et al. 2000. Recent advances in automatic term recognition: Experiences from the NTCIR workshop on information retrieval and term recognition. *Terminology*, 6(2): 151-173.

Karabacak, E. 2009. Acceptance of terminology sanctioned by the Turkish language society: A study of the use of economic terms in Turkish newspapers. *Terminology*, 15(2): 145-178.

Kelemen, A. M. & Groninger, H. 2018. Ambiguity in End-of-Life care terminology—What do we mean by "Comfort Care?". *JAMA Internal Medicine*, 178(11): 1442-1443.

Kelly, D. 2000. Text selection for developing translator competence: Why text from the tourist sector constitute suitable material. In Scafner, C. & Adab, B. J. (Eds.), *Developing Translation Competence* (pp. 157-167). Amsterdam & Philadelphia: John Benjamins, 157-167.

Kerremans, K., Desmeytere, I., Temmerman, R., et al. 2005. Application-oriented terminography in financial forensics. *Terminology*, 11(1): 83-106.

Kierkowska, D. 1995. Standardization of polish legal terminology. *Terminology*, 2(1): 129-139.

Kit, C. & Liu, X. 2008. Measuring mono-word termhood by rank difference via corpus comparison. *Terminology*, 14(2): 204-229.

Kitanović, O., Stanković, R., Tomašević, A., et al. 2021. A data driven approach for raw material terminology. *Applied Sciences*, 11(7): 1-22.

Kocourek, R. 1996. The prefix post-in contemporary English terminology: Morphology, meaning, and productivity of derivations. *Terminology*, 3(1): 85-110.

Kristiansen, M. 2011. Domain dynamics in scholarly areas: How external pressure may cause concept and term changes. *Terminology*, 17(1): 30-48.

Kwary, D. A. & Miller, J. 2013. A model for an online Australian English cultural dictionary database. *Terminology*, 19(19): 258-276.

Kwong, O. Y., Tsou, B. K., Lai, T. B. Y., et al. 2004. Alignment and extraction of bilingual legal terminology from context profiles. *Terminology*, 10(10): 81-99.

Laer, C. J. P. V. & Laer, T. V. 2007. The shortage of legal dictionaries translating European languages. *Terminology*, 13(1): 85-92.

Lahlou, H. & Rahim, H. A. 2020. The influence of prior knowledge on learning scientific terminology: A corpus-based cognitive linguistic study of acceleration in Arabic and English. *AWEJ for Translation & Literary Studies*, 4(1): 148-160.

Landau, S. 1984. Webster and worcester: The war of dictionaries. *Wilson Library Bulletin*, 58(8): 545-549.

Langacker, R. W. 1987. *Foundations of Cognitive Grammar*. Stanford: Stanford University Press.

Langacker, R. W. 1990. *Concept, Image, and Symbol : The Cognitive Basis of Grammar*. Berlin: De Gruyter.

Langlais, P. & Carl, M. 2004. General-purpose statistical translation engine and domain specific texts: Would it work? *Terminology*, 10(1): 131-153.

Lara, L. F. 1998. "Concepts" and term hierarchy. *Terminology*, 5: 59-76.

Lauriston, A. 1994. Automatic recognition of complex terms: Problems and the TERMINO solution. *Terminology*, 1(1): 147-170.

Layes, E. S., Bondarenco, M., Machiavello, D., et al. 2019. Implementation of a terminology server with SNOMED CT in Graph Databases. *Studies in Health Technology and Informatics*, 264: 1584-1585.

Lefever, E., Kauter, M. V. D. & Hoste, V. 2014. Hypo TERM: Detection of hypernym relations between domain-Specific terms in Dutch and English. *Terminology*, 20(2): 250-278.

Lefevere, A. 2004. Translation/History/culture: A sourcebook. *Poetics Today*, 15(3): 495.

Lemmens, K. 2011. The slow dynamics of legal language: Festina lente? *Terminology*, 17(1): 74-93.

Leon-Arauz, P. & Faber, P. 2015. Theory and practice of specialised online dictionaries: lexicography versus terminography. *Terminology*, 21(1): 126-136.

L'Homme, M. C. 1994. Management of terminology in a machine-translation environment. *Terminology*, 1(1): 121-135.

L'Homme, M. C. 1995. Processing word combinations in existing term banks. *Terminology*, 2(1): 141-162.

L'Homme, M. C. 2020. Being a privileged witness of twenty years of research in terminology: An editorial statement. *Terminology*, 26(1): 1-6.

L'Homme, M. C., Benali, L., Bertrand, C., et al. 1996. Definition of an evaluation grid for term-extraction software. *Terminology*, 3(2): 291-312.

L'Homme, M. C., Heid, U. & Sager, J. C. 2003. Terminology during the past decade (1994-2004): An editorial statement. *Terminology*, 9(2): 151-161.

L'Homme, M. C. & Leroyer, P. 2009. Combining the semantics of collocations with situation-driven search paths in specialized dictionaries. *Terminology*, 15(2): 258-283.

Li, S. & Hope, W. 2021. Terminology *Translation in Chinese Contexts: Theory and Practice*. London & New York: Routledge.

Lieber, R. 1983. Argument linking and compounds in English. *Linguistic Inquiry*, 14(2): 251-285.

Liu, Y. J. & Wei, X. Q. 2023. From "three doors" to "one revolving door": Extending the Theory of Doors for a cross-lingual study of the concept of violence in English and Chinese language and culture. *Terminology*, 29(1): 133-161.

Lópezarroyo, B. & Roberts, R. P. 2014. English and Spanish descriptors in wine tasting terminology. *Terminology*, 20(20): 25-49.

Lorenzo, M. P. 1999. La seguridad del traductor profesional en la traducción a una lengua extranjera. In Hansen, G. (Ed.), *Probing the Process in Translation: Methods and*

Results (pp. 85-124). Copenhagen: Copenhagen Studies in Language.

Loukachevitch, N. & Dobrov, B. 2015. The Sociopolitical Thesaurus as a resource for automatic document processing in Russian. *Terminology*, 21(2): 237-262.

Luján-García, C. 2020. The use of English initialisms and abbreviations in the field of pharmaceutical business communication in Spanish. *Terminology*, 26(1): 60-81.

Lutes, B. 1995. Using online databases for terminology searching. *Terminology*, 2(2): 187-217.

Lysanets, Y. V. & Bieliaieva, O. M. 2018. The use of Latin terminology in medical case reports: quantitative, structural, and thematic analysis. *Journal of Medical Case Reports*, 12(1): 45.

Macken, L., Lefever, E. & Hoste, V. 2013. TExSIS: Bilingual terminology extraction from parallel corpora using chunk-based alignment. *Terminology*, 19(1): 1-30.

Magnini, B. 1998. Use of a lexical knowledge base for information access systems. *Terminology*, 5(2): 203-228.

Malaisé, V., Zweigenbaum, P. & Bachimont, B. 2005. Mining defining contexts to help structuring differential ontologies. *Terminology*, 11(1): 21-53.

Mangiron, C. & O'Hagan, M. 2006. Game localisation: Unleashing imagination with "restricted" translation. *Journal of Specialised Translation*, 6(6): 10-21.

Marciniak, M. & Mykowiecka, A. 2015. Nested term recognition driven by word connection strength. *Terminology*, 21(2): 180-204.

Maroto, N. & Caudet, M. 2009. Formal description of conceptual relationships with a view to implementing them in the ontology editor protégé. *Terminology*, 15(2): 232-257.

Marshman, E. 2007. Towards strategies for processing relationship between multiple relation participants in knowledge patterns: An analysis in English and French. *Terminology*, 13(1): 1-34.

Marshman, E. 2008. Expressions of uncertainty in candidate knowledge-rich contexts: A comparison in English and French specialized texts. *Terminology*, 14(1): 124-151.

Marshman, E. 2014. Enriching terminology resources with knowledge-rich contexts: A case study. *Terminology*, 20(2): 225-249.

Marshman, E., Morgan, T. & Meyer, I. 2002. French patterns for expressing concept relations. *Terminology*, 8(1): 1-29.

Martens, S. E., Meeuwissen, S. N. E., Dolmans, D. H. J. M., et al. 2019. Student participation in the design of learning and teaching: Disentangling the terminology and approaches. *Medical Teacher*, 41(10): 1203-1205.

Martínez, S. M. & Benítez, P. F. 2009. Terminological competence in translation. *Terminology*, 15(1): 88-104.

Maurice, N. 1997. Terminologie et information multilingue: Aperçu des problèmes posés et recherche de solutions. *Terminology*, 4(1): 85-104.

McAlister, G. 1992. Teaching translation into a foreign language—Status, scopes and aims. In Dollerup, C. & Loddergaard, A. (Eds.), *Teaching Translation and Interpreting—Training Talent and Experience* (pp. 291-298). Amsterdam & Philadelphia: John Benjamins.

Méndez-Cendón, B. & López-Arroyo, B. 2003. Intralinguistic analysis of medical research papers and abstracts: Rhetorical and phraseological devices in scientific information. *Terminology*, 9(2): 247-268.

Meyer, I. & Mackintosh, K. 1996. Refining the terminographer's concept-analysis methods: How can phraseology help?. *Terminology*, 3(1): 1-26.

Meyer, I., Zaluski, V. & Mackintosh, K. 1997. Metaphorical Internet terms: A conceptual and structural analysis. *Terminology*, 4(1): 1-33.

Milic, M. 2015. Creating English-based sports terms in Serbian: Theoretical and practical aspects. *Terminology*, 21(1): 1-22.

Mills, J. A., Middleton, J. W., Schafer, A., et al. 2020. Proposing a re-conceptualisation of competency framework terminology for health: A scoping review. *Human Resources for Health*, 18(15): 1-16.

Mima, H. & Ananiadou, S. 2000. An application and evaluation of the C/NC value approach for the automatic term recognition of multi-word units in Japanese. *Terminology*, 6(2): 175-194.

Mirkhojiddinovna, J. D. & Alisherovich, M. F. 2020. Terms as a means of expressing imagery. *ACADEMICIA An International Multidisciplinary Research Journal*, 10(3): 229.

Miyata, R. & Kageura, K. 2018. Building controlled bilingual terminologies for the municipal domain and evaluating them using a coverage estimation approach. *Terminology*, 24(2): 149-180.

Montagni, I., Salvador-Carulla, L., Mcdaid, D., et al. 2018. The REFINEMENT glossary of terms: An international terminology for mental health systems assessment. *Adm Policy Ment Health*, 45: 342-351.

Mukhamedsadykova, A. Z. 2018. Semantic features of kinship terminology in modern Chinese language. *Journal of Literature and Art Studies*, (9): 1384-1391.

Munday, J. 2001. *Introducing Translation Studies: Theories and Applications*. London & New York: Routledge.

Mykowiecka, A., Marciniak, M. & Rychlik, P. 2018. Recognition of irrelevant phrases in automatically extracted lists of domain terms. *Terminology*, 24(1): 66-90.

Na, J. & Wei, X. Q. 2020. Multidimensionality, dynamicity, and complexity: A reconsideration of the functions of metaphorical terms. *Terminology*, 26(2): 237-264.

Nakagawa, H. 2001. Disambiguation of single noun translations extracted from bilingual comparable corpora. *Terminology*, 7(1): 63-83.

Nakagawa, H. & Mori, T. 2003. Automatic term recognition based on statistics of compound nouns and their components. *Terminology*, 6(2): 195-210.

Nakao, Y., Goeuriot, L. & Daille, B. 2010. Multilingual modalities for specialized languages. *Terminology*, 16(1): 51-76.

Nazar, R. 2016. Distributional analysis applied to terminology extraction. *Terminology*, 22(2): 141-170.

Nazar, R., Vivaldi, J. & Wanner, L. 2012. Automatic taxonomy extraction for specialized domains using distributional semantics. *Terminology*, 18(2): 188-225.

Nazarenko, A. & Mekki, T. A. E. 2007. Building back-of-the-book indexes. *Terminology*, 11(1): 199-224.

Ndikimbi, A. 1994. Guidelines for terminological definitions: The adherence to and deviation from existing rules in BS/ISO 2382: Data processing and information technology vocabulary. *Terminology*, 1(2): 327-350.

Ndikimbi, A. 1995. The functional role of verbs in terminological definitions. *Terminology*, 2(1): 87-105.

Nedilko, A. 2006. Viticulture and winemaking terminology and terminography: A review of resources. *Terminology*, 12(1): 137-164.

Nenadic, G., Spasic, I. & Ananiadou, S. 2004. Mining term similarities from corpora. *Terminology*, 10(1): 55-80.

Newmark, P. 1993. Paragraphs on translation. *Modern Language Journal*, 78(2): 269.

Newmark, P. 2003. No global communication without translation. In Anderman, G. & Rogers, M. *Translation Today: Trends and Perspectives* (pp. 55-67). Bristol: Multilingual Matters.

Ni, S., Cheng, L. & Sin, K. K. 2010. Terminology evolution and legal development: A case study of Chinese legal terminology. *Terminology*, 16(2): 159-180.

Nida, E. 1993. *Language, Culture and Translating*. Shanghai: Shanghai Foreign Language Education Press.

Nida, E. & Taber, C. R. 1969. *The Theory and Practice of Translation*. Shanghai: Shanghai Foreign Language Education Press.

Nik, D. H., Kasáč, Z., Semlitsch, A., et al. 2019. Building an experimental German user interface terminology linked to SNOMED CT. *Studies in Health Technology and Informatics*, 264: 153-157.

Nkwenti-Azeh, B. 1994. Positional and combinational characteristics of terms: Consequences for corpus-based terminography. *Terminology*, 1(1): 61-95.

Nkwentiazeh, B. 1995. The treatment of synonymy and cross-references in special-language dictionaries (SLDs). *Terminology*, 2(2): 325-350.

Normand, S. & Bourigault, D. 2002. Analysing adjectives used in a histopathology corpus with NLP tools. *Terminology*, 7(2): 155-166.

Oh, J. H., Lee, J., Lee, K. S., et al. 2000. Japanese term extraction using dictionary hierarchy and machine translation system. *Terminology*, 6(2): 287-311.

Oster, U. 2006. Classifying domain-specific intraterm relations: A schema-based approach. *Terminology*, 12(1): 1-17.

Palatresi, J. V. & Hontoria, H. R. 2007. Evaluation of terms and term extraction systems: A practical approach. *Terminology*, 13(2): 225-248.

Pazienza, M. T. 1998. A domain-specific terminology-extraction system. *Terminology*, 5(2): 183-201.

Pecman, M. 2012. Tentativeness in term formation: A study of neology as a rhetorical device in scientific papers. *Terminology*, 18(1): 27-58.

Pecman, M. 2014. Variation as a cognitive device: How scientists construct knowledge through term formation. *Terminology*, 20(1): 1-24.

Pennington, J. A. T. 1996. Cuisine: A descriptive factor for foods. *Terminology*, 3: 155-170.

Pennington, J. A. T., Smith, E. C., Chatfield, M. R., et al. 1994. Langual: A food-description language. *Terminology*, 1(2): 277-289.

Pérez, M. J. M. 2016. Measuring the degree of specialisation of sub-technical legal terms through corpus comparison: A domain-independent method. *Terminology*, 22(1): 80-102.

Periñánpascual, C. 2015. The underpinnings of a composite measure for automatic term extraction: The case of SRC. *Terminology*, 21(2): 151-179.

Peruzzo, K. 2014. Term extraction and management based on event templates: An empirical study on an EU corpus. *Terminology*, 20(2): 151-170.

Picken, C. 1989. *The Translator's Handbook*. London: Aslib.

Picton, A. 2011. Picturing short-period diachronic phenomena in specialised corpora: A textual terminology description of the dynamics of knowledge in space technologies. *Terminology*, 17(1): 134-156.

Pimentel, J. 2013. Methodological bases for assigning terminological equivalents: A contribution. *Terminology*, 19(2): 237-257.

Pirhadi, R., Talaulikar, V. S., Onwude, J., et al. 2020. It is all in the name: The importance of correct terminology in hormone replacement therapy. *Post Reproductive Health*, 26(3): 142-146.

Pitkänenheikkilä, K. 2015. Adjectives as terms. *Terminology*, 21(1): 76-101.

Pllana, G. & Pllana, S. 2013. Group word terms in the terminology of the theory of mechanics in Albanian and English. *Journal of Education Culture and Society*, (2): 6.

Porzsolt, F., Wiedemann, F., Phlippen, M., et al. 2020. The terminology conflict on efficacy and effectiveness in healthcare. *Journal of Comparative Effectiveness Research*, 9(17): 1171-1178.

Pozzi, M. 1996. Btmex: A flexible terminological data-management system. *Terminology*, 3(1): 111-124.

Prietovelasco, J. A. & Lópezrodríguez, C. I. 2009. Managing graphic information in terminological knowledge bases. *Terminology*, 15(2): 179-213.

Quirion, J. 2003. Methodology for the design of a standard research protocol for measuring terminology usage. *Terminology*, 9(1): 29-50.

Ramos, F. P. 2020. Translating legal terminology and phraseology: Between inter-systemic incongruity and multilingual harmonization. *Perspectives Studies in Translatology*, 29(2): 175-183.

Reimerink, A. 2007. The use of verbs in research articles: A corpus analysis. *Terminology*, 13(13): 177-200.

Reyle, U. 2006. Understanding chemical terminology. *Terminology*, 12(1): 111-136.

Robbe, P. F. D. V. & Flier, F. J. 1994. Towards a common vocabulary for classification and definition. *Terminology*, 1(1): 97-102.

Roche, C., Costa, R., Carvalho, S., et al. 2019. Knowledge-based terminological e-dictionaries: The EndoTerm and al-Andalus Pottery projects. *Terminology*, 25(2): 259-290.

Rodríguez, C. I. L. 2007. Understanding scientific communication through the extraction of the conceptual and rhetorical information codified by verbs. *Terminology*, 131(1): 61-84.

Rogers, M. 2004. Multidimensionality in concepts systems: A bilingual textual perspective. *Terminology*, 10(2): 215-240.

Rogers, M. 2007. A case study in indeterminacy: Lexical chains in technical translation. In Bassey, E. A. *Indeterminacy in Terminology and LSP* (pp. 15-35). Amsterdam/Philadelphia: John Benjamins.

Roldan-Vendrell, M. & Fernandez-Dominguez, J. 2012. Emergent neologisms and lexical gaps in specialised languages. *Terminology*, 18(1): 9-26.

Rudnicka, K. 2021. The "negative end" of change in grammar: Terminology, concepts and causes. *Linguistics Vanguard*, 7(1): 1-16.

Russell, B. 1950. Logical positivism. *Revue Internationale de Philosophie*, 4(18): 3-19.

Sageder, D. 2010. Terminology today: A science, an art or a practice? Some aspects on terminology and its development. *Brno Studies in English*, 36(1): 123-134.

Sager, J. C. 1994a. Terminology: Custodian of knowledge and means of knowledge transfer. *Terminology*, 1(1): 7-16.

Sager, J. C. 1994b. What's wrong with "terminology work" and "terminology science"? *Terminology*, 1(2): 375-382.

Sager, J. C. 1998. In search of a foundation: Towards a theory of the term. *Terminology*, 5: 41-58.

Sager, J. C. & L'Homme, M. C. 1994. A model for the definition of concepts: Rules for analytical definitions in terminological databases. *Terminology*, 1(2): 351-373.

Sager, J. C. & Ndikimbi, A. 1995. The conceptual structure of terminological definitions and their linguistic realisations: A report on research in progress. *Terminology*, 2(2): 61-85.

Sánchez, M. I. T. & Rodríguez, C. I. L. 2008. Integrating corpus data in dynamic knowledge bases: The Puertoterm project. *Terminology*, 14(2): 159-182.

Sánchezgijón, P., Aguilaramat, A., Mesalao, B., et al. 2009. Applying terminology knowledge to translation: Problem-based learning for a degree in translation and interpreting. *Terminology*, 15(1): 105-118.

Sanko, J. S., Schneidereith, T., Cowperthwait, A., et al. 2019. Findings from a human roles terminology survey: Consensus or chaos? *BMJ Simulation & Technology Enhanced Learning*, 6: 158-163.

Schierz, A. C. 2007. Monitoring knowledge: A text-based approach. *Terminology*, 13(2): 125-154.

Schryver, G. M. D. 2020. Linguistics terminology and neologisms in Swahili: Rules vs. practice. *Dictionaries Journal of the Dictionary Society of North America*, 41(1): 83-104.

Schumann, A. K. 2014. Hunting for a linguistic phantom: A corpus-linguistic study of knowledge-rich contexts. *Terminology*, 20(2): 198-224.

Seaborg, G. T. 1994. Terminology of the transuranium elements. *Terminology*, 1(2): 229-252.

Seppälä, S. 2015. An ontological framework for modeling the contents of definitions. *Terminology*, 21(1): 23-50.

Serrec, A. L, L'Homme, M. C., Drouin, P., et al. 2010. Automating the compilation of specialized dictionaries: Use and analysis of term extraction and lexical alignment. *Terminology*, 16(1): 77-106.

Shuttleworth, M. & Cowie, M. 2004. *Dictionary of Translation Studies*. Shanghai: Shanghai Foreign Language Education Press.

Silva, S. F. 2016. The cognitive and rhetorical role of term variation and its contribution to knowledge construction in research articles. *Terminology,* 22(1): 52-79.

Simon S. 1996. *Gender in Translation: Cultural Identity and the Politics of Transmission*. London & New York: Routledge.

Sivtseva, N. G., Paskova, N. A., Berezhnykh, N. Y., et al. 2019. Timber industry terminology translation: Case study. *IOP Conference Series: Materials Science and Engineering*, 483: 012031.

Smith, B. D. 1994. Language choice and terminology for national development in Negara Brunei Darussalam. *Terminology*, 1(1): 291-301.

Smutný, M. 2018. Terminology as a specific carrier of information. *Prague Journal of English Studies*, 7(1): 143-160.

Snell, B. P. 1989. Types of translation. In Picken, C. *The Translator's Handbook* (pp.59-70). London: Aslib.

Staudingerwoit, M. 1996. Macromolecule and polymer. *Terminology*, 3(2): 343-348.

Stojii, V. 2019. English EU terminology in Serbian: Linguistic importation and substitution. *English Today*, 36(2): 1-6.

Strehlow, R. A. 1995. Ninety years of terminology management in ASTM. *Terminology*, 2(2): 259-272.

Suárezfigueroa, M. C., Cea, G. A. D., Gómezpérez, A. 2013. Lights and shadows in creating a glossary about ontology engineering. *Terminology*, 19(2): 202-236.

Suarez-Toste, E. 2017. Babel of the senses: on the roles of metaphor and synesthesia in wine reviews. *Terminology*, 23(1): 88-112.

Sun, H., Ji, Y., Deng, P., et al. 2019. Top-Level design of a normalized Chinese clinical terminology: An integrated application of national and international data standards and terminologies. *Studies in Health Technology and Informatics*, 264: 1598-1599.

Talebinejad, M. R., Dastjerdi, H. V. & Mahmoodi, R. 2012. Barriers to technical terms in translation: Borrowings or neologisms. *Terminology*, 18(2): 167-187.

Tan, G. & Fang, G. 2020. On terminology consistency in English translations of Zhuangyi texts. *Journal of Contemporary Educational Research*, 4(7): 20-25.

Temmerman, R. 1995. The process of revitalisation of old words: "Splicing", a case study in the extension of reference. *Terminology*, 2(1): 107-128.

Temmerman, R. 1998. Why traditional terminology impedes a realistic description of categories and terms in the life sciences. *Terminology*, 5(5): 77-92.

Temmerman, R. 2000. *Towards New Ways of Terminological Description: The Sociocognitive-Approach*. Amsterdam/Philadelphia: John Benjamins.

Temmerman, R. 2017. Verbalizing sensory experience for marketing success: Expressing sensory experience in several languages. *Terminology*, 23(1): 132-154.

Tercedor, M. 2011. The cognitive dynamics of terminological variation. *Terminology*, 17(2): 181-197.

Thor, A. J. 1994. Terminology for quantities and units in international standards. *Terminology*, 1(1): 137-146.

Tiedemann, J. 2001. Can bilingual word alignment improve monolingual phrasal term extraction? *Terminology*, 7(2): 199-215.

Timofeev, L. T. & Sierra, C. V. 2015. On terminological figurativeness: From theory to practice. *Terminology*, 21(21): 102-125.

Tomuro, N. 2002. Question terminology and representation for question type classification. *Terminology*, 10(1): 153-168.

Toury, G. 1980. *In Search of a Theory of Translation*. Tel Aviv: The Porter Institute for Poetics and Semiotics.

Tsuji, K. & Kageura, K. 1998. An analysis of medical synonyms: The word-structure of preferred terms. *Terminology*, 5(2): 229-249.

Tsuji, K. & Kageura, K. 2001. Extracting morpheme pairs from bilingual terminological corpora. *Terminology*, 7(1): 101-114.

Uchimoto, K., Sekine, S., Murata, M., et al. 2000. Term recognition using corpora from different fields. *Terminology*, 6(6): 233-256.

Utiyama, M., Murata, M. & Isahara, H. 2001. Using author keywords for automatic term recognition. *Terminology*, 6(2): 313-326.

Valentini, C., Westgate, G. & Rouquet, P. 2016. The PCT Termbase of the World Intellectual Property Organization. *Terminology*, 22(2): 171–200.

Vanka, P. & Sudha, T. 2017. Big data technologies: A case study. *Research Journal of Science and Technology*, 9(4): 639-642.

Vicente, M. L. S. 2012. Approaching secondary term formation through the analysis of multiword units: An English-Spanish contrastive study. *Terminology*, 18(1): 125-135.

Villeometz, F., Royauté, J. & Zasadzinski, A. 2007. Enhancing in automatic recognition and extraction of term variants with linguistic features. *Terminology*, 13(1): 35-59.

Vintar, S. 2010. Bilingual term recognition revisited: The bag-of-equivalents term alignment approach and its evaluation. *Terminology*, 16(2): 141-158.

Vivaldi, J. & Rodríguez, H. 2001. Improving term extraction by combining different techniques. *Terminology*, 7(7): 31-48.

Volanschi, A. & Kübler, N. 2011. The impact of metaphorical framing on term creation in biology. *Terminology*, 17(2): 198-223.

Vouros, G. & Eumeridou, E. 2002. Simple and EuroWordNet: Towards the prometheus ontological framework. *Terminology*, 8(2): 245-281.

Wanner, L., Bohnet, B., Giereth, M., et al. 2005. The first steps towards the automatic compilation of specialized collocation dictionaries. *Terminology*, 11(1): 143-180.

Warburton, K. 2013. Processing terminology for the translation pipeline. *Terminology*, 19(1): 93-111.

Warburton, K. 2021. *The Corporate Terminologist*. Amsterdam: John Benjamins Publishing Company.

Wei, X. Q. 2018. Conceptualization and theorization of terminology translation in humanities

and social sciences. *Terminology*, 24(2): 262-288.
Witjas-Paalberends, E. R., Laarhoven, L. V., Van, D., et al. 2018. Challenges and best practices for big data-driven healthcare innovations conducted by profit–non-profit partnerships—a quantitative prioritization. *International Journal of Healthcare Management*, (3): 1-11.
Wray, A. 2002. Formulaic language and the lexicon: Formulaic sequences in first language acquisition. *Language*, 80(4): 868-871.
Wright, S. 1997. Representation of concept systems. In Wright, S. & Budin, G. *Handbook of Terminology Management* (pp.89-97). Amsterdam: John Benjamins Publishing Company.
Wright, S. & Budin, G. 1994. Data elements in terminological entries: An empirical study. *Terminology*, 1(1): 41-59.
Yagahara, A., Uesugi, M. & Yokoi, H. 2021. Identification of synonyms using definition similarities in Japanese medical device adverse event terminology. *Applied Sciences*, 11(3659): 1-10.
Yang, L. & Li, C. 2018. John Fryer's contribution to standardization of translated scientific terminology in modern China. *Studies in Literature and Language*, 16(1): 7-13.
Yousefpoori-Naeim, M. & Baleghizadeh, S. 2018. Towards finding a difficulty index for English grammatical terminology. *Terminology*, 24(2): 236-261.
Zarnikhi, A. 2005. Language development and scientific development: A case study of physics terminology creation in Persian. *Terminology*, 11(2): 293-309.
Zawada, B. E. & Swanepoel, P. 1994. On the empirical adequacy of terminological concept theories: The case for prototype theory. *Terminology*, 1(2): 253-275.
Zelinskywibbelt, C. 2012. Identifying term candidates through adjective–noun constructions in English. *Terminology*, 18(18): 226-242.
Zeng, B., Chen, D., Qiu, Z., et al. 2020. Expert consensus on protocol of rehabilitation for COVID patients using framework and approaches of who international family classifications. *Aging Medicine*, 3: 82-94.
Zuo, X. 2005. Language planning with respect to English into China. *Terminology*, 11(2): 283-292.

附录1
欧洲关键术语库和相关资源介绍[①]

序号	数据库或相关资源	具体介绍
1	BabelNet	It is both a multilingual encyclopedic dictionary, with lexicographic and encyclopedic coverage of terms in 50 languages, and an ontology which connects concepts and named entities in a very large network of semantic relations, made up of more than 9 million entries.
2	Basque Public Term Bank	It contains thousands of terms in Basque, Spanish, English, French and German.
3	CeRTeM-Faculty of Languages and Literature in Genoa	Terminology and terminography have seen an extraordinary development and the Italian Faculty of Languages and Literature in Genoa has contributed significantly to the formation of an active center of terminology research.
4	Croatian Terminology Portal	The Croatian Terminology Portal is the focal point for all available contemporary terminological resources in the Croatian language.
5	DAMT	(University of Montreal): It is a multilingual dictionary grouping the concepts of globalization, economics and social issues pertaining to the field of Industrial Relations. It includes some 6000 terms.
6	Electropedia	It is the world's leading online electrical and electronic database containing more than 20,000 terms and definitions in English and French organized by subject area, with equivalent terms in German and Spanish. Electropedia is also known as the International Electrotechnical Vocabulary online or IEV.
7	ESCWA Glossary	The on-line terminology database contains official titles of bodies as well as technical terminology in ESCWA (UN) fields of work in 3 official languages (English, Arabic and French), with an English and Arabic interface.
8	EU terminology	It is built in the languages of the Western Balkan countries (Evroterm, Evronim, BiHterm, Monterm, ALterm).

---

① 为便于读者查询,欧洲关键术语库和相关资源介绍保留英文。

续表

序号	数据库或相关资源	具体介绍
9	European Association for Terminology	The European Association for Terminology is a non-profit professional organisation for the terminology sector in Europe in particular. It is designed to further plurilingualism through terminology, to provide a European platform for promoting and professionalising terminological activities and improving awareness of them, and to liaise and cooperate actively with other relevant organisations, associations and institutions at all levels.
10	EuroTermBank	It is a free online terminology resource in 27 languages.
11	EuroVoc	It is a multilingual, multidisciplinary thesaurus covering the activities of the EU, the European Parliament in particular. It contains terms in 22 EU languages
12	FAO Term Portal	It is the Food and Agriculture Organization of the United Nations' terminology portal. It contains more than 80,000 entries in the six official languages of the United Nations (English, French, Spanish, Russian, Arabic and Mandarin).
13	FranceTerme	It is the terminology database of the Comission générale de terminologie et de néologie (France). It covers a large number of fields related to the science and technology industries.
14	GenTerm	It is a term database built by University of Gent.
15	Glossaries from EU institutions and bodies	It is a compilation of nearly 300 glossaries on various topics of EU legislation such as agriculture, taxation, migration or technology, containing relevant EU jargon, many of them in all 24 official EU languages.
16	Hogskoleradet	It is the Norwegian Association of Higher Educations Institutions, UHR's Termbase for Norwegian higher education institutions.
17	IAMLADP	The International Annual Meeting on Language Arrangements, Documentation and Publications (IAMLADP) is a forum and network of managers of international organizations employing conference and language services providers—mainly translators and interpreters. Its membership includes the United Nations, other organizations of the UN system and inter-governmental and supra-national organizations.
18	IATE	It is the European Union's terminology database. It includes more than 9 million terms in the 24 official EU languages. The terms are submitted by translators from European institutions and then verified by the linguistic department's terminologists. It is available online free of charge.
19	ILOterm	It is an invaluable working tool for linguists, and provides English, French, Spanish, and/or German, Russian, Arabic and Chinese equivalents of terms in the social and labour fields (login: guest, no password if prompted).

续表

序号	数据库或相关资源	具体介绍
20	IMF Terminology	It contains over 4,500 records of terms useful to translators working with IMF material. It provides versions of terms in a number of languages, without definitions.
21	Infoterm	Infoterm, the International Information Centre for Terminology, was founded in 1971 by contract with the United Nations Educational, Scientific and Cultural Organization (UNESCO), with the objective to support and co-ordinate international co-operation in the field of terminology. Members are international, regional or national terminology institutions, organizations and networks, as well as specialized public or semi-public or other non-profit institutions engaged in terminological activities.
22	International Network for Terminology	TermNet, the International Network for Terminology, is an international co-operation forum for companies, universities, institutions and associations who engage in the further development of the global terminology market. The products and services of this market are considered and promoted by TermNet as integral and quality assuring parts of any product and service in the areas of a) information & communication, b) classification & categorization as well as c) translation & localization.
23	Inventerm	Inventaire des terminologies disponibles dans Internet; ce n'est pas une banque de terminologie; contient 1935 sites indexés et près de 600000 termes. Fruit d'une collaboration entre le Rifal et l' OQLF.
24	ISO Concept Database	It includes three search options: Terms, Graphical symbols, Codes. At the Terms field, you can search by term criteria: Term, Definition, Term Type, Normative Status.
25	ITU (Telecommunications) Terms and Definitions	It is an online database providing access to all the abbreviations and acronyms, terms and definitions contained in the ITU Publications in 6 languages (Arabic, Chinese, English, French, Russian and Spanish).
26	JIAMCATT	The Joint Inter-Agency Meeting on Computer-Assisted Translation and Terminology (JIAMCATT), renamed in April 2006 to International Annual Meeting on Computer-Assisted Translation and Terminology (JIAMCATT), provides its partners with a forum for debate, exchange of expertise and cooperation in the fields of computer-assisted terminology and translation, interpretation and documentation retrieval. It works to establish a proprietary terminology and information repository common to all participating organizations.
27	Le grand dictionnaire terminologique	It is a terminological dictionary created by the Office québécois de la langue française. It includes French, English and Latin terms from a variety of fields.

续表

序号	数据库或相关资源	具体介绍
28	LIND-Web	Language industry web platform (LIND-Web) focuses on facts and figures on the EU language industry. These are provided by language professionals, industry stakeholders and EU institutions. The knowledge base is for all language professionals and relies on their input. It is managed by DG Translation, which checks the quality of the documents uploaded.
29	METEOTERM	It is the World Meteorological Organization's terminology database. It contains specialized terminology in six languages: English, Arabic, Chinese, French, Russian and Spanish. METEOTERM includes the International Meteorological Vocabulary, the International Glossary of Hydrology, and terms from related sciences that appear in WMO documents.
30	Microsoft Language Portal (IT)	It is a bi-lingual search portal for finding translations of key Microsoft terms and general IT terminology. It contains approx. 25,000 defined terms, including English definitions, translated in up to 100 languages.
31	MINÉFITERM	It is a terminology database of the Translation Centre at the Ministry for the Economy, Finance and Industry and the Ministry for the Budget, Public Accounts, the Civil Service and State Reform (France) in Arabic, Chinese, Dutch, English, French, German, Italian, Japanese, Portuguese, Russian and Spanish.
32	Multilingual REACH and CLP terminology database ECHA-term	(Chemistry): It is a terminology database of the Institute for Health and Consumer Protection – (JRC-IHCP), European Commission.
33	NATOTerm	It is the Official NATO Terminology Database.
34	Online Browsing Platform	It is used to search for terminology in ISO Standards.
35	ONTERM	It is the bilingual knowledge-based database of the Ontario government, Canada. It provides also references and useful resources.
36	Proz.Com term search	It provides searchable glossaries in many languages pairs and domains created by a network of translators.
37	Redaction_de définitions_terminologiques _2009	It is an interesting terminology rules guide published by Office québécois de la langue français.
38	Rikstermbanken	It is Sweden's national term bank.
39	SAPTERM	It is a terminology database of the multinational software corporation SAP SE.

续表

序号	数据库或相关资源	具体介绍
40	SICE	It is the multilingual dictionaries of trade terms compiled by the Organization of American State's Foreign Trade Information System (SICE).
41	STRUNA termbase	It includes Croatian Special Field terminology.
42	TaaS	It is a sustainable cloud-based platform that provides various terminology services for key terminology tasks. This platform has an aim to simplify the process for language workers to prepare, store and share of task-specific multilingual term glossaries, as well as to provide instant access to term translation equivalents and translation candidates through computer-assisted translation tools.
43	TERMCAT	It refers to Catalan Centre for Terminology (CA,ES,EN).
44	TERMDAT	It refers to the terminology database of the Swiss Federal Administration.
45	Terminology Forum	This is a forum for those who are interested in principles and methods of terminological research and work. Terminology work is practiced in many companies and organisations, terminology centres and standardizing organisations etc. Translators, subject specialists, terminologists, librarians, LSP teachers, information specialists and many others are involved with searching, using and collecting terminologies.
46	Terminometro	Terminometro is the electronic news bulletin dealing with terminology, translation, languages and linguistics, languages industries and techno-scientific information. It has been on the internet since November 1997. Terminometro offers articles, reports, presentations of new books, specialized publications and information on the origin of the Latin Union as well as some details on regional and minority languages.
47	TERMISTI	It refers to the TERMISTI Research Centre, Higher Institute for Translators and Interpreters. It provides sets of searchable glossaries in the languages pairs French-English and French-Spanish, and one each in French-Dutch and English-French-German-Italian-Spanish.
48	TERMIUM Plus	It is Canada's terminology and linguistic data bank provided to the public free of charge. It includes 14 electronic resources for writing and translating in French, English and Spanish.
49	TERMPOST	It is the terminology database of the Universal Postal Union (UPU) in 5 languages (English, French, German, Portuguese and Spanish).
50	Termsciences	It is a terminology portal developed by INIST in association with LORIA and ATILF. Its aim is to promote, pool and share the terminological resources (specialist vocabularies, dictionaries, thesaurus) of public sector research and further education establishment to thus create a common terminological reference resource.

续表

序号	数据库或相关资源	具体介绍
51	TermWiki.com	It is a rapidly growing online terminology portal that allows users to search, upload, translate and share terms and definitions with other users around the globe. Peer edits and worldwide collaboration help foster a database of continuously growing and updated terminology, as well as term translations in over 100 languages.
52	THE GLOBAL FUND Terminology	It is a terminology database for Global Fund to fight AIDS, Tuberculosis and Malaria, mainly in 4 languages (English, French, Russian and Spanish).
53	The ILO Thesaurus	It is a compilation of more than 4000 terms relating to the world of work, in English, French, and Spanish. It contains terms on a wide variety of topics related to economic and social development.
54	Tilde Terminology	It provides about 5 million standardised and reliable terms for terminology extraction and lookup in the cloud, for terminology management and sharing in Translation Environment Tools: SDL Trados Studio, Wordfast Anywhere, OmegaT, memoQ.
55	TOURISTERM	It is a terminology database of the World Tourism Organization (UNWTO), in Arabic, English, French, Russian and Spanish.
56	UN Resolutions	It refers to Terminology of UN Resolutions in a searchable database format (AEFS).
57	UNESCOTERM	It refers to the UNESCO terminology database in Arabic, Chinese, English, French, Russian and Spanish.
58	UNHCR	It refers to the International Thesaurus of Refugee Terminology.
59	University of Malta Termbase	It refers to Termbase digitization project for neurology and genetics.
60	UNOGTerm	This six-language database was compiled from the many and diverse glossaries developed over the years by UNOG terminologists. It is being made available on the Internet to facilitate the efforts of people who participate in the work of the United Nations but do not have access to the UNOG Intranet.
61	UNTerm	It is the United Nation's terminology database. It contains technical and specialized terminology in each of the six official UN languages (English, French, Spanish, Russian, Mandarin and Arabic) as well as phrases frequently used by the organization.
62	VALITER	It refers to Spanish terminology network created by terminologists and translators working in European institutions and in the academic and private sectors.

续表

序号	数据库或相关资源	具体介绍
63	VINTARS	It refers to the terminology database of the United Nations Office at Vienna (UNOV) in 7 languages (Arabic, Chinese, English, French, German, Russian and Spanish).
64	WIPO Pearl	WIPO's multilingual terminology portal gives access to scientific and technical terms derived from patent documents.
65	WTOTERM	It is the terminology database created by the World Trade Organization (WTO). Equivalences can be found in French, English, and Spanish. The terms included pertain to the field of international trade.

注：其他数据库和相关资源包括如下这些：AxoneFinance; Cours de terminologie-terminographie; Croatian Terminology Database; Humanterm; Lexicool (NATO terminology); MediLexicon; MultiTes (World Bank Thesauri); National Terminology Portal, Wales, the United Kingdom; OECD Terminology; Portalingua; Sierterm UEM; Webopedia; WebTerm。

附录 2
汉语传统语言学名词英译词表

相关数据库：

CNKI 的学术百科；
CNKI 工具书总库

词表[①]

汉语名词	英语译文	具体介绍
白话	vernacular	白话是相对于传统文言文而言的，通常采用接近北方话口语的形式。
白话文	writings in the vernacular	在书面语文言文与口语严重脱节的唐代，这种记录口语的书面语得到极大发展。这种形式简单易懂、朗朗上口、流传极广。随着五四时期的到来，白话文形式成为主流，并逐渐成为人们普遍使用的现代汉语的书面语。白话文就是用这种形式写成的文章，言文一致，所以也叫语体文。
白话系	vernacular series	又称"粤音系"（Cantonese phonology），即粤语音系，使用地域范围主要出现在广东大部和广西南部，具有明显的无浊音、有韵尾和声调等地域方言特征。
白话音	vernacular pronunciation	相对"文言音"而言，白话音是没有受到官话影响或文言音影响的口语语音。
半闭元音	half closed vowel	发音时舌位半高口腔半闭的舌面元音，与"半高元音"所指相同。

[①] 本表中的汉语名词参照术语在线进行规范，以规范名词的讨论为主；如因系统性分析的需要，涉及到非规范名词的讨论，我们将进行特别标注；如涉及未收录的名词，则以学界约定俗成的讨论为主。

附录2 汉语传统语言学名词英译词表 277

续表

汉语名词	英语译文	具体介绍
半开元音	half open vowel	发音时舌位半低口腔半开的舌面元音，与"半低元音"所指相同。
半实词	semi-content word	指介于虚词和实词之间具有实词的某些语法功能但比实词意义稍虚的词，通常不单独表示实物，包括表示程度、范围、时间、否定等的副词，如"很、颇、都、只、才、又、更、不"等。在"又来、更好、不怕"中的"又、更、不"就是半实词。
半虚词	semi-function word	指介于虚词和实词之间通常具有实词的某些语法功能的词，虽本身是虚词但所替代的却是实词；虽不表示实际的动作，但有代替名词、动词、形容词的用途（如代词"我、你、他"），或者具有判断功能（如判断词"是"）。
半音	semitone	指十二平均律音列中最小的音高单位，即八度音程的1/12，如 F—$^\#$F、F—$^\flat$G 等。
半元音（曾称）	semi-vowel	规范用语是近音（approximant）。半元音指介于元音和辅音之间的音，又称半辅音、次元音。通常不充当音节的核心成分，例如现代汉语中处于音节开头的[i] [u] [y]，当舌位稍高并轻微摩擦时则转化为半元音[j] [w] [ɥ]。
包孕谓语	inclusion of predicates / sentence with a clause	指包含动词性短语的谓语，即句子谓语里又包孕了其他的谓语形式。例如，"我喜欢滑雪""他在澳大利亚度假"中的谓语"喜欢滑雪""在澳大利亚度假"包含着另一个谓语形式"滑雪""在澳大利亚"。这两个句子的谓语都是包孕谓语。
北京话	Pekingese; Beijing dialect	出现在北京及周边的方言，其语言特点主要形成于清代，融合了满语、回语、蒙古语等少数民族语言成分。具有四个声调、"儿化韵"和"轻声"等特征，现代汉语普通话源于此方言。
北京音	Pekingese pronunciation	指北京话的语音，是现代汉语普通话的标准音。声调包括阴平、阳平、上声、去声四声。古入声字在现代汉语中发生了变化，去声、阳平、阴平和上声依次吸收了不同数量的古入声。去声还吸收了几乎所有的古次浊入声和大部分古全浊入声。
被动	passivization; passivity	通常指结构上的被动句式，常用"被"字，例如"他犯错了，被爸爸骂了一顿"。
被动词	passive verb	即表达被动的词。在句子中如果主语不是动作行为的施事而是受事，则该谓语动词（叙述词）可称为被动词。例如，"他被流放到了边疆""违章司机被罚款300元"中的"流放、罚款"。

续表

汉语名词	英语译文	具体介绍
被动式	passive form	即被动句式，通常指被动句，是对主语施行动作行为的句式，常用"被、叫、让"等形式，例如"他被开除了"。没有形式词也可以表示被动，例如"咖喱鸡块烹调好了"。
本韵	original final	指上古音本来的韵部，即古本韵。通常情况下，与邻韵相对，如果两个韵中一个为本韵，另一个则为邻韵。
鼻化韵	nasalized vowel	指由鼻化元音充当的韵母，例如济南方言"淡、千"的韵母。
鼻音韵母	nasal final with "-n" or "-ng"	带鼻音韵母或鼻音尾韵母，指由元音和鼻辅音构成的韵母，包括前鼻音韵母和后鼻音韵母，如"an、en、ian、in、uan、uen、un、ang、eng、iang、ing、uang、ueng、ong、iong"等。
变纽	changed initial	在术语在线中，"纽"是非规范用法，规范用法是"声"。此处讨论"纽"是系统性翻译的需要。变纽是针对声母而言，如果声母保留了上古读音，则称为"古本纽"，如果声母发生了后代演变，则称为"变纽"。
辩驳语气	refuting mood	指表示申辩、辩解或纠正他人观点的语气，副词居多。例如"你自己处理吧，我才不管呢"中的"才……呢"。
表达论	expression theory (a semantic approach to Chinese syntax)	一种以语义为纲描写汉语句法的语法学说，是从语义（思想内容）到表达形式的方法。句子分类通常从范畴和关系进行归纳表达，主要从十个方面展开，包括"正反、虚实""传信""传疑""行动、感情""离合、向背""异同、高下""同时、先后""释因、纪效""假设、推论""擒纵、衬托"等。表达论开创了汉语语法从意义到形式的描写途径。
表明式	judgment pattern	是断动词的一种，指表明事物的是非异同的形式，存在一定的比较关系，汉语中以"是、非"为主。例如"人非尧舜，谁能尽善""天时不如地利，地利不如人和"。断动词的另一种是非表明式，汉语中以"有、无"为主，不比较异同，只断定有无。例如"有朋自远方来，不亦乐乎"。
表明语	predicate of judgment	指表明句的谓语部分，起到说明解释的作用，一般由名词、形容词充任，例如"孔子，鲁人""兵强马壮"中的"鲁人、强、壮"都是表明语。
别义	other (lexical) meaning	清代朱骏声（1788—1858）在《说文通训定声》中，把每一个字的释义首先列出本义，其次列出引申义，再次列出假借义。不能归在本义、引申义、假借义的，称为别义。
别转	other transfer	指韵的别类之转，是阳声韵和入声韵的承转，与"正转、旁转、从转"相别。

附录2　汉语传统语言学名词英译词表　　279

续表

汉语名词	英语译文	具体介绍
别字	wrongly written or mispronounced character	指误写或误读的字，又称"白字"。例如如果在"我再一次看到了彩虹"中将"再"误写为"在"，则是写别字；将"别墅"读成"别野"，则是读别字。别字多因形似、音同、义近而造成。
宾词	object	即宾语中心词，指命题中与主词和系词相对的、表示思考对象属性情况的部分。
补位	complement	指处在补足语位置的名词或代词。例如"我们叫他小诸葛"中"小诸葛"是宾语的补位。
不变词	invariable word	指词形不变的词。在形态变化的语言中，通常分成有词形变化的词和没有词形变化的词。例如，对于在具有形态变化的英语中，介词和感叹词就没有词形变化，属于不变词。
不满语气	discontented mood	指用于表达与说话人或对话人意思相反或感情相反的语气，例如"让他好好学习，他偏旷课不来""你让他抓狗，他偏去赶鸡""该他值日了，他倒先走了"中的"偏、倒"等表达的是不满语气。
不清不浊	non-voiceless and non-fully voiced initial (namely nasal, lateral and semi-vowel)	指不是清音也不是全浊的声母，即次浊声母。声母的清音分成全清、次清，浊音分成全浊、次浊。"不清"则指既不是全清也不是次清，"不浊"则指不是"全浊"。次浊不与次清对立，通常是鼻音和边音，例如声母[n]（咦）、[n]（尼）、[m]（名）、[l]（莱）和半元音[j]（遇）等。
不送气声母	unaspirated initial	关于上古声母的一种学说。古汉语中声母送气与否不具有区别性特征，不构成音位的对立。美国学者白保罗推测声母有无前缀可能决定了声母的送气与否，有前缀的声母可能不送气，没有前缀的声母可能送气。
不完全交韵	incomplete cross-rhyme	指在四句古诗中，只有一部分采取单句和单句押韵，双句和双句押韵的交叉押韵模式。例如《诗经·召南·行露》"谁谓鼠无牙（鱼部）？何以穿我墉（东部）？谁谓女无家（鱼部）？何以速我讼（东部）？……"等。
不完全句	incomplete sentence	指在语法中谓语不完全的句子。例如"秋风楚竹冷，夜雪巩梅春"中的"秋风、夜雪"都省略了谓语"来了"。通常认为不完全句是近体诗所特有的句法。
不完全韵	incomplete rhyme	与完全韵相对。在诗歌押韵中，如果从韵词主元音往后的全部音素都相同则是完全韵，如果从韵词主元音往后的音素出现不同，则是不完全韵。
诧异语气	astonished mood	指含有惊讶、奇怪等副词或叹词的语气，例如"憋了半天，他竟一个字也没说""只听楼梯响不见人下来""咦！你怎么来了"中"竟、只、咦"等所表达的语气。

续表

汉语名词	英语译文	具体介绍
诧异语气副词	mood adverb denoting astonishment	指表达诧异语气的语气副词，例如"只、竟"等。
衬韵	rhyme inserted in a line of verse for primary rhyme	指律诗首句借用邻韵以衬托主韵的方法。词谱中首句通常不入韵，如果让首句入韵而又不同于主韵，则称首句韵为衬韵。例如"深院静，小庭空，断续寒砧断续风。无奈夜长人不寐，数声和月到帘栊。"首句韵"静"为词韵第一部二冬韵，第二句韵"空"为词韵第一部一东韵，前者为后者的邻韵，首句韵衬托了后来出现的主韵，成为主韵的衬韵。
衬字	word inserted in a line of verse for balance or euphony	即"垫字""添字"，指在曲调额定字数以外增加的字，多用于语气或描摹情态，以虚词或形容词居多。例如"你须身姓刘""宫阙万间都做了土"中"你须"和"了"分别是句首衬字和句中衬字。
称谓词	addressing form; salutation; appellation	指用于称谓的词，包括名词和代名词两大类，例如"先生、女士、爷爷、奶奶"等。各个语言之间由于文化、发展等各方面的不同，称谓词存在颗粒度不同的情况。例如，汉语中的"叔叔、大舅、二舅、小舅、伯父、姨父、姑父"等称谓词，在英语中均用 uncle 一词代表。
承接连词	sequential conjunction	即顺承连词、承接连字，指用于上下文的表承接的连词，例如"就、于是、然后"等。
侈	(of vowels) open	见侈弇。
侈弇	(of mouth) open or closed	指韵腹元音发音时口腔的开合大小。"侈"即开，指钟口大而中央小，属于"口侈而声大"。"弇"即闭，指钟口小而中央大，属于"口弇而声细"。清人江永将上古语音的"宵[ɑu]—幽[əu]、元[ɑn]—真[ən]、谈[ɑm]—侵[əm]"两两相对分成六个部类；前者主要元音都是[ɑ]，"口侈而声大"；后者主要元音都是[ə]，"口弇而声细"；据此将古音分成六个部类。汉语的语音从古到今都有[ɑ]系统和[ə]系统的对立。
处所介词	locative preposition	表示处所的介词，通常与处所名词组成介词短语。在古代汉语中，介词"于"具有处所介词的基本特征。
处所状语	locative adverbial	又称"地点状语""处所限制""处所末品"，用于表示处所和地点的状语，现代汉语中通常出现在被修饰的动词前，例如"我在澳大利亚度假"中的"在澳大利亚"。如果动词是有方向的，状语则放在后面，例如表示动作由上向下或由此及彼时的"摔在地上""抛向大海"中的"在地上""向大海"等。

续表

汉语名词	英语译文	具体介绍
传统音韵学	classical Chinese phonology	即中国传统音韵学或古代汉语音韵学，与文字学、汉语史都有密切关系。文字、音韵、训诂曾统称为"小学"，是"经学"的一部分。后来，音韵学发展成为专门学科。传统音韵学理论和术语可借用现代语音学理论和术语加以对比说明。研究古代汉语的词汇和文字需要了解传统音韵学。
传统语言学	traditional philology	指20世纪以前的语言学研究，包括传统语文学、历史比较语言学以及早期普通语言学研究。传统语言学与现代语言学相对，更注重个别语言成分的分析，侧重语言历时演变规律，关注书面语言研究。在古代，中国多进行的是语文学（philology）研究而不是语言学研究，狭义的中国语言学大约到20世纪初才出现。
传信助字	modality particles expressing declaration; decisive mood particle	指用于句末的、表达确信肯定的语气助词，与表达怀疑的传疑助字相对。传信助字包括"也、矣、耳、已、焉、者"等。
传疑助字	modality particles expressing doubt or questions; interrogative mood particle	指用于句末的、表达怀疑的语气助词，与表达确信肯定的传信助字相对。传疑助字包括"乎、哉、耶、与、夫、诸"等。
词腹	infix	指插入词中的词缀，又称中缀，部分语言具有词腹特征。例如高棉语中存在具有使成式、主动式、被动式的词腹。
词汇范畴	lexical category	词的类别。词汇划分类别需要考虑词义或概念而不仅仅根据词汇的语法功能来划分。词汇范畴承认词义对于划分词类的重要性。词表示概念，词义和词类的关系也就是概念和词类的关系。同时，词还具有民族性，所以词和概念不等同，具有民族性的词类不能单纯根据跨民族特点的概念来划分。所以，词汇范畴和语法范畴不是对立的，词类应看成是词汇·语法的范畴。
词汇国际化	lexical internationalization	王力认为是词义的国际化，即汉语词汇具有国际性的共同定义。
词类活用	word class conversion; flexible use of parts of word speech	指词的临时用法，从甲类词转变为乙类词使用。例如"这个啤酒很德国"中"德国"是名词，临时用作形容词。再如"老栓，就是运气了你"中的动词"运气"临时由形容词充当。如果这种临时的词类活用转变为经常性的，则成为兼类词。
词律	metre of Ci-poetry	词的格律。
次仂	secondary phrase	指用于次品的仂语，简称"次仂"。例如，在定中结构中，"王小二的朋友的小姑父"中"王小二的朋友"是次仂，"小姑父"是首品仂语。"一枝玫瑰花"中"一枝"是次品仂语。另外，末品和次品联结也形成次仂，例如"傻笑、慢走、大呼、小叫、轻抚、扛起来、卸下、跑过来、弄丢"等。

续表

汉语名词	英语译文	具体介绍
次品词	secondary	按照黎锦熙在《新著国语文法》中的语法体系，汉语词根据其在句子中的地位可分为首品、次品和末品三个品级。次品词指在句子中的地位次于首品而用于次品的词，可由形容词、动词、数词和名词等充当，用于修饰主语、宾语甚至充当谓语。例如，"慢节奏""老形象""小孩儿调皮"中的"慢""老""调皮"是次品词，"节奏""形象""小孩儿"是首品词；"狗吠""飞禽走兽""孩子怕爸爸""朋友来了"中的"吠""飞""走""怕""来"是次品词，"狗""禽""兽""孩子""朋友"是首品词；"两头象""三天假"中的"两头""三天"是次品词，"象""假"是首品词；"猫步""狼心狗肺"中的"猫""狼""狗"是次品词，"步""心""肺"是首品词。
次品否定词	secondary negative	指用在次品位置的否定词，例如"不老形象""小孩儿不调皮""狗不叫、鸡不鸣""孩子不怕爸爸""朋友不来了"中的"不"。
次品后附号	post-secondary marker	出现在次品后用于标记次品的记号，例如"他的姐姐""卖的东西"中的"的"。
次浊字	non-fully voiced initial character	指不是清音也不是全浊的声母字，即次浊声母字。声母的清音分为全清和次清，浊音分为全浊和次浊。"次浊"也就是非"全浊"。次浊不与次清对立，通常是鼻音和边音，例如声母[ŋ]（嗄）、[n]（尼）、[m]（名）、[l]（莱）和半元音[j]（遇）等，包括"母""莫""你""溺""鲁""立""有""育"等字。
从转	subordinate transfer	从转指清人潘耒《平声转入图》中的非属一声的平声和入声之间的转化，例如，"挨āi"转"轧yà"、"幽yōu"转"益yì"、"威wēi"转"揾wèn"。正转指《平声转入图》中本属一声的平声和入声之间的转化，例如，"知"转"质"，通常平声属于"长言"，入声属于"短言"。潘耒的这种观点与江永的不同平声与同一入声相配的"异平同入"观点相近。
促拍	quick beat	即"簇拍""促曲""促遍"等，以区别于本调，指为配合乐曲节奏急促而成的"急曲子"，类似现代快板。因繁声促节，所以促拍字数比本调多。
促起式	quick start mode	指古诗用同韵的两个韵脚起头，然后更换韵脚的押韵方式，多为增加诗开头的有力效果。例如"黄花谩说年年好。也趁秋光老。绿鬓不惊秋，若斗樽前，人好花堪笑。蟠桃结子知多少。家住三山岛。何日跨飞鸾，沧海飞尘，人世因缘了。"开头两句的"好、老"属于词韵第八部六豪韵，从第三句开始更换新的韵脚。

续表

汉语名词	英语译文	具体介绍
促调	quick tune	即"促声",指有塞音韵尾而发音短促的入声调类。在诗律学中尤其关注平仄的搭配使用,平调和升降调或促调的联用可增加韵律效果。
促音	quick tone	指去声来自入声的一类,以上古短入为主。促声(促调)则范围较广,包括上古长入、上古短入和中古入声。
存在动词	existential verb	指表示存在、出现或消失的动词,如"有、在、存在、具备、出现、消失"等。例如"树下有个包""车上没有货物"中"有、没有"分别肯定、否定了事实的存在。
大韵	main rhyme	指清代杨选杞对韵书进行了改良,把传统韵书合并归类为二十五个大韵,每个大韵又下分宏、中、细三声,共75韵。
大众语	popular dialect	指大众化的语言,即让语言接近民众、适合民众、满足民众。
代词复指	apposition pronoun; anaphora of pronouns	指为了某种目的在句中用代词复指某种语法成分,例如"你哥哥的首长张团长,他不是去北京开会了吗?"中代词"他"复指了主位,克服了首品仿语太长,而且加强了语气。
单体字	single graph character	即"独体字",与合体字(composite character)相对,仅由基本笔画组成,无偏旁部首等附加结构,例如"人、口、手"等。
量词	classifier	又称单位词,即单位名词,指标示单位的词,例如"一斗米、二升油、三斤黄瓜、二两猪肉、一根油条、一条裤子、三篇文章、一种植物"中的"斗、升、斤、两、根、条、篇、种"等。
单音成义	monosyllabic morpheme; single syllable with a definite meaning	指单音节构成独立意义,例如"车、水、马、龙"等。
单字词	single character word	指由一个表意汉字所代表的词,例如"天、富、默、贤"等。
刀笔文字	engraved writing with a knife as a pen	指以刀笔为镌刻工具书写形成的文字,具有直笔书写、笔画均匀、没有撇捺的特征。这种书写工具和书写材料都很坚硬的文字多出现在古代的甲骨文、金文、玺(钵)文、货币文和小篆中。
等呼	(four) grades and (two) expiration	指宋元等韵图中的两呼四等。韵母中介音或主元音有u的是合口呼,不含u的是开口呼,此为两呼。在此基础上,根据介音i的有无和主要元音开口度大小,再将两呼区分为四等,分别为:开口呼一等韵(无介音i,开口洪大)、开口呼二等韵(无介音i,开口次大)、开口呼三等韵(有介音i,开口较小)、开口呼四等韵(有介音i,开口最小);合口呼一等韵(无介音i,开口洪大)、合口呼二等韵(无介音i,开口次大)、合口呼三等韵(有介音i,开口较小)、合口呼四等韵(有介音i,开口最小)。

续表

汉语名词	英语译文	具体介绍
等立复句	coordinate complex sentence	即"联合复句"或"等立句",指具有并列、递进、选择、承接、转折关系的平等并立的复句,与主从复句相对。
等立仂语	coordinate phrase	即"联合短语",指具有平等并立关系的短语。例如"张先生和王女士"没有中心词,只有平行关系,属于等立仂语。
等立通韵	coordinate rhyme	指在一首词中,押的韵平等并立,韵数大致相等,则为等立通韵。例如"重过阊门万事非,同来何事不同归?梧桐半死清霜后,头白鸳鸯失伴飞。原上草,露初晞,旧栖新垅两依依。空床卧听南窗雨,谁复挑灯夜补衣。",前四句是上片,押韵是"非、归、飞",后四句是下片,押韵是"晞、依、衣",两个韵平等并立且韵数相等。
地位副词	locative adverbial	用于表示位置或方向的副词,即出现在状语位置的方位词,通常修饰动作的方位、远近、高下等特性。如果名词或形容词处在副词位置,即使没有介词介绍,这些词也被认为是转化的地位副词。例如,"他前头刚走,仇家后头就追了来""高高举起、轻轻放下"中的"前头、后头、高高、轻轻"等。
递系句	sentence with pivotal construction	即"递系式"。
递系式（又称）	sentence with pivotal construction	规范用语为"兼语式"。递系式即"递系句""递谓式",指句中含初系和次系两次连系,初系未尽之事由次系后续完成,实现句意完整表达。例如"小王趁势请女友一同去看球赛。"中的初系是"小王趁势请女友",次系是"女友一同去看球赛",初系的目的位"女友"做了次系主语。这种借初系目的位为主语的结构就是传统的"兼语式"。所以,兼语式是递系式的下位词。再例如"我笑得不爽了"中初系是"我笑",次系是"笑得不爽了",初系谓语"笑"充当了次系的主语。除了以上情况,递系式还包括附加定语的递相叠加,例如"我舅妈儿子媳妇的公司"中"我、舅妈、儿子"都是附加修饰在紧跟着自己后头的那个定语上的,中心词是"公司"。
递组式	endocentric phrase pattern	指首仂和别的词或仂语结构递相组合的形式。例如"青菜粥"中"青"是次品,与首仂"菜"组成仂语,然后整个结构再与首品"粥"组成新的仂语结构,形成的是递相组合的"（次品+首品）+首品=仂语"的结构。再如"大马车"中"马"是次品,与首品"车"形成仂语"马车","大"作为新的次品,又与"马车"形成新的递相组合的"次品+（次品+首品）=仂语"的结构。再如"精兵强将"形成的是"（次品+首品）+（次品+首品）=仂语"递相组合的结构。

附录 2　汉语传统语言学名词英译词表　　285

续表

汉语名词	英语译文	具体介绍
叠句	reduplication sentence; repetition of sentence (in ancient Chinese poetry)	指词中重叠句式。这种重叠或修饰性延长可表达某种特殊情感，例如李清照《添字丑奴儿》中"窗前谁种芭蕉树，阴满中庭，阴满中庭""伤心枕上三更雨，点滴霖霪，点滴霖霪"等。
动宾词组（又称）	verb-object phrase	规范用语是"述宾短语"。动宾词组即"述宾词组"，由动词和受它支配的名词短语构成的词组，可充当主语、定语、状语、补语等。例如"学习科学很重要""驾驶飞机的人很聪明""醉汉倚柱而行""光阴穿梭如箭"中的"学习科学""驾驶飞机""倚柱""如箭"分别充当主语、定语、状语、补语。
动词首品	verb primary	指不用于次品而用于首品的动词。例如"胜败是不可避免的""他的死活没人关注""没人反驳他的主张""这顿打可不一般""他好长时间都不听劝"中的"胜败、死活、主张、打、劝"都是动词首品。
动词修饰品	verb modifier; verb functioning as a modifier-verb modifier	即修饰品由动词充当，包括两种：动词修饰性次品和动词修饰性末品。修饰性次品如"飞禽、走兽"中的"飞、走"，可以在首品"禽、兽"插入"的"字起到限定作用。修饰性末品如"飞奔、死守、飞跑"中的"飞、死"等，在次品"奔、守、跑"前起到修饰作用。
读破（又称）	change meaning by change pronunciation	规范用语为"破读"。指对一个字采用破除常规的读音，以求得意义转变，以声调改变居多。例如"谓诚其意者，毋自欺也，如恶恶臭（wù è xiù），如好好色（hào hǎo sè），此之谓自谦。"中的"恶（wù）、好（hào）"发生了读破，均从形容词变成了动词。再如整齐的"齐（qí）"破读为斋戒的"齐（zhāi）"，音乐的"乐（yuè）"破读为快乐的"乐（lè）"。
读若	keep meaning by borrowed pronunciation	即"读如"，像……一样读，指反切出现之前用同音或近音字注音的方法，常用"甲读若乙"或"甲读如乙"。例如"珣读若宣"用常见"宣（xuɑn）"的发音来给生僻字"珣"注音。《周礼·春官·大祝》中的"奇拜"，杜子春注为"奇读如'奇偶'之奇，谓先屈一膝，今雅拜是也"，多音字"奇"在这里读为（ji）而不是（qi）。
短去	short going (departing) tone	指在陆志韦的"长去短去说"中与入声通转的去声。
短入	short entering tone	指王力上古汉语声调体系中的短入，通常是收塞音尾的入声。短入中主要元音为短元音，这种用法在很多方言中得以保留。
钝音	low audio frequency sound	指在语音频谱分析中低频率或颤动次数少的音。对于高频率或颤动次数多的音（锐音）来说，钝音和锐音形成了人耳可区分的"音差"。

续表

汉语名词	英语译文	具体介绍
顿挫语气	cadenced mood; pausing and transitional mood	指用于停顿、转折等功能的语气，例如"事已至此，我也不想隐瞒了""你有什么不高兴的，我还冤枉呢""到底是大公司，资金很雄厚"中的"也""还""到底"表达了无奈、不满和说明原因等顿挫语气。
发语助词	an initial particle in the beginning of classical Chinese sentences	即用于句首的助词。又称"发语辞、句首语词、发语助字、发声、语端辞、发端字、发语之端、发言之端、发词（辞）"等，主要用于表叙事开端，或调整语句节奏。例如"噬肯适我""谁昔然矣""薄言采之"等中的"噬、谁、薄"等。
凡语	general vocabulary	即"通语"，指跨地域的通用语，类似普通话词汇。
反照句	accusative preposition sentence	指宾语提前、代词又复指宾语的句子，例如"老者安之，朋友信之，少者怀之"等。
方式副词	manner adverbial	指用来表示方式的副词，通常用于动词前，例如"好好、悄悄、连忙"等。
方式末品	manner tertiary	指表示方式的末品，可由形容词、副词、介词短语以及末品谓语形式充当。例如"高飞、慢走"中的形容词"高、慢"，"咱们当面对质"中的副词"当面"，"以地换和平"中的介词"以"，"她不迟疑地跳上车走了"中的谓语形式"不迟疑"都是方式末品。
方式修饰	manner modifier	指使用了方式末品的修饰语。例如"狠狠地骂了一句、白忙活了一年、高山流水"中的"狠狠地、白、高、流"等。
非律句	non-metrical verse	与律句相对。如果曲中形式与律诗形式一致，则是律句。反之，则为非律句。
非派生词	non-derived word	指不由其他词派生而来的独立词，例如"人、手、口"等。
分别语	separate sentence or phrase (for contrasting statements)	指对各事物分别说明、分别处置的语句。例如"好的你拿走，烂的你留下""你们不要软的欺，硬的怕"等。
分别字	separate word (for semantic differentiation)	指为了区分具有两个不同意义的同一字，通过增加偏旁或者改变偏旁而形成的字。通常用于区别假借义或引申义。例如"栗"字本义是栗树，假借为"战栗"时，通过添加竖心旁形成分别字"慄"，以区别本字"栗"。再例如"息"字本义为"止息、休息"，后用于表示"火熄灭"后，为区别两个不同意义，通过添加火旁形成分别字"熄"以示区别。有时候，并不是所有具有不同意义的同一字都可以造出分别字的，例如"长"字既表示"长处"也表示"长大"，没有分别字出现。
分析性否定词	analytic negatives	与"综合性否定词"相对，指表示单一概念的否定词，例如"不、别"等。

附录2　汉语传统语言学名词英译词表

续表

汉语名词	英语译文	具体介绍
否定性系词	negative copula	指用于否定的系词，通常指与系词"是"相对的"非"字。这种否定性系词通常是一个独立的观念单位，表达的意思与"否定词+肯定性系词"相当。例如"非"是独立的否定性系词，表达了与"不+是"近乎一致的意思。
否定语	negative structure	指否定肯定语的语言形式，例如"不大、不高、不太好"等。通常语气分量轻于肯定语，即"不大<小、不高<矮、不太好<差"等。
辅音韵	consonant-based rhyme	指诗歌用辅音收韵，而不用元音收韵。例如梁宗岱《商籁》第一首中曾以"人、身、丐、拜"为韵，前两个押辅音韵（en），后两个押元音韵（ai）。英语诗歌中类似的辅音韵包括 flip-flap、limp-lamp-lump 等。
复合化	diphthongization	即元音复合化，指部分单元音的发音部位变化导致了音色变化，致使发音中融合了两个或以上元音。
复交韵	reduplication cross-rhyme; fixed rhyme with more than 2 rhyming patterns	指多个交叉韵的组合，即单句和单句押韵，双句和双句押韵构成一个交叉韵之后，再重叠出现另外一组交叉韵。
复数词尾	suffix denoting plurality; plural suffix	指附着在词根或词缀之后，表示语法意义的复数形式，例如英语 apples 中的-s 等，汉语"官员们、人们"中的"-们"等词素。
复音化	disyllablization	即汉语词汇从单音节向双音节或多音节的发展变化。古汉语以单音词为主，现代汉语以复音词为主
复音字	character with two syllables; disyllable character	即在读音上代表两个以上音节的字，也就是把一个复音词写成一个单字，而且必须标音，例如复音字"圕 tuǎn"和"砼 tóng"分别是复音词"图书馆"和"混凝土"的缩写。复音字是一种设想，其目的是将复音词简化为笔画更少的复字，为后期汉字改革服务。
复韵母	compound final	即复元音韵母，指由两个或以上元音构成的韵母，包括"ai、ei、ao、ou、ia、ie、iao、iou、ua、uo、uai、uei、ue"等 13 个复韵母。
复主位	apposition subject	即主位的复说，通常指复指主语的代词，例如"你哥哥的朋友刘先生，他不是已经出国了吗"中的代词"他"起到称代复指的作用，指代前面主语"你哥哥的朋友刘先生"。再例如"总经理她不是已经安排好了吗"中的"她"是同位复指，指代主语"总经理"。
副词末品	adverbial tertiary	指用于副词的末品，通常出现在所修饰的次品前面，例如"微笑、慢走、远眺、大呼小叫"等中的"微、慢、远、大、小"等。

续表

汉语名词	英语译文	具体介绍
副动词	verbalized preposition	相当于"介词",意指源于动词且具有部分动词性,但不能做谓语主要成分的词。例如"我在单位"中的"在"是动词,但"我在单位上班"中的"在"是具有部分动词性的副动词,该句主要动词成分是"上班"。再例如"我给你一栋房子"的"给"是动词,"你给我站住"中的"给"是副动词。
概念范畴	conceptual category	即概念的种类。不同实词可表示不同种类的概念。词表示概念,同时概念由词所表示。概念范畴与词汇范畴在不考虑词的民族性时一般是对应的。
感喟（感喟法）	exclamation (exclamatory insertion expression)	指在句中插入感喟语或呼声的方法。例如"这孩子太可怜,唉!妈妈去年刚过世,爸爸今年又撒手人寰。"
纲目句	topic clause (of a sentence)	指纲举目张的复合句,通常先立纲领,然后据此论述的句子。例如"大有天下,小有一国,必自为之然后可"等。
隔句对	double parallelism every other sentence	即"扇对、扇面对、偶句对",指律诗中第1、3句或第2、4句相对,而第1、2联不成对,例如"缥缈巫山女,归来七八年。殷勤湘水曲,留在十三弦。"其中"女、曲"成对,"年、弦"成对,而两联不成对。
隔越转	geyuezhuan (vowel shift among different rhyme categories) separated transfer (between YU group and YANG group)	古韵通转用语。在古韵通转中"通"为古音相同、后音相同或相近；"转"为古音相同、后音不同。章炳麟在《成均图》中将韵分为以"鱼"部和"阳"部为代表的阴阳两轴以解释韵部变化,立了很多声转的名称说明汉字的转注、假借等。隔越转指处于阴阳不同轴的音在间隔5部的情况下发生了韵转。"隔"为"相隔","越"为"跨越阴阳轴","转"为"韵转"。
工具状语	instrumental adverbial	指用于动作行为完成时所凭借的手段工具的状语,通常后接宾语。例如"轻将玉杖敲花片""以戈逐子犯""别拿我们开涮了"中的"将、以、拿"等。
宫调	"Gong" tone (of classical Chinese opera)	指在宫、商、角、变徵、徵、羽、变宫的七声中,以宫声为主形成的调式称"宫"（宫调式）,而以其他六声为主形成的调式则称"调",两者统称"宫调"。
古本纽	ancient original initial	与"变纽"或"变声"相对,指黄侃提出的在《广韵》中保留了上古音的声母,那些发生了变化的上古音声母被称为"变纽"或"变声"。
古本韵	ancient original rhyme	与"变韵"相对,指黄侃提出的在《广韵》中保留了上古音的韵母。那些发生了变化的上古音韵母被称为"变韵"。

附录2 汉语传统语言学名词英译词表 *289*

续表

汉语名词	英语译文	具体介绍
古纽	ancient initial	指先秦两汉时期汉语的声母。古纽研究有基本定论：①"古无轻唇"即上古没有轻唇音声母；②"古无舌上"即上古没有舌上音声母；③"娘日归泥"即中古"娘、日"二声母属于上古泥母；④"照系二等归精系"即中古照系二等字属于上古精系；⑤"照系三等归知系"即中古照系三等字属于上古知系；⑥"喻三归匣"即中古喻母三等字属于上古匣母；⑦"喻四归定"即中古喻母四等字属于上古定母。
古音通假	phonological borrowing of ancient pronunciation	即"通假"，指古汉语中用音同或音近的字取代另一字。一般分有本字和无本字假借两种。有本字假借是指取音同或音近的本字去表达另一意思，即采用别字。无本字假借是指对某些有音无字的词，采用音同或音近的另外字来表达，例如"来"（本义：小麦；借用义：来往的来）、"求"（本义：裘皮的裘；借用义：请求的求）。通常的古音通假指的是别字用法，即有本字假借。
古韵通转	resemblance and transfer of ancient rhyme	古韵的通与转，指上古韵与中古韵不一致的现象，"通"为古音相同、后音相同或相近；"转"为古音相同、后音不同。
古韵学	ancient Chinese phonology	指史料限定在《诗经》《楚辞》等韵文，研究对象限定在周秦古音的汉语音韵学。初期古韵学始于宋代，后从陈第开始意识到古今音相异。唐韵离析之后的明末清初，顾炎武促进了古韵学发展。古韵学家还包括江永、段玉裁、王念孙、章炳麟、黄侃、王力等。
古字通假	philological borrowing of ancient character	指古代汉字对字音相同或相近的字进行通用或借用，具有本义的字是"本字"，借用的另一个字是"假借字"。例如，"蚤—早""倍—背""政—征"中前三个都是本字，而后三个则是假借字。
关系末品	relative tertiary	指复合句中能表示句和句关系的虚词，位置未必居于两分句之间。此类关系末品以关系副词居多。例如"他落榜了，钱包又丢了，颓丧得很"中"又"提示了两句叠加积累的关系。"我跑前跑后，你倒好，躺着睡大觉"中"倒"提示了两句转折关系。"你若安好，便是晴天"中"若"提示了两句条件关系。"你越努力，运气越好"中"越"提示了两句伴生关系。"你既已决定，我也不便说什么"中"既"提示了两句原因关系。"拿好登机牌，一会儿好用"中"好"提示了两句目的关系。
官话系	Mandarin Chinese; Northern dialect	即"北方方言"，是以北京话为代表的北方话，多分布在长江以北各省，是现代汉语最大的方言。在汉语各大方言中，官话方言有着突出的地位和影响。

续表

汉语名词	英语译文	具体介绍
官话音系	mandarin phonology	指官话的语音系统。
官韵	official rhyme dictionary (for imperial examination)	指科举时期由官方修订颁布的韵书,以此作为诗赋押韵标准。唐代官韵与口语基本吻合,宋代以后官韵渐与口语分离。
惯用音	customary pronunciation	指习惯使用的音读。日本汉字音读中,汉音、吴音、唐音规律明显,而惯用音较少,规律性较差,通常在词典中用"惯"字标记。
规范化(即语言规范化)	language normalization	指语言在语音、语法、词汇和正字法方面的标准化。术语在线释义为"为语言的运用确定标准,并通过国家行政命令和专家引导的力量,使语言按照这个标准发展"。
过程音	gliding vowel	指发音过程中器官在两个语音位置移动所形成的中间音,例如"e、o"等。元音 e 是从 a 至 i 的过程音代表,元音 o 是从 a 到 u 的过程音代表。
汉语标准语	standard Chinese language	即汉民族标准语言,通常以北京音为标准音、以北方话为方言、以白话文为语法规范,并以汉民族共同语为基础进行加工和规范。
汉语词汇	Chinese vocabulary	汉语中的总汇,包括所有的词和相当于词的固定词组。
汉语词族	Chinese word family	汉语词的族类。王力将汉语词分为名词、形容词、动词、副词、代词、介词、连词、语气词和感叹词和附加成分。其中动词包括"有、是、把、被"等副动词,介词包括"的",附加成分包括词头和词尾。
汉语复音化	Chinese disyllablization	即汉语词汇从单音节向双音节或多音节的发展变化。
汉语构词法	Chinese word formation	指汉语词的构成方法,研究由语素构成词的结构方式、规则和规律等。通常不讨论单语素构成的单纯词。主要构词法包括复合法和附加法。例如"朋友""国家""将军"等就是结合多词根复合构成的新词;"阿爷""阿母"等就是词根附加词缀构成的新词。
汉语规范化	Chinese language normalization	汉语在语音、语法、词汇等方面标准化。
汉语借词(又称)	loan words in Chinese	规范用语是汉语外来词,主要指汉语借用的外族语词,通常音义都借,是标准的外来语,属于音译词。
汉字拼音化	Romanization of Chinese characters	指用拼音文字改革方块汉字的主张。王力认为只有解决了历代书籍的处理问题、语言的选择问题和文字的新旧交替问题,汉字拼音化才是有利的。
合声	phonetic fusion	即把二字急读为一音的合声法。例如公(gong)字用古(gu)红(hong)切,巾(jin)字用基(ji)因(yin)切。合声虽然与反切的道理相似,但不同于反切,合声是无意识且零星的,而反切则是有意识且普遍实用的。

续表

汉语名词	英语译文	具体介绍
绘景词	picturesque word	指描绘情景的词。
绘景法	picturesque description	即描绘情景的方法，其目的是使所陈说的情景历历在绘。例如，"受到了怠慢，他把脸拉得长长的"就是绘景法中的形容词叠加。
混切	mixed sinigraphic spelling	混切是反切的一种，通常指中古反切上下字的混用。"反、切"都是拼合的意思，即利用两个现有的汉字发音拼合成一个新字的发音。反切上字取声母和清浊，反切下字取韵母和声调，由此拼合成被切字的读音。例如"冬，都宗切"中，被切字是"冬"，反切上字是"都"，反切下字是"宗"。取"都"声母 d 和清浊，取"宗"韵母 ong 和声调，便构成"冬"音（dōng）。如果由于音变，古音不区分的音如今具有了区别性特征，那么这种古音反切就是混切。例如"权，巨员切"中，反切上字"巨"取声母 j 和清浊，反切下字"员"取韵母 uan 和声调，被切字"权"理应形成 juán。但在古音中送气清声母 q 和全浊声母 j 不区分，直到今音中才进行了区分，即古音中 juán 和 quán 不具有区别性特征。音变规则中，中古全浊声母今天普通话里已变成送气和不送气两类清声母：平声送气，仄（上去入）声不送气。上字"巨"声母是中古全浊声母 j，下字"员"是古平声，按照规则，古音被切字"权"全浊声母 j 随上字变为今音送气清声母 q；所以，juán 变为 quán。再如，"度，徒故切"。上字"徒"声母是中古浊声母，在今音中发生了变化。今读送气声母 t，被切字"度"今读不送气声母 d，这是因为下字"故"是仄声字，所以，中古浊声母变成了不送气的清声母 d，tù 变成了 dù。
活用法	flexible usage of words; polysemous usage	指词灵活使用产生的用法。例如单位名词"个、件"等不用于称数，而活用为普通名词（后续"子、儿、头"等），例如"个子、件儿、个头"等。或者单位名词"员、件、口、匹、辆"等不用于称数，后续在普通名词之后作为后附号，例如"人员、事件、牲口、布匹、车辆"等。
忌讳语	taboo words	指不使用同音而犯忌的词语。例如，因秦始皇名政，为避免对"政"犯忌，改"正月"为"元月"。
寄生	subordination	即隶属或附属。
假设连词	hypothetical conjunction	指表示假设关系的连词，例如"如果、假如、假使、倘若、若是"等。
假设助词	hypothetical particle	指表示假设关系的助词，例如"后世若少惰，陈氏而不亡，则国其国也已"中的助词"而"表示假设。

续表

汉语名词	英语译文	具体介绍
尖团字	sharp and round initials	指尖字（或尖音字）和团字（或团音字）的合称。戏曲界尖字（或尖音字）主要指 z、c、s 三个声母和韵母 i、ü 或以 i、ü 开头的韵母相拼的字，发音时舌尖抵齿缝并摩擦气流，例如"朱（zū）""秋（ciū）""笑（siào）"等。团字（或团音字）主要指 zh、ch、sh、j、q、x 三个声母和韵母 i、ü 或以 i、ü 开头的韵母相拼的字，例如"竹""除""书""见""欺""群"等。
尖字	sharp initial	即尖音字，与团字或团音字相对，请见"尖团字"。
兼语式	pivotal construction	是递系式的一种，指动宾词组和主谓词组的叠加，而且动宾词组的宾语兼作主谓词组主语的结构形式，即在递系中初系目的位是次系主语的形式。例如"我让她参加会议"中的"她"既是前句的宾语又是后句的主语，形成兼语式。最常见的兼语动词是"使、教、让"等字。
减势助词	tone-weakening particle	指用来减少语势分量的助词，例如"虽有区区之意，亦已疏矣"中的助词"矣"用于减可信之势，"无忧者，其唯文王乎"中的助词"乎"用于减可疑之势，"学而时习之，不亦说乎？"中的助词"乎"用于减反诘之势，"不可究武，予其少息！"中的助词"予"用于减命令之势。
交互代词	reciprocal pronoun	指表示交互性的代词，例如"相、互相、相互"，常用于末品作状语。例如"所有的朋友中，两人最相投缘"中的"相"。
交纽转	cross-rhyme transfer	古韵通转用语。在古韵通转中"通"为古音相同、后音相同或相近；"转"为古音相同、后音不同。章炳麟《成均图》认为阴声韵和阳声韵中间有分界，如果阴声与阳声之间不是对转而是越过分界发生旁转，即相对峙的邻近阴声与阳声相转，这种韵部转变称为"交纽转"。例如"灌（guan）"为寒（han）韵字，"芼（mao）"为宵（xiao）韵字，二者押韵属于交纽转。
教学语法	pedagogical grammar	即规范语法，通常指采用传统语法展开语法教学的语法学体系，其目的是教人正确使用语言，具有规范性、稳定性、实用性、实践性和可接受性等特征。这种语法侧重实用价值，属于实用语法。在教学过程中明确指出哪些用法符合语法规定、并对不符合语法的用法进行纠正，因此多出现在学校的课堂教学中。
诘问副词	interrogative adverbial	指用于反诘和问故的副词。例如《汤誓》中"民欲与之偕亡，虽有台池鸟兽，岂能独乐哉？"中的"岂"表反诘，此类还有"安、焉、乌、恶"等。"夫子何哂也？"中的"何"表问故，此类的还有"何、胡、奚、曷"等。

附录2 汉语传统语言学名词英译词表　　293

续表

汉语名词	英语译文	具体介绍
解释句	causal sentence	即释因句，通常指以现象或事实开始并随后对其解释的复句。例如，"他之所以考试失败，是因为考前没有用功"等。
解释连词	causal conjunction	即"因果连词"，用来连接解释语的连词，例如"不赂者以赂者丧，盖失强援，不能独完"中的"盖"。
介音（又称）	medial vowel (between initial and final)	规范用语是韵头（medial），指韵母中主要元音前的元音，介于声、韵母之间，主要包括三个，如"面（mian）"中的介音是"i"，"朵（duo）"中的介音是"u"，"确（què）"中的介音是"ü"。
界音法	demarcation of adjacent pronunciation	指王力提出的利用界音号（'）分隔复音词前后字的方法。例如"随意（sui'i）""平安 ping'an"等。
今韵学	Chinese phonology in Dynasties of Sui, Tang and Song	指史料限定在隋、唐、宋时期的韵书，研究对象限定在隋唐以来诗家承用的音韵系统的汉语音韵学。
紧缩式	compressive complex form	指复句的紧缩形式，通常为求得语言简短，不用语音停顿。例如"不是冤家，不聚头"常紧缩为"不是冤家不聚头"等。
紧缩音	compressive complex consonant	指摩擦音、边音、颤音和半元音等发音半阻口腔紧缩的辅音，本身不能构成音节，无元音相伴时也能辨别，例如[f] [s]等。
近代汉语	early modern Chinese (between 13 and 19 A.D.)	近代汉语是汉语历史的一个分类，通常与"古代汉语"和"现代汉语"对称，一般指公元13世纪到19世纪的近代期汉语，尤指1840年鸦片战争至1919年五四运动期间的汉语变化。
近指代词	proximal demonstrative pronoun	指表示近距离范围的指示代词，即"近指指示词"，如"这、这些、这里"等。
惊讶式	interjection mood	指用于惊讶的感叹词。例如"咦！你怎么来了"中的"咦"表示惊讶。
句本位	sentence-based grammatical system	与"词本位"相对。指以句法研究为根本、以句子为单位进行语法讨论的、揭示语法事实和规律的语法体系。在实际操作中，通常分析词类在句中各处的位置和职能，并结合词法进行讨论，具有"依句辨品，离句无品"的特征。
可能式末品	probability tertiary	指可能式中表示可能和必然意义的末品。可能式末品出现在谓词前面时不带限制性。例如"你作出决定前，须三思啊""爸妈不在家，哥哥可以决定怎么做了""你该起床了""酒后不可驾车"中的"须"（必要性）、"可以"（可能性）、"该"（命令）、"不可"（禁止）等。

续表

汉语名词	英语译文	具体介绍
可能性副词	probability adverbial	指表达可能性的副词，即能愿动词。例如"可""可以""能""能够""得""会"等。
仂语化	phrasalization	即句子的仂语化，古汉语中通过添加成分让句子变成了短语（仂语），例如"君子之至于斯也，吾未尝不得见也"中的前半句无"之"字时的"君子至于斯（孔子到了这里）"是完整的句子形式，插入介词"之"后，"君子之至于斯（当孔子到了这里的时候）"变成了名词性仂语。
仂语结构	phrasal structure	指在组合关系上属于仂语的结构，包括主谓短语以外的短语和一部分复合词，该结构包括两个或更多的且未能成为句子的词组合。仂语是两个以上的词联结并构成复合意义的单位。
连动词	serial verb phrase	即连动短语或词组，是多动词连续使用，而且动词间没有主谓、联合、动宾、偏正、补充等关系。例如，"拿枪射击、站起来开窗"等。
连动式	serial verb construction	即连谓式，指由连续动词构成的谓语句式，通常连动词与同一主语存在主谓关系，而且连续动词间无关联、无停顿。例如"他跨上车骑走了""他吃完饭回家了"等。
连系式	subject-predicate pattern	指次品放在首品后面以陈述事情的联结方式。例如"花红柳绿"中的次品"红、绿"出现在首品"花、柳"之后，陈述了"花变红、柳变绿"的事情。通常连系式和组合式可以互转。例如，连系式"花红、柳绿"和组合式"红花、绿柳"发生了互转。叙述句中的连系式可在"的"字帮助下转化为组合式。例如连系式"驴叫"可转变为组合式"叫的驴"。
连字词	compound synonym (compound comprised of two synonymous characters)	指同义或近义字连用构成的词，如宰相、兄弟、国家等。
媒介音	intermediate sound	指响音滑向幽音时起媒介作用的音。例如[sz]就是声门关闭而声带颤动的响音 z 滑向声门大开而声带不颤动的幽音 s 时的媒介音。
描写性仂语	descriptive phrase	指具有描写特性的仂语，例如"可憎、好靓、难闻、易得、够多、中看、杀不得"等。描写性仂语前面一般可受程度副词修饰，后面不能带宾语，具有描写词功能。
描写性谓语	descriptive predicate	指描写句中的谓语，可由形容词、名词、动词等充当。例如"飞机很快""这辆车三个轮子""他缺乏勇气"中的"快、三个轮子、缺乏勇气"。

附录2 汉语传统语言学名词英译词表 *295*

续表

汉语名词	英语译文	具体介绍
名词次品	noun secondary	指由名词充当的次品。例如"狼心、狗肺、水量、月光、体温、皮鞋、铁箱、木瓜糖、土枪、水壶、鬼脸、肉丸子、奶粉、枣泥"等中的"狼、狗、水、月、体、皮、铁、木瓜、土、水、鬼、肉、奶、枣"等。居前的次品与居后的首品比较而言,处于次要地位。
名词复数	plural noun	在现代汉语中的名词复数通常以名词或代词加上"们"等构成,例如"老虎们、你们、他们"等。
名词后附号	post-noun marker	即名词后面所附的记号,例如"门儿、花儿"等中的"儿"。
名词仂语	noun phrase	即以名词为中心的仂语,或称"名词性词组",除了普通的名词中心仂语外,并列名词可以构成名词仂语,谓语形式也可以构成名词仂语,例如"为人乐善好施"中的"为人"。
名词末品	noun tertiary	指由名词充当的末品,例如"笔谈、面谈、鬼混、瓜分"中的"笔、面、鬼、瓜"等。
名词首品	noun primary	指由名词充当的首品,例如"好人、坏蛋、弱国"中的"人、蛋、国"等。同一名词,根据在句中的地位既可以做首品、次品,还可以做末品。例如"如虎添翼、高坐虎帐、虎踞一方"中的"虎"分别充当名词首品、名词次品和名词末品。
末品补语	tertiary complement	指次品在前,末品在后修饰时的状态,例如"搞好"中"搞"是次品,居中心位置,"好"为末品,用于修饰次品,表示结果。此类的还包括"说急了、踢错了、扶正了、刮烂了、热死了、推倒了、弄坏了"等,其中的末品补语是"急、错、正、烂、死、倒、坏"等,表示状态。"这事情你办得来吗?""记不清楚""他疼不过,开始呻吟""事已至此,心中的小我已经活了几分""跳了三米"中的末品补语"来、清楚、不过、几分、三米"表示可能、程度、数量等。
末品词	tertiary	指用于末品的词,例如"你也等我吧""我来了,他却走了""没钱我就不来了"中的"也、却、就"属于末品词。"相信""相反""相恋""见笑""见怪""可惜""可恶"等中的"相""见""可"也是末品词。
末品代词	tertiary pronoun	指用于末品的代词,例如"国必自伐,而后人伐之""徒善不足以为政,徒法不能以自行""自强不息"中的"自"是代词且充当末品,表示"自己"。再例如"老死不相见""相伴终生"中的代词末品"相"表示"相互"。
末品否定词	tertiary negative	指否定词用于末品者,通常是用于状语的否定副词,例如"不高兴、未参加、没有来、别笑、甭管"中的"不、未、没有、别、甭"等。

续表

汉语名词	英语译文	具体介绍
末品仂语	tertiary phrase	用为末品的仂语或短语，例如"一日暴之，十日寒之，未有能生者也""早知穷达有命，恨不十年读书"中"一日、十日、十年"都是古代汉语中的前置末品仂语。在"他哭了三天""她赢了一次"中"三天、一次"是现代汉语中的后置末品仂语。
末品修饰语	tertiary modifier	指在次品仂语中用于修饰次品的末品，通常用作状语。例如，在次品仂语"微笑、高飞、细看、更好、痛苦、非常讨厌、匆忙离去"中的"微、高、细、更、痛、非常、匆忙"等形容词、副词和动词等充当了末品修饰语，表示动作行为的方式或状况。
目的连词	purposive conjunction	指用于目的关系的连词，例如"为了获得冠军，运动员们努力训练"中的连词"为了"就是目的连词。如果该词后续的不是谓词性短语或主谓短语，而是名词性短语，"为了"则是介词而不是目的连词了。例如"为了冠军，运动员们努力训练"。
能愿末品	modal (verb) tertiary	指表示"能够、愿望"的末品，通常居于谓词前辅助动词表义，例如"你能来看我吗""她终于肯出来约会了"中的能愿末品"能""肯"表达了可能性和意志性。
能愿式	modal (verb) pattern	即"主观式"，指由能愿动词或短语作谓语的句式，表达说话人意愿。包括"能、可、必、该、要、肯"等词，需置于主语后，例如"他可以安心了""一切安排妥当，他终能闭眼了"。
判断句	equational sentence	指用于判断的句子，通常对主语所表示事物进行判断，可分为肯定判断句和否定判断句，例如"广州是广东省省会""悉尼不是澳大利亚首都"等。
骈俪	antithetical parallelism	指语言的排偶和对仗，尤指文章的对偶句式。
骈语法	parallel grammar	指用意义相同或同指一事的骈语来描述状态，例如"七手八脚"描绘一种忙态，"欢天喜地"描绘一种喜态，"傻头傻脑"描绘一种憨态，"不干不净"描绘一种乱态等。骈语法与骈体文的骈偶句不同，后者通常忌讳对偶句的意义相同。
拼音	*Pinyin*; Chinese phonetic transcription	即拼读音素，把两个或以上音素拼成一个复合音，通常用声母和韵母加上声调来拼，例如 t 和 iāo 拼成 tiāo（挑）。古代反切也被视为双拼法。反切上字取声母和清浊，反切下字取韵母和声调。例如"东（dong），德（de）红（hong）切"中的"东"字音由反切上字"德"的声母 d 和反切下字"红"的韵母 ong 拼成的。

附录2 汉语传统语言学名词英译词表 297

续表

汉语名词	英语译文	具体介绍
拼音文字	alphabetic writing	即"字母文字",指用字母符号表示语音的文字,采用以字母为基础的书写系统。
凭切	sinigraphic spelling based on first sinigram for discrimination	与凭韵相对,与"同音而分切"的异切不同,凭切指在反切过程中,多个被切字的韵属于一类,但反切下字不用同一个字的情况,即"同韵而分两切者谓之凭切"。例如,在"神(shen)、乘(sheng)人(ren)切"和"辰(chen),承(cheng)真(zhen)切"中,被切字"神、辰"属于同韵类,但反切下字分别使用了"人、真"。凭切是为了解决韵图与韵书的矛盾,韵图在根据反切列字归等时,以反切上字为辨等的标准。
凭韵	sinigraphic spelling based on second sinigram for discrimination	与凭切相对,指多个字读音相同,韵书却收于邻近的几个韵中的现象,即"同音而分两韵者谓之凭韵"。凭韵是为了解决后代反切与古代反切的矛盾,韵图在根据反切列字归等时,以反切下字为辨等的标准,韵图为被切字确定位置时,根据反切下字来决定其读音。
谦称	self-deprecatory appellation	即"卑称",与"尊称"相对,表示谦恭的自称用语,是第一人称的礼貌式,包括专用于君王的对己谦称"寡人、孤"等,臣对君的对己称谓"不才",古代妇女面对丈夫时的对己称谓"妾",以及地位低的人自称"鄙人、奴婢、奴才、卑职、小人、小生、奴家、不肖"等。
前附号（又称）	pre-root marker	规范用语是前缀(prefix),主要指词根前的附加记号。例如"所见、所闻、打扫、打点"等中的动词前附号"所、打","第一、第十"等中的序数前附号"第","阿炳、老六"中的称呼前附号"阿、老"等。
潜主语	hidden subject in empty category	指在形式上不出现的主语,类似英语空语类中隐去的主语。例如"刮风了"中存在潜在主语"天","有棵树"中潜在主语"世上"等。
清音字	character with a voiceless initial	指声母是清音的字。
清浊	voiceless and voiced initials	指声母的清音和浊音,其中清音和浊音又各自分成全清、次清,全浊、次浊两类。
区语（社区语言）	community language	区语是一种社区语言,术语在线释义为"特定社区内使用的非主流语言"。包括少数民族语言和土著语言。
全浊声母	fully voiced initial (stop, affricate, fricative)	指声母分类中的全浊声母。全清声母、次清声母、全浊声母、次浊声母是主要的划分。全浊声母通常带音的塞音、塞擦音、擦音声母,例如"并、定、群、邪、禅、从、床"等声母。近代汉语以来,全浊声母开始消失,并变成送气和不送气两类清声母,后遇反切下字平声韵则变为送气清声母,后遇反切下

续表

汉语名词	英语译文	具体介绍
全浊声母	fully voiced initial (stop, affricate, fricative)	字仄（上去入）声韵则变为不送气清声母。例如，古音全浊声母在"权，巨员切"中遇到反切下字"员"的古平声韵，遂从全浊声母音变成了送气清声母 q，juan 音变为 quan。例如，古音全浊声母在"度，徒故切"中遇到反切下字"故"的仄声韵，遂从全浊声母音变成了不送气清声母 d，tu 音变为 du。
然否副词	responsive or negative adverbial	包括两种副词，即表示应对的副词和表示否定的副词，例如应对词"然""否""必""决""果""绝"等，打消词"不""非""未""弗"等，禁止词"毋""莫""勿""罔"等。
容量单位词	capacity unit word (classifier denoting capacity)	表示容量的单位词，如"一口井"中的"口"等。
如字	keep meaning by basic pronunciation	又称"如字读"，与"破读"相对，指对多音字而言用本义，读本音。例如"谓诚其意者，毋自欺也，如恶恶臭，如好好色，此之谓自谦。"陆德明曾对"恶恶"和"好好"进行了注释。"恶恶，上乌路反，下如字"即第一个"恶"字是乌路反切，取"乌（wu）"字声母和清浊，取"路（lù）"字韵母和声调，发音和"厌恶"的"恶"一致。第二个"恶"是"如字读"，是本义，读本音"恶人"的è。即"恶（wù）恶（è）臭"。同理，"好好，上呼报反，下如字"中第一个是呼（hu）报（bao）反切，读音与"好色"一致，第二个是读本音，与"好坏"一致，即"好好（hào hǎo）色"。
入声字	entering tone character	指声调是入声的字。王力认为上古汉语分长入和短入，魏晋时期长入开始变为去声，元代时期短入开始变为平上去三声。古入声字变化中，去声、阳平、阴平和上声依次吸收了不同数量的古入声，去声还吸收了几乎所有的古次浊入声和大部分古全浊入声。
三音词	tri-syllable word	即三音节词，通常由三个字组成的词，例如"还乡团、童子功、艺术团"等。
散动	serial verbs after first predicate	指谓语中多个动词连用时，第一个动词（坐动）之后的动词叫散动，类似英语中的不定式或现代汉语的动词短语。例如《鸿门宴》"愿（伯具）言（臣之不）敢倍（德）"中共有四个动词"愿、言、敢、倍"，其中"臣之不敢倍德"为主谓短语。"愿"是坐动，"言"承"愿"之行为散动。在主谓短语中，"敢"是坐动，"倍"承"敢"之行为散动。现代汉语的意思为"希望你详细向项王说明，我是不敢背叛项王的恩德的"。

附录2　汉语传统语言学名词英译词表　　299

续表

汉语名词	英语译文	具体介绍
商量语气	consultative mood	用于征求对方意见的语气词，如"吧""怎么样""好不好"等。具体如"咱们现在出发吧？"中的"吧"等。
上古汉语	pre-ancient Chinese (before the 3rd century A.D.)	指王力从汉语发展史来说，将公元3世纪以前的汉语划分为上古期汉语。
上古声母	pre-ancient initial	指汉语的上古音声母，多指先秦的声母。目前，上古单辅音声母研究较广泛，但对上古有无复辅音声母以及复辅音声母类型尚未达成一致。
上古声调	pre-ancient Chinese tone	指上古汉语的声调，通常指先秦声调。王力认为上古有舒促两类的四个声调。
上古韵部	pre-ancient rhyme division	即"古韵"，指通过归纳总结先秦时期押韵字而形成的韵部，通常以分析《诗经》的押韵情况划分上古音的韵部。
上口字	character with traditional pronunciation (in Peking Opera) except sharp and round initials	指京剧中除尖团字以外的与北京音不同、以传统念法为主的字，上口字多属于韵母方面，例如"尖（jian）、钎（qian）、线（xian）、哥（ge）、可（ke）、何（he）、脸（lian）"读成"尖（zian）、钎（cian）、线（sian）、哥（guo）、可（kuo）、何（huo）、脸（jian）"等。
上平声	level tone with a voiceless consonant	与"下平声"相对，通常指阴平。在《广韵》中的平声韵分为上平声和下平声，上平声包括平声28韵。
审音	phonetic identification for heteronym pronunciation	即审定异读词的读音，例如，从语言音值辨别判断，音素[p]是双唇清塞音，音素[v]是唇齿浊擦音。
时间连词	temporal conjunction	指用于表示事情发生时间的连词，可由表时间的介词、方位名词、副词等组成。按照事情发生的先后分为同时连词、前时连词、后时连词。例如"当船靠岸时，他们就收工了"中的"当……时"；"飞机起飞之前，乘客已经完成了安检"中的"之前"；"他下岗之后，就变得懒散起来"中的"之后"等。
时间状语	temporal adverbial	用于表示动作发生时间的状语，通常出现在动词前面或句子的开头，例如"他今天完成了任务"或者"今天他完成了任务"中的"今天"。有时候也可以出现在动词后面，例如"他难受了一个月"中的"一个月"。
首仂	primary phrase	即"首品仂语"，通常由次品和首品组成并整体上具有首品的功能。例如"黑箱""大脑的黑箱"等。对于联合仂语组来说，有首品词存在，整个仂语则归为首仂，例如"多劳多得"等。
首品词	primary	指充当首品的词，常见的有名词、代词、形容词、动词等。例如"慢节奏""这顿打可不一般"中的首品词分别是名词"节奏"和动词"打"。

续表

汉语名词	英语译文	具体介绍
受动词	patient verb	指动作施及主格的动词。例如"劳心者治人，劳力者治于人"等。
数量末品	quantifier tertiary	指末品由数量短语充当的状态，例如"他比别人好十倍""他的疼痛减轻了一半""他在这里住了三十年"中的数量末品"十倍、一半、三十年"起到了修饰作用。古代汉语中数量末品多置于动词前，例如"三省吾身、一鸣惊人、一日暴之、十日寒之"等。
数量区别词	quantifier determiner	指对数量进行区别限制的词，例如"皆、咸、悉、或、每、各、多、大抵、鲜"等范围区别词，"万棵树、骤子八头、第五名、相去十余里、六岁上小学"等中的数目区别词（包括单位词）。
数目副词	quantitative adverb	指表示动作数目的副词，例如"一不朝，则贬其爵；再不朝，则削其地；三不朝，则六师移之"中的"一、再、三"等。
双叠字法	double duplication orthography	指两单字重叠所形成的双叠形式，多用于双音节形容词和一些象声词。例如"独坐常忽忽，情怀何悠悠。山腰云缦缦，谷口风飕飕。"中的"忽忽、悠悠、缦缦、飕飕"等。
双拼法	double spelling orthography	指把两个拼音字母音素合成一个音节的方法叫双拼法，例如"ba（爸）、tu（徒）、ji（机）"等。古代的反切不讨论韵母有几个音素而是用两个字直接拼切成一个字音，这是整体双拼法。例如，"冬，都宗切"中，被切字是"冬"，反切上字是"都（dōu）"，反切下字是"宗（zōng）"。取"都"声母 d 和清浊，取"宗"韵母 ong 和声调，便构成"冬"音（dōng）。
双声词	alliterative twin simple word	指声母相同的双音节词，例如"淋漓（línlí）、踌躇（chóuchú）、犹豫（yóuyù）、流利（liúlì）、慷慨（kāngkǎi）"等双音节中都具有声母相同的特点。
双声叠韵	alliterative or rhyming (phenomenon)	指"双声"和"叠韵"两个术语，常在诗词中联合起来使用。相邻两个字声母相同或相近则是双声，韵母相同或相近则是叠韵。例如"参差荇菜，左右流之""窈窕淑女，君子好逑"中的"参差（cēncī）"是双声，"窈窕（yǎotiǎo）"是叠韵。由于语音变化，古音和今音会不同。
双声假借	phonological borrowing of alliterated character	指两个双声字之间的假借。清代钱大昕认为古音有正音和转音，上古押韵字有时候因双声而假借，例如"民（min）、冥（ming）"双声，所以有时候将读"民"读为"冥"。
所藉介词	action-introduced preposition; preposition denoting the means of action	指动作实现所凭借的介词，通常表示"依靠、凭借"之意，例如"以之修身，则同道而相益；以之事国，则同心而共济"中的介词"以"。

续表

汉语名词	英语译文	具体介绍
所因介词	action-caused preposition; preposition denoting the cause of action	指叙述动作产生原因的介词，通常表示"因为"，例如"乃欲以一笑之故杀吾美人"中的介词"以"。
所与介词	action-directed preposition; preposition denoting the object of action	指明确动作对象的介词，例如"上官大夫与之同列，争宠，而心害其能"中的介词"与"表示"和……一起"。
所在介词	action-located preposition; preposition denoting the location of action	指表示动作处所的介词，例如"屯兵于灞上"中介词"于"表示"在……地方"。
所自介词	action-originated preposition; preposition denoting the origin of action	指表示动作来源的介词，例如"善战者致人而不致于人""劳心者治人，劳力者治于人"中的介词"于"均表示动作来源。
通训	general interpretation of polysemy	指对古书中多义字（词）常用义进行的解释。例如，多义字"庸"可以解释为"用；常；众"等，而在古书中"用"义为常用义，这种解释就是通训。再比如多义字"端"字可以解释为"正、始、本"等，而"正"义为常见的训释，"正"就是通训。
通押	general rhyming (cross rhyme groups)	指押韵不限于同韵部的字，有时用临近韵部相押的现象。相邻韵部字的押韵是邻韵通押，同韵不同声调字的押韵是异调通押。例如"汉家天马出蒲梢，苜蓿榴花遍近郊。内苑不知含凤嘴，属车无复插鸡翘。玉桃偷得怜方朔，金屋修成贮阿娇。谁料苏卿老归国，茂陵松柏雨萧萧。"中，"梢、郊"属"肴"韵，"翘、娇、萧"属"萧"韵，"肴""萧"邻韵通押。
为动	verb denoting the recipient or goal of an action	指动词的为动用法，不表主动也不表被动，而表达为了某事而生出某种动作或行为的意义，即"为了"。例如"国君死社稷，大夫死众，士死制"中的"死"就是"为了……而死"，其中"死社稷、死众、死制"发生了关系位后置。
唯声字	syllabic pictophonetic character	即"纯音字"，指王力提出的一种与拼音文字不同且以音节（syllable）为单位构建的音标文字，他建议对全国同音字采用整齐划一的音符，可借用形声字，整个系统控制在1000个音符左右。
文言	writings in classical Chinese	即"文言文"，指古汉语的书面语，与"白话"相对。文言是以先秦口语为基础的书面语。最早为记录口语所创。受当时刻版等条件所限，记录口语的书面语不得不言简意赅，后渐与口语脱节，更多追求形式和辞藻。

续表

汉语名词	英语译文	具体介绍
无主句	sentence with no subject	指没有主语的句子，多用于表示自然现象、存现变化、政策号召、行政命令、谚语格言等很难确定或无须确定主语的状况。例如"爱护公物""有新生报到了"等。
五声	five tones of ancient Chinese characters	指汉语的五种声调，包括阴平、阳平、上声、去声和入声。
五系式	five-serial-verb construction	指具有5个连系结构的句式。例如"我喊她上来做菜吃饭聊天"中的"喊她"是初系，"上来"是二系，"做菜"是三系，"吃饭"是四系，"聊天"是五系。
细音	articulation with small resonance space and narrow gap vowel	指在发音时舌与上颚间所共鸣空间较小，缝隙较窄的音，通常指发音时韵母主要元音舌位较高者，在音韵学中与洪音相对。宋元韵图中的开口三四等韵和合口三四等韵与清代等韵家所说的齐齿呼和撮口呼大体相当，据此可分为开口细音和合口细音。
匣喻互用	cross-usage of sinigraphic spelling between groups of Xia and Yu	指匣母一二四等与喻母三等在反切中相互配合使用。匣母一二四等可以做反切上字，切喻母三等，例如"户归"切"帏"。反过来，喻母三等可以做反切上字，切匣母一二四等，例如"于古"切"户"。
现代汉语方言	modern Chinese dialects	与"现代汉语标准语（普通话）"相对的概念，指现代汉民族共同语各地域变体的总称，包括官话系（北方官话、下江官话、西南官话等）、吴语系、闽语系、粤语系、客家话等。
现代汉语音韵	modern Chinese phonology	即现代汉语语音，指普通话的语音。
新插语法	new insertion grammar	指受到西方语法影响而在汉语中插入一些原来没有的、非必需语言的方法，在译文中更容易出现这种欧化的语法，其目的是使语言变得曲折或者增加感情色彩。
形容词末品	adjective tertiary	指形容词充当末品者，表示行为方式。例如，"修好自行车、弄坏工具、搞脏地毯"中形容词末品"好、坏、脏"出现在次品后面。再比如"慢跑、轻拿、乱说、快吃、苦谏、静观"中形容词末品"慢、轻、乱、快、苦、静"出现在次品前面。
虚指代词	empty demonstrative pronoun	指示代词的一种，指代不明说的人或事物，古文常用"某、或"等表示虚指，例如"某年月日，秦王与赵王会饮。"中的"某"是虚指代词，指代某个时间。
叙述句	narrative sentence	指以谓语动词叙述事件的句子，与描写句、判断句相对。例如"小张买了台电脑"等。

续表

汉语名词	英语译文	具体介绍
选择连词	alternative conjunction	指表示选择关系的连词，例如"你或者他必须留下一个""或者今天去，或者明天去，总之必须要去""你是坐飞机还是坐火车来？"中的"或者、或者……或者、是……还是"等。
一声之转	one initial transfer	指声母相同仅韵母发生转变的多个词的语义相通，例如"鳏（guan）、寡（gua）、孤（gu）"三个词声母相同，语义均与"独"一致，可用于不同的场合，这三个词就是一声之转。
疑问语气词	interrogative mood particle	指用于疑问的语气词，例如"乎、哉、与、邪、吗、么、呢"等。
异平同入	same entering tone shared by different level or even tones	指上古韵中不同的平声与同一入声相配的现象。清人江永主张古有四声，入声独立分八部，而入声与去声接近。其"合二、三韵而共一入"的观点被称为"数平同入"，即"异平同入"。该观点为后期的"阴阳对转"学说的出现铺平了道路，同时，从一个侧面解释了汉语韵母的系统性。
异切	sinigraphic spelling of same pronunciation with different sinigrams	指在反切中读音相同但使用不同反切用字的情况。与"同韵而分两切者"的凭切同韵不同，异切是"同音而分切"。其他异切也包括同一字的不同反切，即反切上字和反切下字都不同的情况。例如"数"字有多个异切，包括"所矩切""趋玉切"等（部分上古音发生了改变，与今音不同）。
意词	interjection	类似于"叹词"，用于表达某种情绪的拟声词，例如"嗟嗟、诺、呜呼、吁、噫"等。
意动	conative usage of verbs	即"以动"，把名词或形容词活用为动词的用法，例如"友风而子雨"中"友、子"分别表示"以……为友"和"以……为子"的意思。再如"吾妻之美我者，私我也"中"美"表示"以……为美"，即"我妻子认为我长得好看，是因为偏袒我"。
意动词	conative verb	指古汉语中表示意动的动词，例如有些名词带上宾语后，表示主语把宾语当作是什么，"幕天席地"中的意动词"幕、席"表示"以……为幕、以……为席"；"孟尝君客我"中的意动词"客"表示"以……为客"。
意合句	paratactic sentence without coordinator and subordinator	指不用连词意合而成的复合句，例如"雨太大了，他无法前行"等。

续表

汉语名词	英语译文	具体介绍
意义范畴	meaning category	即意义类别，是词汇中具有概括性意义和本质意义的类。词汇意义范畴具有超民族特性，而且意义范畴先于语法范畴而存在。不同语言词汇可能共享意义范畴，但各语言间不一定共享语法范畴。例如，在词汇意义范畴中，各语言都有数量范畴的概念，汉语有量词的语法范畴，但印欧语却鲜有这个语法范畴。
意译	liberal translation; free translation	与"直译"相对的、不拘泥于原文形式而侧重原文思想内容的翻译方法。
因果连词	causal conjunction	指用于表因和表果的连词，例如"因为、由于、因此、所以、因为……所以、由于……因此"等。
阴平（平声阴）	level tone with a voiceless consonant	规范用语是平声阴。阴平指普通话字调的第一声，高平调，与"阳上去入"并举时简称为"阴"，多由古汉语平声清声母所发。
阴去	departing or going tone with a voiceless consonant	指汉语声调中的清音去声。汉语五声"阴阳上去入"中，有很多方言（如苏州、厦门、广州等地的方言）去声分为清音去声（阴去）和浊音去声（阳去）。
阴入	entering tone with a voiceless consonant	指汉语声调中的清音入声。汉语五声"阴阳上去入"中，有很多方言入声分为清音入声（阴入）和浊音入声（阳入）。
阴上	rising tone with a voiceless consonant	指汉语声调中的清音上声。汉语五声"阴阳上去入"中，有很多方言（如广州等地的方言）上声分为清音上声（阴上）和浊音上声（阳上）。在部分方言中（如苏州和厦门等地的方言），后期浊音上声变为去声，阳上缺失，仅存留了阴上。
音群	tone cluster	即一组邻近的音素群，例如，在复元音"ai、ei、ao、ou、ia、ie、iao、iou、ua、uo、uai、uei、ue"中，多元音组合形成音群。
音值	duration of sound	指音的时值，即发音所延续的时间和长度，音值大，延续时间则长。相对音位而言，音值是实际发出或听见的语音，不同的音值对应的可能是没有区别性特征的同一个音位，例如汉语拼音字母 e 在 che、deng、bie、lei 四个音节里有四个不同的音值，但音位却属于同一个 e。
应允式	interjection of affirmation	指表示应允的意词，例如"诺、唯唯"等。
语言干扰	speech interference	指语言接触中发生的相互影响并偏离规范的现象。语言借用就是语言干扰的结果，从其他语言系统借来的词最后被吸收成为该语言词汇系统中合乎规范的新词，形成借词。

附录2　汉语传统语言学名词英译词表　　305

续表

汉语名词	英语译文	具体介绍
喻下凭切	sinigraphic spelling based on first sinigram of Yu group for discrimination	指反切中喻母三等（即喻三声母字）和喻母四等（即喻四声母字）充切上字时，不关注反切下字的等次，仅根据喻母在韵图上的等次确定被切字等次。喻母三等为切上字，被切字则在韵图三等。喻母四等为切上字，被切字则在韵图四等。例如"遥，余招切"中，反切上字"余"为喻母四等字，反切下字"招"为三等字，确定"遥"字所属韵图等次时，仅参照反切上字的喻母等次确定，即"遥"字为韵图四等字。
元音复合化	diphthongization	即复合化，指部分单元音的发音部位变化导致了音色变化，使发音融合了两个或以上元音。最后由单元音发展为复合元音。例如，中古音中"家"的读音经历了[kɑ]—[kiɑ]—[jiɑ]的转化过程，实现了从单元音向复合元音的转化。
元音高化	vowel raising	即闭元音化，指低舌位元音转化为高舌位元音的现象。例如普通话韵母[ɑn]里的[ɑ]，当它前面有高元音[i]和[y]时，就变为[ɛ]，"天"读作[tʰiɛn]。
元音化	vowelization of nasal consonant	指辅音向元音转化的音变现象，多指鼻辅音[m] [n]的元音化。例如上海方言"[m]（姆）"无须元音相拼即可自成音节。
元音前化	vowelization with [i] and [y]	指韵头[i] [y]使主要元音前化的现象。
粤音	Cantonese pronunciation	广东话的语音。
粤音系	Cantonese phonology	粤语音系。
仄韵	uneven tone rhyme	指用仄声字（上去入三声）押韵。唐代时将平上去入分成平声和仄声，同时把韵也分为平韵和仄韵。通常近体诗多押平韵而少押仄韵。
真理句	truth sentence	真理句是具有真理意义的句子表达，这意味着这样的句子意义不会随着时间变化发生改变，例如"太阳从东方升起"就是一个真理句。对真理句的描述通常采用现在时。
正音凭切	sinigraphic spelling based on first sinigram of Zhao group for discrimination	指反切上字属照组声母二等字时（例如"庄、初、崇、生、俟、侧、士、楚"等），反切下字不论是照组声母二等、三等或四等，韵图均列被切字为二等。例如"初，楚居切"中反切上字"楚"为照组声母二等字，反切下字"居"为三等，以反切上字为辨别等级的标准，将被切字"初"在韵图中列为二等。再如"邹，侧鸠切；愁，士尤切"中反切上字"侧、士"都是照组声母二等字，那么无论反切下字"鸠、尤"为几等，均将被切字"邹、愁"在韵图中划为二等。